Helmut Burkhardt

Einführung in die Ethik

Grund und Norm
sittlichen Handelns
(Fundamentalethik)

Ethik Band 1

BRUNNEN
Verlag GmbH · Giessen

Die THEOLOGISCHE VERLAGSGEMEINSCHAFT (TVG)
ist eine Arbeitsgemeinschaft der Verlage
Brunnen Gießen und SCM-Brockhaus Witten

4., überarbeitete und ergänzte Auflage 2017

Umschlagbild: nach einem Glasfenster des Straßburger Münsters:
zweiköpfige Figur, gleichzeitig Mose und Christus darstellend
Umschlaggestaltung: Ralf Simon
Satz: Uwe Bertelmann
ISBN Buch: 978-3-7655-9571-4
ISBN E-Book: 978-3-7655-7706-2

Die Alten redeten viel von Freiheit.
Wir aber erfuhren auf schwerer Fahrt:
Die echte Freiheit ist eine heilige
Gefangenschaft des Herzens.

Hrabanus Maurus
(ca. 780-856)

„Die Lektüre dieses Buches lohnt sich ..., nicht nur, weil B. an vielen Stellen biblische Einsichten für die Ethik fruchtbar macht, sondern auch weil er sich erfolgreich bemüht, enge Glaubens- und Denkhorizonte zu erweitern und dennoch klare Orientierungsgrundlagen zu vermitteln."
(Bischof Prof. Dr. H. Bedford-Strohm, in: Theologische Literaturzeitung)

„In einer Zeit zunehmender Orientierungslosigkeit, die bis in die Mitte der Gemeinde reicht, ist es notwendig, die biblischen Grundworte und Grundwerte neu ins Licht zu rücken und sie so konkret wie möglich mit dem Leben zu verbinden. Das wird in diesem Buch auf treffliche Weise getan."
(Landesbischof i. R. D. Theo Sorg †, Stuttgart)

„Burkhardts Werk ist beides: Eine Neuvermessung des Feldes allgemeiner Ethik und der Aufweis des christlichen Spezifikums guten Lebens. Es verdient daher innerhalb und außerhalb der Theologie und Kirche gleichermaßen große Aufmerksamkeit."
(Prof. Dr. Harald Seubert, in: Theologische Literaturzeitung)

„Schon in formaler Hinsicht besticht das als Lehrbuch konzipierte Buch durch seine prägnante und allgemeinverständliche Sprache."
(Dr. Werner in Neuer, in: Theologische Beiträge)

„Burkhardt gibt in seinem Buch eine gelungene Einführung in die Grundlagen der Ethik."
(Marcus Mockler, in Reutlinger Generalanzeiger)

Inhalt

Vorwort zur 4. Auflage

Wir leben in einer Zeit der Krise der Ethik. Immer häufiger wird nicht mehr nur vom Wertewandel, sondern von einem, immer dramatischeren, Wertezerfall gesprochen.

Die Verunsicherung in der klassischen materialethischen Frage „Was soll ich tun?“ ist aber nur Anzeichen dafür, dass die Grundlagen sittlichen Verhaltens ins Wanken geraten sind. Die grundlegenden Fragen sind deshalb: „Wie und wo kann ich überhaupt *erkennen*, was ich zu tun habe?“ Und: „Wie kann ich eigentlich *tun*, was ich als richtig erkannt habe?“

Die vorliegende „Einführung in die Ethik“ ist der erste Band einer auf drei Bände angelegten und inzwischen vollständig erschienenen Ethik: Bd. II „Das gute Handeln. Allgemeine Materialethik“, in zwei Teilbänden (2003 und 2008), und Bd. III „Die bessere Gerechtigkeit. Spezifisch christliche Materialethik“ (2013). Sie ist aus langjährigem Unterricht am Theologischen Seminar St. Chrischona (Bettingen bei Basel) entstanden und entsprechend als Lehrbuch konzipiert. Als Einführung in die Ethik wendet der erste Band sich zunächst den genannten fundamentalethischen Fragen nach der Möglichkeit von Erkenntnis und Verwirklichung des Guten zu. Von ihrer Klärung hängt die Ausführung der in den folgenden Bänden behandelten materialethischen Fragen ab.

Die Literaturverzeichnisse jeweils am Ende einzelner Abschnitte dienen in der Regel vor allem als Belege für im Text erwähnte Literatur, gelegentlich aber auch einfach als Hinweise auf weiterführende Literatur.

Für die 4. Auflage ist der Text überarbeitet und – besonders neuere Literatur betreffend – ergänzt worden.

Grenzach-Wyhlen, Frühjahr 2017 Helmut Burkhardt

A. Vorfragen der Ethik: Was ist Ethik?

I. Klärung ethischer Allgemeinbegriffe

1. Ethik

1.1 Herkunft und Definition des Begriffs Ethik

Das Wort Ethik geht auf die gr. Worte *ethos* bzw. *äthos* zurück. Sie kommen von *etho* = sich zu Eigen machen, gewohnt sein (Menge 204; vgl. *ethizo* = gewöhnen, Lk 2,27). *Äthos* kann daher ursprünglich den gewohnten Aufenthaltsort bezeichnen („an accustomed place", Liddell-Scott 766). Beide Worte haben dann vor allem die Bedeutung „Gewohnheit, Sitte, Brauchtum". Bei *äthos* kommt es darüber hinaus noch zur verinnerlichenden Bedeutung Charakter, Sinnesart.

Beide Varianten haben mit der Gestaltung menschlichen Lebens (bzw. der dahinterstehenden inneren Einstellung) zu tun. Als Aristoteles (384 bis 323 v.Chr.) eine Lehre vom sittlichen Verhalten des Menschen entwarf, nannte er sie *äthikä theoria* (ethische Theorie). Durch Weglassen des Hauptworts *theoria* entstand das Wort „Ethik" (Ritter 759).

Erste Definition: *Ethik ist Lehre vom Verhalten des Menschen.*

Aber diese Definition läßt noch zwei verschiedene Grundmöglichkeiten des Verständnisses von Ethik zu:

a) deskriptive Ethik

Die Definition könnte so verstanden werden, als hätte Ethik nur eine *beschreibende* Aufgabe, etwa im Sinne einer Geschichte der Sitten eines Volkes (vgl. L. Friedländer, Sittengeschichte Roms) oder einer Statistik des moralischen Verhaltens (vgl. A. v. Oettingen, Die Moralstatistik und ihre Bedeutung für die Sozialethik). In der Naturwissenschaft spricht man von Ethologie (Verhaltensforschung). Bei den Humanwissenschaften würden also Psychologie und Soziologie zur „Ethologie" des Menschen gehören. In diesem Sinn dient auch die sog. „evolutionäre Ethik" der naturwissenschaftlichen Erklärung menschlichen Verhaltens. Es ist als von den Genen abhängig gedacht, die sich im Laufe der Phylogenese des Menschen entwickelt haben (H. Mohr, in: Lütterfelds 20). Statt von „Ethik“ wäre hier aber besser von Humanethologie zu sprechen. Deskriptive „Ethik“ stellt fest: Wie verhält sich der Mensch, wie speziell der Christ? Als theologischer Vertreter solcher Ethik gilt z. B. F. Schleiermacher (1768-1834), der Ethik, von ihm bevorzugt „Christliche Sittenlehre“ genannt, versteht als „Beschreibung der christlichen Handungsweise, sofern sie auf den Erlöser zurückgeht“, als solche Beschreibung aber „ist sie Gebot für alle, die in der christlichen Kirche sind“ (Schleiermacher 36; vgl. Ritter 791).

b) normative Ethik

In der Regel dagegen wird Ethik als normativ verstanden. Ihre Frage ist dann nicht: Wie verhält der Mensch sich?, sondern: Wie soll sich der Mensch verhalten? Nicht: Welches ist faktisch in der Regel das Verhalten des Menschen?, sondern: Welches Verhalten ist das rechte Verhalten? Ethik bleibt nicht einfach bei der (möglicherweise schlechten) Wirklichkeit stehen, sondern geht weiter zur Wahrheitsfrage. Die Wahrheit aber ist immer verpflichtend. Es geht in der Ethik um ein Verhalten, das unter dem Maßstab dieser Wahrheit, also des rechten Ethos‘, steht. Dies Verständnis von Ethik setzt voraus, dass der Mensch so oder so handeln kann. Die Freiheit und damit Verantwortlichkeit menschlichen Handelns ist also die Grundvoraussetzung aller Ethik.

Zweite Definition: *Ethik ist die Lehre vom Leben des Menschen unter dem Gesichtspunkt seiner Verantwortung für dessen rechte Gestaltung.*

1.2 Der Begriff Ethik und die Sprache der Bibel

Der Begriff „Ethik“ kommt in der Bibel nicht vor, wohl aber die ihm zugrundeliegenden Begriffe *ethos* bzw. *äthos*. Das Wort *äthos findet sich* im NT nur in 1Kor 15,33: „Schlechter Umgang verdirbt gute Sitten“.

Das Wort *ethos* kommt im NT zwölfmal vor, davon zweimal in der Bedeutung „Gewohnheit“ (Lk 22,39; schlechte Gewohnheit: Hebr 10,25), sonst im Sinn von „Sitte“, wobei, mit zwei Ausnahmen (Apg 25,16 im Blick auf römisches Recht; Joh 19,40 von jüdischem Brauch), immer an das mosaische Gesetz gedacht ist. Lukas passt sich damit offensichtlich an hellenistischen Sprachgebrauch an („Sitten des Mose“ Apg 6,14 u. ö.;

„väterliche Sitten“ Apg 28,17). An einer Stelle verbindet Lukas ausdrücklich den Gedanken der Gewohnheit mit dem Begriff des Gesetzes (*kata to eithismenon tou nomou*: nach dem vom Gesetz her Gewohnten, Lk 2,27, vgl. 2,42). Die Frage nach der eigentlichen biblischen Entsprechung zum gr. Begriff *ethos* führt uns also im NT auf das Wort *nomos*, welches Wort aber seinerseits vom atl. hebr. Wort *torah* (= Wegweisung) her zu verstehen ist (vgl. unten C I,1.1). Damit stoßen wir in der Bibel auf ein ganz anderes Bild: Stand hinter dem gr. *ethos* das Bild des Hauses, so hinter dem hebr. *torah* das Bild des Weges (z. B. Dtn 5,32f; Ps 86,11; Jer 5,5; 6,16; Mt 22,16; 1Kor 12,31; Joh 14,6; Apg 24,14; vgl. das verwandte Bildwort vom Wandel Gal 1,13; Eph 4,22; 1Tim 4,12; 1Petr 2,12; Jak 3,13).

Ein Vergleich der beiden Bilder ergibt:

Das Bild, das hinter *ethos* steht (gewohnter Aufenthaltsort, Haus), ist *statisch*: das durch dieses Wort beschriebene Verhalten ist ein immer gleichbleibendes (Gewohnheit, Sitte), verbunden mit der Vorstellung von einer unveränderlichen Ordnung (Gesetz im Sinn des gr. *nomos*).

Das Bild vom Weg, das hinter *torah* steht, ist *dynamisch*: das durch dieses Wort beschriebene Verhalten ist geschichtlich-situationsbezogen; es geht um Gehorsam gegenüber der Weisung Gottes, um Dienst, nicht Selbstverwirklichung, es geht nicht darum, sein Leben zu etwas zu gestalten, sondern an das von Gott gesetzte Ziel zu kommen.

Von diesen Beobachtungen her wird gelegentlich die Brauchbarkeit des Begriffs Ethik für das, worum es der Bibel hier geht, infrage gestellt. Es gehe, sagt man, in der Bibel nicht um die Anpassung an zeitlose Ordnungen, an gewohnheitsmäßiges Handeln. Vielmehr sei in biblischer Sicht das Leben ein Weg, der nach Gottes Willen u.U. gerade ins Ungewohnte führen könne (Abraham; Missionsbefehl). Deshalb solle man statt von „Ethos“ besser von „Lebensführung“ sprechen (Bockmühl).

Damit ist ein wichtiger, weithin vernachlässigter Gesichtspunkt angesprochen. Allerdings wird man den mit den beiden Bildern gegebenen Unterschied auch nicht überbetonen dürfen. Sitte als gewohnheitsmäßiges, im Brauchtum sogar institutionalisiertes Handeln, kann durchaus einen guten, lebensfördernden und -gestaltenden Sinn haben. Auch der Bibel geht es nicht nur um ungewohntes Handeln unter besonderer Führung Gottes, sondern auch um stetiges, von Gewohnheiten geprägtes geistliches Leben wie etwa in regelmäßiger Stiller Zeit, Gebet, Bibellesen, Gottesdienstbesuch usw., vgl. Lk 4,16). Unser Leben soll unter Gottes Führung durchaus auch bestimmte Gestalt und Prägung erhalten. So mag der Begriff Ethik, für den es kaum einen wissenschaftlich brauchbaren Alternativbegriff gibt, auch in der Theologie erhalten bleiben.

Literatur

K. Bockmühl, Christliche Lebensführung, BWA III,2, Giessen [3]1999.
H. Burkhardt, Art. Ethik, in: ELThG I (1992), Wuppertal 1992, 547-550.
L. Friedländer, Darstellungen aus der Sittengeschichte Roms, 3 Teile, Leipzig 1862–1871.
Liddell-Scott, Greek-English Lexicon, Oxford 1963.
W. Lütterfelds (Hg), Evolutionäre Ethik zwischen Naturalismus und Idealismus, Darmstadt 1993.
Menge-Güthling, Enzyklopädisches Wörterbuch der griechischen und deutschen Sprache, Berlin 1954.
A. v. Oettingen, Die Moralstatistik und ihre Bedeutung für die Sozialethik, 2 Bde., Erlangen 1868.
J. Ritter, Art. Ethik, in: HWP 2, Basel 1972, 759-795.
F. Schleiermacher, Christliche Sittenlehre in Vorlesungen (1822–1823), hg. von L. Jonas 1843, ND Nachdruck in 2 Bdn., Gotha 1891.

2. Moral

Im heutigen protestantischen Sprachgebrauch wird „Ethik“ bzw. „ethisch“ normalerweise gegen „Moral“ bzw. „moralisch“ ausgespielt. „Ethik“ ist dabei von vornherein immer etwas Gutes, „Salonfähiges“. Das Wort „Moral“ dagegen ist oft von vornherein negativ besetzt: es hat einen muffigen Beigeschmack von bürgerlicher Enge und Heuchelei. Eine „Moralpredigt“ ist automatisch eine schlechte Predigt. „Moralisches“ Verhalten ist ein nur äußerlich an überholte gesellschaftliche Normen angepasstes Verhalten. Moral „legt den Nachdruck auf die Sitte, die Ordnung, Regel, Vorschrift, während in ‚Ethos‘ und ‚Ethik‘ der Akzent mehr auf die Sphäre der Innerlichkeit fällt.“ (J. Herzog 280).

Merkwürdigerweise steht dieser heutige Sprachgebrauch in direktem Gegensatz zur ursprünglichen Bedeutung der Worte: „Moral“ kommt von dem lat. *mos* her (verwandt mit dt. „Mut“, „Gemüt“, vgl. Menge). Seine urspr. Bedeutung ist: Wille, Absicht – bezeichnet also gerade eine *innere* Einstellung. Cicero (106-43 v.Chr.) gebraucht das Wort *mos* zur Übersetzung des gr. *äthos* (de fato 1), stellt also beide Begriffe gleich (Jüssen 150). Entsprechend der ursprünglichen Bedeutung des Wortes *mos* spricht I. Kant (1724–1804) positiv vom „moralischen Gesetz *in* mir“ (KpV 289). Der gleiche Sprachgebrauch findet sich auch noch bei G.W.F. Hegel (1770–

1831). Hegel allerdings wertet die Begriffe anders: er möchte von der bloßen Innerlichkeit der Moral zur Verwirklichung in der Sitte und damit im Ethos kommen (Ritter 792).

Die heutige, besonders im Protestantismus verbreitete negative Bedeutung von „Moral" dürfte vor allem aus dem Gegensatz zum Katholizismus zu erklären sein: Die katholische Morallehre prägte, auf eine teilweise äußerliche und gesetzliche Weise, stärker das Volksbewusstsein und weckte von daher entsprechende Aversionen, während das Wort „Ethik" zunächst mehr der (protestantischen) Gelehrtensprache angehörte und so von jenem negativen Beigeschmack frei blieb. Einen ähnlich den Begriff der Moral diffamierenden Einfluss mag auch die radikale Kritik F. Nietzsches (1844-1900) gehabt haben („Jenseits von Gut und Böse", 1886, und „Zur Genealogie der Moral", 1887).

An sich aber gibt es vom eigentlichen Wortsinn her keinen wesentlichen Unterschied zwischen beiden Begriffen und vor allem keinen Grund für eine Abwertung des Begriffs „Moral". Allgemein haben sich in Philosophie und protestantischer Theologie die Begriffe „Ethos" und „Ethik" (als Lehre vom Ethos) eingebürgert, in katholischer Theologie die Begriffe „Moral" und „Moralphilosophie" (Cicero, De fato 1) bzw. „-theologie". Daneben gibt es aber auch einen beide unterschiedslos auswechselnden Sprachgebrauch (vgl. den Buchtitel von J. Fletcher: „Situation Ethics. The New Morality").

Literatur

M. T. Cicero, De fato, lat./dt. hg. von K. Bayer, München [3]1980.
J. Herzog, Art. Moraltheologie, in: Calwer Kirchenlexikon II, Stuttgart 1941, 280f.
G. Jüssen u.a., Art. Moral, in: HWP 6, Basel 1984, 149ff.
I. Kant, Kritik der praktischen Vernunft, Riga 1788.
F. Nietzsche, Werke in drei Bänden, hg. von K. Schlechta, München 1973 (hier Bd. 2, 563-900).
J. Ritter, Art. Ethik I-VI, in: HWP 2, Basel 1972, 759-795.

3. Recht

Mit Ethos oder Moral wird das jedem Menschen innerlich gebotene Handeln bezeichnet. „Recht" ist demgegenüber das jedem von außen gebotene Handeln. Es ist die mit staatlichem Zwang einzufordernde sittliche Norm. „Recht" bezeichnet also einen engeren Bereich: Alles, was Recht ist, ist auch sittlich geboten. Aber nicht alles, was sittlich geboten ist, kann auch durch das Recht eingefordert werden.

Voraussetzung dafür, dass innerhalb einer Gesellschaft eine sittliche Norm zur Rechtsnorm wird, ist:

1. Sie muss grundsätzlich für jedermann einsichtig sein;
2. sie regelt, was um des geordneten Miteinanders der Menschen willen notwendig geregelt werden muss (Schutz der elementaren Menschenrechte).

Im Einzelfall ist die Grenze vom Recht zur Moral schwer festzulegen und bedarf immer wieder neuer Übereinkunft. So ist in den vergangenen Jahrzehnten die Sexualethik zunehmend aus dem Bereich des Rechts herausgenommen worden. Eine ähnliche Entwicklung zeichnet sich z.Zt. bei der Lebensethik ab (Abtreibung, Euthanasie). Gleiches gilt in unserer weltanschaulich neutralen Gesellschaft längst von der Religionsethik.

Literatur

J. Döpfner/H. Dietzfelbinger (Hg), Das Gesetz des Staates und die sittliche Ordnung, Gütersloh/Trier 1970, 11-13 („Das Verhältnis von Recht, Moral und Ethik").

J. Höffner, Christliche Gesellschaftslehre, Kevelaer 1975, 55 („Das Recht als Norm der Gesellschaft").

J. Messner, Ethik, Innsbruck 1955 (IV. Rechtsethik).

G. Radbruch, Rechtsphilosophie, Stuttgart 1963 (§4-6).

H. Seidl/H. Hafner, Art.Recht, in: ELThG III (1994), 1656-1660.

W. Trillhaas, Ethik, Berlin 1959, 352ff (Kap. 31 „Das Recht").

4. „Christliche" und „allgemeine" Ethik

Wir bezeichnen in der Theologie herkömmlich die Gesamtheit der ethischen Reflexion als „christliche" Ethik. Darüber wird leicht vergessen, dass der Zusatz „christlich" als Bezeichnung unserer ganzen ethischen Reflexion nicht unproblematisch und in mancher Hinsicht missverständlich ist.

So könnte er das Missverständnis auslösen, es handele sich hier um Ethik nur für Christen, also um eine für Nichtchristen und damit die Ordnungen in unserer pluralistischen Gesellschaft irrelevante Reflexion. Wenn aber eine solche „christliche" Ethik doch über den Bereich der Christenheit hinaus Geltung beansprucht, entsteht notwendig der Verdacht, dass solche christlichen Normen (möglicherweise mit Gesetzeszwang) Menschen übergestülpt werden sollen, bei denen die inneren Voraussetzungen zur Bejahung dieser Normen fehlen (Klerikalismus).

Tatsächlich gibt es, wie noch näher gezeigt und begründet werden soll (vgl. unten C III), ethische Normen, die nur für Christen gelten können, wie die Bergpredigt oder den Missionsbefehl, also spezifisch christliche Ethik.

Daneben aber gibt es einen weiten Bereich ethischer Normen, die zwar von Christen auch anerkannt und besonders von ihnen (ggfs. gegen weitverbreitete andere ethische Meinungen) vertreten werden, die aber grundsätzlich keineswegs nur für Christen gedacht sind, sondern für jedermann verbindlich sein können, wie z. B. die Zehn Gebote (insbes. der zweiten Tafel). Es wäre unverantwortlich, wenn „christliche" Ethik sich ausschließlich auf den Bereich der Christenheit beschränken und die übrige Welt in ihrer eigenen sittlichen Orientierungssuche sich selbst überlassen würde.

Man sollte also innerhalb der „christlichen" Ethik differenzieren zwischen spezifisch christlicher als nur für Christen verbindlicher (unten C III und Bd. III) und allgemeiner als für jedermann verbindlicher Ethik (unten C I-II und Bd. II).

Indem wir „allgemeine" Ethik nicht nur für uns selbst bedenken, sondern auch nach außen hin vertreten und in die öffentliche Diskussion um Recht und Moral einbringen, leisten wir in unserer Gesellschaft einen wesentlichen sozialdiakonischen Dienst.

Literatur

H. Burkhardt, Die bessere Gerechtigkeit. Spezifisch christliche Materialethik, Ethik III, Gießen 2013, 9-27

ders., Christlich leben in nachchristlicher Gesellschaft, in: KuD Jg. 60/2014, 303-318.

II. Die Stellung der Ethik innerhalb der Systematischen Theologie

1. Zur Geschichte des Problems

Die Theologie wird herkömmlich in drei Hauptdisziplinen geteilt: 1. historische, 2. systematische, 3. praktische Theologie.

Dabei zerfällt die systematische Theologie wieder in Dogmatik und Ethik.

Der Begriff Dogmatik ist erst in der protestantischen Theologie des 17. Jhs. entstanden. Er geht zurück auf das gr. *dogma* (= behördlicher Erlass, philosophischer Lehrsatz; vgl. Lk 2,1; Apg 16,4). Dogma konnte zunächst auch ethische Lehrsätze einschließen. Seit Basilius von Cäsarea (329–379 n.Chr.) ist der Begriff Glaubenssätzen vorbehalten. Dagegen findet sich der Begriff Ethik bereits in der Fachsprache der gr. Philosophie. So unterschied Aristoteles die theoretische Philosophie einerseits (die sich wiederum in Logik oder Dialektik, Physik und Metaphysik gliedert) von der (mit der Ethik identischen) praktischen Philosophie andererseits.

Plato (427–347 v.Chr.) lehrte eine innere Einheit der Disziplinen: Im Tun des Guten (Gegenstand der Ethik) hat der Mensch Anteil am Guten an sich (der Idee des Guten als Gegenstand der Metaphysik).

Sein Schüler Aristoteles begründete die Ethik unabhängig von der Metaphysik: in der Ethik kann es nicht um die Verwirklichung des Guten an sich gehen, weil dies gar nicht praktikabel wäre (die Idee ist als solche gar nicht realisierbar), sondern es geht um die Ermittlung des vernunftgemäßen Mittelmaßes zwischen möglichen extrem unterschiedlichen Verhaltensweisen (z. B. zwischen Völlerei und Askese).

Philo von Alexandrien (ca. 15 v.Chr.–45 n. Chr.) war der erste in biblischer Tradition stehende Denker, der eine Ethik schrieb. Sie war auf dem Dekalog (De decalogo) aufgebaut und benutzte ihn als Gliederungsprinzip der ethischen Weisungen der mosaischen Gesetzgebung (de specialibus legibus I-IV). Die ethische Weisung stand aber nicht (wie bei Aristoteles) auf sich selbst. Vielmehr wurde ihr bewusst (ähnlich wie bei Plato) die Lehre von der Schöpfung der Welt vorangestellt, also das Weltgesetz (der Logos) dem Sittengesetz zugrundegelegt (De opificio mundi; vgl. Vita Mosis II,49-51).

Die Alte Kirche hat noch keine umfassenden Entwürfe zur Ethik hervorgebracht, sondern mehr nur Schriften zu ethischen Einzelthemen. Am ehesten könnte man im „Paidagogos“ des Clemens von Alexandrien (um 200 n. Chr.) den Versuch einer systematischen Ethik sehen. Erst die mittelalterliche Scholastik versuchte dann, das Ganze der theologischen Erkenntnis zusammenzufassen, erstmals in den „Sentenzen“ des Petrus Lombardus (gest. 1160) und der „Summa theologica“ des Thomas von Aquin (1225–1274). Bei Letzterem wurde die Ethik in das Ganze des theologischen Systems integriert, und zwar vor allem im Anschluß an die Lehre vom Menschen als Ebenbild Gottes (vgl. in Pars II, 1 die Grundfragen, in Pars II, 2 die Tugendlehre).

Diesem Vorbild schloss sich dann in der Reformation grundsätzlich auch Calvin (1509–1564) in seiner „Institutio christianae religionis“ an: Im Zusammenhang der Lehre „Von der Erkenntnis Gottes des Erlösers in Christo“ erörtert Calvin die Lehre vom Gesetz und gibt in diesem Zusammenhang eine ausführliche Ethik des Dekalogs (Inst. II,7-8), im 3. Buch, das von der Aneignung der Gnade handelt, erörtert er „Das Leben eines Christenmenschen“ (Inst. III,6-20), um schließlich im 4. Buch nach der Lehre von der Kirche und den Sakramenten eine politische Ethik anzufügen (Inst. IV,20).

Die protestantische Orthodoxie war mehr an der dogmatischen Auseinandersetzung als an der Gestaltung des praktischen Lebens orientiert. So überließ man ethische Fragen einerseits der Moralphilosophie (vgl. schon Melanchthons „Epitome philosophiae moralis“ von 1538), andererseits behandelte man sie theologisch (meist sehr kurz) im Zusammenhang mit der Lehre vom Heil in der Erörterung der Guten Werke und des Gesetzes, sowie im Anschluss an die Ekklesiologie in der Lehre von der Obrigkeit und den anderen sozialen Ständen (vgl. J. Baier in seinem „Compendium theologiae positivae“ von 1694, Pars Tertia, Cap. VI-VII und XV-XVI; die Auslegung des Dekalogs in Cap. VII, § VI-XV umfasst in der Ausgabe von 1864 nur 8 von 676 Seiten des Gesamtwerks).

Aber bereits in dieser Zeit bahnte sich eine grundsätzliche Änderung an. Nachdem schon einige reformierte Theologen zweigeteilte Entwürfe systematischer Theologie vorgelegt hatten (z. B. 1. De Deo cognoscendo = Von der Erkenntnis Gottes, 2. De Deo colendo = Vom Dienst für Gott), gilt vor allem der lutherische Theologe G. Calixt (1586–1656) mit seiner „Epitome theologiae moralis“ als Begründer einer formal selbstständigen Behandlung theologischer Ethik, obgleich er dies Verfahren nicht ausdrücklich begründete.

In der Aufklärung führte dann die programmatische Loslösung von der geschichtlichen Offenbarung zu einer Konzentration der Theologie auf die Ethik als den eigentlichen Kern der christlichen Religion. I. Kant (1724 bis 1804) stellte das traditionelle Abhängigkeitsverhältnis der Ethik von der Dogmatik gar auf den Kopf: Gott ist welthaft nicht erkennbar, die praktische Vernunft kann nur fordern, dass es Gott geben müsse, und zwar als Garant der Übereinstimmung der Sittlichkeit mit der Glückseligkeit (KpV 2 ff). Entsprechend ist, wenn überhaupt, nur ein moralischer Gottesbeweis möglich. So wird die Dogmatik abhängig von der Ethik.

F. Schleiermacher erklärte die Religion zur eigenen, von Ethik und Metaphysik unabhängigen „Provinz im Gemüt" (Reden 37). Dogmatik wie Ethik leitete er aus dem christlich-religiösen Bewusstsein ab. Entsprechend folgte er dabei den beiden Leitfragen „Was muss sein, und was muss werden, weil das religiöse Bewusstsein ist?" In ihrer Abhängigkeit vom christlich-religiösen Bewusstsein gehören sie zusammen. Von ihrer unterschiedlichen Zielbestimmung her (was muss sein, was muss werden) legt sich ihm aber eine getrennte Darstellung beider Disziplinen nahe (Chr. Sittenlehre 24f). Sein Schüler C. I. Nitzsch (1787–1868) vereinigte beide wieder in seinem „System der christlichen Lehre" (1829). Er fand darin aber wenig Nachfolger. Nur J.T. Beck (1804–1878) versuchte in seiner nicht zu Ende geführten „Christlichen Lehrwissenschaft" (1840), einen einheitlichen Gesamtentwurf systematischer Theologie zu geben: Die christliche Wahrheit ist ein lebendiger Organismus, in dem verschiedene Aspekte unterschieden, aber nicht getrennt werden können. Entsprechend sollte sein Werk gegliedert werden in die Teile 1. Glaubenslehre, 2. Liebeslehre, 3. Hoffnungslehre (Leitfaden der christlichen Glaubenslehre, 1862, XXXIX, vgl. Lehrwissenschaft 40ff). In einem eigenständigen Entwurf folgte ihm sein Schüler M. Kähler (1835–1912). In der „Wissenschaft der christlichen Lehre" band er die drei Teile Christliche Apologetik, Evangelische Dogmatik und Theologische Ethik als Voraussetzung, Gegenstand und Betätigung des Rechtfertigungsglaubens zu einem Ganzen zusammen. Ebenso bekämpfte K. Barth (1886–1968) die Trennung der Disziplinen: Ethik kann nicht selbstständige theologische Disziplin sein, weil ihr Gegenstand, das christliche Leben, in seiner Besonderheit nicht direkt wahrnehmbar und beschreibbar ist. Seine Realität kann nur aufgrund des Wortes Gottes geglaubt werden als „mit Christus in Gott" vorhanden (Kol 3,3). Umgekehrt ist auch Dogmatik nicht ohne Ethik möglich. Denn Gegenstand der Dogmatik ist nicht Gott in seinem An-sich-Sein, sondern Gott in seiner Beziehung zum Menschen durch sein sich an den Menschen richtendes

Wort. Der wirkliche Mensch aber ist immer handelnder Mensch, insofern Subjekt von Ethik (KD I,2 § 22,3). Ethik kann also nur als Dogmatik, und Dogmatik nur als Ethik betrieben werden. Dabei besteht allerdings ein eindeutiges sachliches Gefälle: Dogmatik ist „zuerst und an sich Dogmatik und also Frage nach Gottes Wort und nur untergeordnet unter diese Frage auch Frage nach dem christlichen Leben" (ebd. 888). So sind bei Barth spezifisch ethische Fragen in das Ganze seiner „Kirchlichen Dogmatik" eingeordnet (insbesondere KD III/4 in der Lehre von der Schöpfung und KD IV/4 in der Versöhnungslehre).

2. Tendenzen in der Bestimmung des Verhältnisses von Dogmatik und Ethik

In der Geschichte des Verhältnisses von Dogmatik und Ethik sind zwei Tendenzen zu beobachten:

1. Unterordnung der Ethik unter die Dogmatik

Hier besteht die Neigung, die ethische Frage intellektualistisch unter der Voraussetzung zu vernachlässigen, dass nach der Klärung der dogmatischen Wahrheitsfrage sich das richtige Leben schon von selbst ergeben werde.

2. Unterordnung der Dogmatik unter die Ethik

Hier besteht, unter der Voraussetzung der völligen Abhängigkeit der Erkenntnis vom Willen (Voluntarismus), die Neigung, dass ethisierend die dogmatische Wahrheitsfrage zugunsten der Frage nach richtiger Lebensgestaltung vernachlässigt wird.

3. Das Verhältnis von Dogmatik und Ethik in biblischer Sicht

Intellektualismus und Ethizismus sind der Bibel gleichermaßen fremd. Ihr geht es immer um die Realität, in der wir leben, und ihre rechte Gestaltung. Aber diese Realität ist immer die von Gott gegebene und ihre Gestaltung eine von Gott aufgegebene. Furcht Gottes ist der Anfang der Erkenntnis (Spr 1,7). Keins ist ohne das andere möglich.

So zeigt die Bibel im Verhältnis von dogmatischen und ethischen Aussagen immer wieder folgende Struktur:

Die Gebote des Dekalogs sind verwurzelt im rettenden Offenbarungshandeln Gottes (Ex 20,2).

Die apostolische Paraklese ist begründet in der Bezeugung der Barmherzigkeit Gottes (Röm 12,1 „ich ermahne euch um der Barmherzigkeit Gottes willen“): der ethische Briefteil von Röm 12–15 baut auf dem dogmatischen in Röm 1–11 auf.

Dogmatische Aussagen haben danach vor allem begründende Funktion, während ethische Aussagen wesentlich Zielangaben sind. *Dogmatik* zeigt uns den *Grund der Ethik,* die *Ethik* das *Ziel der Dogmatik.* Oder: Dogmatik handelt vom Werk Gottes, Ethik handelt von unserem Werk (Schlatter 33-45; vgl. Neuer 259) .

Grundsätzlich gehören also Dogmatik und Ethik unlösbar zusammen. Entsprechend ist eine einheitliche Darstellung der ganzen christlichen Lehre grundsätzlich durchaus wünschenswert.

Die unterschiedlichen Aspekte, die je in Dogmatik und Ethik zum Zuge kommen, können aber auch, vor allem aus praktischen Gründen (geschlossene Darstellung der durch den je gemeinsamen spezifisch dogmatischen oder ethischen Aspekt verbundenen Fragen), eine getrennte Darstellung rechtfertigen, die aber nie die sachliche Zusammengehörigkeit vergessen darf. Deshalb muss die Dogmatik immer auch ethische Fragen mit im Blick haben, die Ethik dogmatische Fragen.

Literatur

H.J. Birkner, Das Verhältnis von Dogmatik und Ethik, in: Handbuch der christlichen Ethik 1, Freiburg/Gütersloh 1978, 281-296.

M. Elze, Art. Dogma, in: HWP 2, 275f.

M. Honecker, Einführung in die Theologische Ethik, Berlin 1990 (§ 2).

W. Neuer, Der Zusammenhang von Dogmatik und Ethik bei A. Schlatter, Gießen 1986.

W. Pannenberg, Grundlagen der Ethik, Göttingen 1996 (bes. S. 9ff).

J. Ritter, Art. Ethik in: HWP 2, 759-795.

A. Schlatter, Die Christliche Ethik, Stuttgart [5]1986.

F. Schleiermacher, Ueber die Religion. Reden an die Gebildeten unter ihren Verächtern, Berlin 1799.

Ders., Christliche Sittenlehre, hg. von L. Jonas 1834; ND in: Bibliothek theologischer Klassiker Bd. 37 und 38, Gotha 1891.

III. Literatur zur Ethik

Es soll hier nur eine kleine Auswahl Literatur zur Ethik gegeben werden, vor allem unter dem Blickpunkt ihrer Bedeutung für die Grundfragen der Ethik.

1. Lehrbücher der Ethik

Adolf Schlatter, Die christliche Ethik, Calw 1914, Stuttgart ^{5}1986, 447 S.: Sie ist geschrieben als in die ethische Konkretion hineingehende Ergänzung zu „Das christliche Dogma", das bereits wichtige ethische Fragen anspricht. Der ganze Stoff der Inhalte der Ethik ist anthropologisch strukturiert: I. Gerechtigkeit als Ziel des Willens, II. Wahrheit als Ziel der Gedanken, III. Seligkeit als Ziel der Gefühle, IV. Kraft als Ziel des leiblichen Lebens. Das Werk zeichnet sich aus durch Biblizität in Begründung und Norm und zugleich auch durch Offenheit für die empirische Wirklichkeit von Mensch und Welt.

Wilhelm Lütgert, Ethik der Liebe, Gütersloh 1938, 294 S.: Dies letzte, unmittelbar nach seinem Tod erschienene Werk des Schlatterschülers konzentriert den ganzen ethischen Stoff auf den biblischen Gedanken der Liebe: Der I. Hauptteil erörtert in einer Grundlegung der Ethik 1. die Anlage zur Liebe als anthropologischer Gegebenheit, 2. die Entstehung der Liebe aus dem Glauben, 3. die Liebe als Gebot, 4. die Liebe zu Gott – auf diesem Thema liegt mit 30 Seiten schon vom Umfang her ein für diese Ethik charakteristischer Akzent, 5. die Liebe als Wille der Kirche, 6. Nächstenliebe; der II. Hauptteil bringt die inhaltliche Entfaltung: 1. Liebe und Vollkommenheit, 2. Liebe und Gerechtigkeit, 3. Liebe und Wahrheit, 4. Liebe und Ehre, 5. Liebe und Schönheit, 6. Liebe und Geschlecht, 7. Liebe als Wille zur Arbeit, 8. Liebe als Wille zum Eigentum, 9. Liebe als Wille zum Staat, 10. Liebe als Wille zum Leben, 11. Liebe und Freiheit, 12. Liebe und Freude. Wegen des ungünstigen Zeitpunkts der Veröffentlichung – im Kirchenkampf, kurz vor dem Ausbruch des 2.Weltkriegs – hat das Buch bis heute nicht die Aufmerksamkeit gefunden, die es verdient; eine Neuauflage wäre nach wie vor wünschenswert.

Karl Heim, Die christliche Ethik. Tübinger Vorlesungen, nachgeschrieben und ausgearbeitet von W. Kreuzburg, Tübingen 1955, 292 S.: Diese in den 30er-Jahren gehaltenen Vorlesungen des bekannten neupietistischen Theologen sind äußerlich nach dem herkömmlichen Schema aufgebaut: I. Teil Fundamentalethik mit der Behandlung der Frage nach dem Beweggrund des Handelns in nichtchristlicher und christlicher Ethik sowie der Individualethik, II. Sozialethik, enthaltend Sexualethik, Wirtschaftsethik und politische Ethik. Besonderheiten sind: Der Anfang christlichen Lebens in der Bekehrung ist die Grundvoraussetzung christlicher Lebensführung. Im Blick auf die Normfrage tritt neben das „konstante Element" der Bergpredigt das „variable Element" der unmittelbaren Führung durch Christus. Die Ethik zeichnet sich durch gute Verständlichkeit aus. Kritisch ist anzumerken: Es handelt sich um eine streng christliche Ethik. Die Frage ihrer Relevanz über die Gemeinde hinaus wird kaum bedacht. Als Norm wird nur die Bergpredigt erörtert, während jede Bezugnahme auf den Dekalog fehlt.

Dietrich Bonhoeffer, Ethik, hg. von E. Bethge, München 1949, ^{9}1981, 410 S.: Diese Ethik wurde vom Vf. nicht selbst fertiggestellt, sondern von seinem Schüler und Freund E. Bethge aus Manuskripten Bonhoeffers zusammengestellt. Von grundlegender Bedeutung ist die Unterscheidung von Vorletztem und Letztem: ersteres hat als Bereich des Natürlichen sein eigenes Gewicht, das aber vom Letzten her relativiert wird. In der Normfrage ist kennzeichnend die sog. Mandatelehre Bonhoeffers, mit der er die reformatorische Ständelehre aufnimmt. Sein aktiver Widerstand gegen den Nationalsozialismus und seine revolutionär klingenden Aussagen über „nichtreligiöse Interpretation" des Evangeliums in seinen Briefen aus dem Gefängnis haben Bonhoeffer zu einem Autor gemacht, auf den man sich nicht zuletzt auch in moderner Theologie gern beruft, dabei aber den konservativen Grundzug der bonhoefferschen Ethik weithin übersieht; so verwirft er z. B. die Abtreibung kompromisslos als Mord.

Nils Hansen Soe, Christliche Ethik, München 1949, ^{3}1965, 310 S.: Diese Ethik ist im Wesentlichen nach traditionellem Muster aufgebaut: im I. grundsätzlichen Teil werden die Fragen nach der Möglichkeit der Erkenntnis und der Verwirklichung des Guten behandelt sowie die nach Gegenstand und Geltungsbereich des Liebesgebots; der II. spezielle Teil enthält eine nach dem Verhältnis des Christen zu den „allgemeinmenschlichen Grundfragen" fragende Individualethik und eine nach unserem Verhältnis zu den „sozialen Grundordnungen" fragende Sozialethik. Der Autor ist dänischer Lutheraner, der aber starke Anregungen von der dialektischen Theologie aufgenommen hat, insbesondere schließt er sich an K. Barths Zuordnung von Evangelium und Gesetz an und lehnt den sog. *usus civilis legis* ab. In der Durchführung der Ethik ist er um eine überzeugende biblische Grundlage bemüht.

Wolfgang Trillhaas, Ethik, Berlin 1959, 464 S.: Ein sehr sorgfältig gearbeitetes Lehrbuch, nach traditionellem Grundschema aufgebaut: 1. Grundfragen, 2. Ethik der Person, 3. Ethik der Gemeinschaft. Der Ansatz christlicher Ethik ist für Trillhaas in der Nachfolge Schleiermachers angewandte christliche Anthropologie. Trillhaas kam vom bayerischen Luthertum her, wurde schon als Student von K. Barth beeinflusst, entwickelte sich aber eigenständig weiter.

Helmut Thielicke, Theologische Ethik, 3 Bände in 4 Teilbänden, Tübingen 1958–1964; 746, 644, 787 und 972 S.: Dies ist das „Opus Magnum" der protestantischen Ethik – ein in durchweg gut lesbarem Stil geschriebenes großes Kompendium ethischer Probleme. Von lutherischem Pietismus herkommend, ersetzt er, unter dem Eindruck personalistischer Philosophie und dialektischer Theologie, den herkömmlichen normethischen Ansatz durch Reflexion der Grenzsituationen menschlicher Existenz.

Joseph Höffner, Christliche Gesellschaftslehre, Kevelaer ^{6}1975, 284 S.: Dies Buch des katholischen Theologen ist nach wie vor eine der fundiertesten Darstellungen christlicher Sozialethik: auf die Grundlegung im Sinne eines christlichen Naturrechts folgt die Erörterung des „Ordnungsgefüges der Gesellschaft" in den vier Abschnitten 1. Ehe und Familie, 2. Arbeit und Beruf, 3. Wirtschaft und 4. Staat.

A. Hertz/W. Korff/T. Rendtorff/H. Ringeling (Hg), Handbuch der christlichen Ethik, 3 Bde, Freiburg/Gütersloh 1978–1982, 519+559+600 S.: Dies Gemeinschaftswerk zahlreicher evangelischer und katholischer Theologen ist eine informative Einführung in den gegenwärtigen Stand der Diskussion ethischer Probleme. Es „sucht die ethischen Grundanliegen der christlichen Botschaft im Horizont heutigen kritisch geschärften Bewußtseins zu artikulieren, um sie so auf einen weiten Diskurs hin offenzuhalten." (Bd.1, 7).

Klaus Bockmühl, Christliche Lebensführung. Eine Ethik des Dekalogs, Gießen, BWA III/2, Gießen ^{3}1999, 148 S.: Bockmühl geht im Rahmen eines heilsgeschichtlichen Verständnisses der Bibel grundsätzlich von der Allgemeinverbindlichkeit der Gebote des Dekalogs aus, arbeitet über diese allgemeinverbindlichen Normen hinaus aber immer wieder das spezifisch Christliche heraus. Da nach seiner Überzeugung die gegenwärtige Normenkrise ihren Ursprung im Säkularismus hat, liegt in seiner Auslegung des Dekalogs besonderes Gewicht auf dem ersten Gebot: Aus der Erneuerung der Liebe zu Gott muß die Erneuerung der Ethik kommen. Das Buch ist aus Vorlesungen Bockmühls in der Summer School des Regent College/Vancouver entstanden, die nach seinem Tod für den Druck vorbereitet wurden. Ergänzend zu dieser mehr allgemeinverständlich angelegten Ethik ist auf zwei Aufsatzsammlungen Bockmühls in der Bockmühl-Werk-Ausgabe hinzuweisen (BWA II/2 mit fundamentalethischen, BWA II/3 mit materialethischen Beiträgen).

Wilfried Härle, Ethik, Berlin 2011, 522 S.: Der Vf. will in seinem Werk eine „deskriptiv fundierte normative Ethik“ bieten. Als christliche Ethik ist sie einem christlichen Verständnis der Wirklichkeit verpflichtet (28, vgl. E. Herms). Ihre Normen beanspruchen allerdings, wie nach Kant alle wirklich ethischen Normen, grundsätzlich universale Geltung (18f.26). Spezifisch christliche Voraussetzung ist für den Vf. das Evangelium von Jesus Christus (136) sowie das christliche Bild vom Menschen, biblisch begrifflich gefasst in die Bezeichnung des Menschen als Gottes Ebenbild (141-151ff). Dabei ist die Gottebenbildlichkeit allerdings nicht verstanden als Ausstattung mit besonderen Eigenschaften, sondern als Bestimmung zum Gegenüber Gottes (149f). Personale Aussagen über Gott sind dabei zu verstehen als Metaphern für das Beziehungsgeschehen „Gott ist Liebe“, eine Aussage, die sich, so Härle, einem pantheistischen Gottesverständnis nähert (156f). Das Werk gliedert sich in drei Teile: A. Grundlegung der Ethik; B. Konkretisierungen der Ethik (bewusst nur exemplarisch ausgeführt an den Beispielen 1. Menschenwürde; 2. Gesundheit und Krankheit, 3. Sexualität, Liebe und Lebensformen, 4. Gerechtigkeit, 5. Friede, 6. Das rechte Wort zur rechten Zeit, zu verstehen als Versuch einer „Ethik der Sprache“). Besonders Härles Ausführungen zur Lebensethik (unter „Gesundheit und Krankheit“) sind durchweg gut informiert und immer bedenkenswert. Teil C schließlich bringt, mehr nur andeutungsweise, einen Überblick über wichtige sozialethische Fragen.

Härles Entwurf ist als ganzer der einer christlich geprägten *allgemeinen* Ethik. Felder einer von allgemeiner Ethik unterschiedenen *spezifisch christlichen* Materialethik bleiben entweder ganz unerörtert (Mission) oder werden im Rahmen der Thematik allgemeiner Materialethik nur kurz gestreift (wie Diakonie, Gebet und, häufiger, Kirche).

2. Biblisch-exegetische Lehrbücher

Hendrik van Oyen, Ethik des Alten Testaments, Gütersloh 1967, 208 S.: Eine hilfreiche Sichtung des ethischen Materials des Alten Testaments, exegetisch vom Standpunkt einer konservativen historisch-kritischen Exegese aus geschrieben.

Eckart Otto, Theologische Ethik des Alten Testaments, Stuttgart 1994, 288 S.: Das historisch sehr informative Werk spiegelt den neueren Stand einer streng kritisch eingestellten Exegese wider. So ist für den Vf. etwa der Dekalog erst in der Exilszeit entstanden (213). Seine alttestamentliche Ethik will nicht präskriptiv, sondern nur deskriptiv sein, denn die „historische Distanz verbietet eine unmittelbare Applikation alttestamentlicher Normen auf die Gegenwart“ (10).

Wilhelm Lütgert, Die Liebe im Neuen Testament, Leipzig 1905, ND Gießen 1986, 275 S.: Lütgerts Arbeit ist die bis heute umfassendste biblisch-theologische Untersuchung zum Verständnis der Liebe im Neuen Testament; dabei geht es nicht nur um eine Geschichte des Liebes*gedankens* im NT, sondern der *Liebe selbst*; auffallend ist, dass Lütgert, im Gegensatz zur sonst üblichen Vernachlässigung des Themas der Liebe zu Gott, diesem Gegenstand besondere Aufmerksamkeit schenkt.

Wolfgang Schrage, Ethik des Neuen Testaments, NTD-Ergänzungsreihe 4, Göttingen 1982, 340 S.: Eine ebenfalls vom Standpunkt historisch-kritischer Exegese aus geschriebene, sorgfältige Darstellung neutestamentlicher Ethik. Bemerkenswert ist, dass der Vf. sich energisch gegen die in der Theologie auch heute noch so populäre situations-ethische Deutung der neutestamentlichen Ethik wendet (vgl. meine Rezension in ThBeitr 16/1985, 248-250).

3. Literatur speziell zu Grundfragen der Ethik

Arthur F. Holmes, Ethics – Approaching Moral Decisions, Intervarsity Press 1984; ^{2}2007; dt. : *Wege zum ethischen Urteil. Grundlagen und Modelle*, Wuppertal 1987, 128 S.: Der Autor (1924–2011) war 1951–1994 Professor der Philosophie am Wheaton College, Illinois; sein Buch erörtert nach einer kurzen Einführung (Kap. 1) zunächst verschiedene ethische Grundmodelle (Kap. 2-5), stellt als eigenes ein biblisch begründetes Naturrecht vor (Kap. 6-8), führt diese Konzeption an einigen praktisch-ethischen Problemen durch (Kap. 9-12) und schließt mit einer ergänzenden Ethik der Tugend (Kap. 13).

Helmut Burkhardt (Hg.), Begründung ethischer Normen, Berichtsband von der 5. Theologischen Studienkonferenz des AfeT, Wuppertal 1988, 187 S.: Neben den Hauptvorträgen „Überlegungen zur philosophischen Begründung der Ethik“ (N. v. Lobkowicz), „Biblischer Schöpfungsglaube und Begründung ethischer Normen“ (F. Beißer) und „Biblische Reichsgotteserwartung und Ethik“ (R. Frische) stehen verschiedene Arbeitsgruppenreferate, darunter mein Beitrag „Der Naturrechtsgedanke im hellenistischen Judentum und im Neuen Testament". Die Konferenz hatte vor allem das Ziel, den in protestantischer Ethik weithin verdrängten Gedanken eines biblisch begründeten Naturrechts im Sinne eines am biblischen Zeugnis orientierten Schöpfungsrechts neu ins Gespräch zu bringen.

Wolfhart Pannenberg, Grundlagen der Ethik. Philosophisch-theologische Perspektiven, Göttingen 1996, 159 S.:. Dies Buch ist ein eigenständiger Beitrag zur Grundlegung der Ethik. Der Kerngedanke ist: Ethik ist theologisch, also vom Gottesgedanken her, zu begründen, aber nicht – wie bei K. Barth – direkt, sondern indirekt, auf dem Umweg über die Anthropologie, die – ähnlich wie bei Schlatter – wesentlich religiöse Anthropologie ist. So öffnet sich die seit Plato klassische Frage philosophischer Ethik nach dem für den Menschen Guten auf die Gemeinschaft mit Gott hin als das wahre Gute, und verbindet so, dem biblischen Zeugnis von der Schöpfung und vom Kommen des Reiches Gottes entsprechend, allgemeine und spezifisch christliche Ethik heilsgeschichtlich miteinander. Von daher gewinnt der Autor auch in der protestantischen Ethik weithin längst preisgegebenes Terrain zurück wie insbesondere die Priorität der ersten Tafel des Dekalogs vor der zweiten, den Gedanken der Liebe zu Gott und des Dienstes als Grundzug christlicher Ethik.

B. Entwürfe säkularer Ethik

I. Positivistische Ethik:

Richtig handelt, wer geltendem Recht und anerkannter Sittlichkeit entsprechend handelt

1. Darstellung des Ansatzes positivistischer Ethik

Positivistische Ethik geht aus von bestimmten Normen und Werten, die sie als „gegeben" voraussetzt (lat. *ponere* = setzen, stellen, legen). Als geschichtlich vorgegebene Normen haben sie Gültigkeit und Verbindlichkeit. Sie haben ihren Ursprung und ihre Geltung

a. aus über lange Zeiträume hinweg wachstümlich entstandener Volkssitte,
b. aus der Gesetzgebung einer großen Persönlichkeit (Gesetzgeber wie Hammurapi in Babylon oder Solon in Athen), gelegentlich auch göttlicher Offenbarung zugeschrieben (so wird die spartanische Gesetzgebung des Lykurg auf das Orakel des delphischen Apollo zurückgeführt, Herodot, Historien I,65), oder
c. aus einer gesetzgebenden Versammlung (in parlamentarischen Demokratien).

Grundsätzlich besteht zwar die Möglichkeit einer Änderung der Sitte. Aber eine solche Änderung vollzieht sich in der Regel kaum spürbar langsam, über große Zeiträume hinweg.

Im Bereich des Rechts spitzt sich der positivistische Ansatz zu im sog. Legitimitätsgrundsatz: Ein Gesetz kann zwar durch die dafür zuständigen Organe geändert werden. Solange dies aber noch nicht der Fall ist, hat es unbedingte Geltung.

Zur Geschichte des Ansatzes positivistischer Ethik: In gewisser Weise kann man diesen ethischen Ansatz den ältesten überhaupt nennen: Was sich als normales Verhalten in der Gesellschaft herausgebildet hatte (die „Sitte der Alten", die „Vätersitte"), galt seit jeher als verehrungswürdig und verbindlich und wurde deshalb von Generation zu Generation überliefert.

Zur Theorie ausgebildet aber wurde diese Begründung ethischer Normen wohl erst in der Zeit der Romantik: In der Aufklärung hatte die Ethik sich bewusst von aller (scheinbar willkürlichen) geschichtlichen Begründung gelöst und allein jedem unmittelbar einleuchtende, zeitlose Normen für gültig erklärt. Insbesondere in der französischen Revolution zeigte sich, wie man sich von dieser Voraussetzung her über alle traditionellen Ordnungen meinte hinwegsetzen zu können. In der Reaktion auf die Exzesse der Revolution und die kalte Vernünftigkeit der Aufklärungsethik besann man sich in der Romantik neu auf die historischen Wurzeln aller Sittlichkeit: Wir stehen in unserem sittlichen Denken und unseren Rechtsvorstellungen immer schon auf den Schultern der Vorfahren und können und dürfen uns aus dieser Traditionskette nicht einfach ausklinken.

2. Kritik des Ansatzes positivistischer Ethik

2.1 Wahrheitsmomente positivistischer Ethik

a. Es ist richtig: Es gibt keine „reine" Vernunft, die uns von aller Geschichte unabhängige Normen geben könnte. Wir stehen immer in einer bestimmten geschichtlichen Prägung und können aus ihr nicht herausspringen.
b. Vorgegebene und insofern objektive Normen (Sitte, Gesetz) haben insofern auf jeden Fall etwas Gutes, als sie helfen, den täglichen Lebensablauf zu regeln und unnötige Reibungsverluste im menschlichen Miteinander zu verhindern (wie z. B. bestimmte überlieferte Umgangsformen).
c. Diese lebensförderliche Funktion vorgegebener Normen erweist sich als solche vor allem im Bereich der Rechtspflege:
   Einmal im Blick auf den Angeklagten: Niemand kann sich unter Berufung auf sein subjektives Rechtsempfinden der Rechtsprechung entziehen.
   Zum andern im Blick auf die für Rechtsprechung und Rechtsvollzug Verantwortlichen: Gültige Gesetze schützen vor Willkür im Rechtsverfahren wie in Urteil und Rechtsvollzug (Berufungsmöglichkeit). Geltende Gesetze garantieren eine formale Rechtlichkeit.

2.2 Die Problematik positivistischer Ethik

a. Die von der positivistischen Ethik an sich richtig beobachtete Geschichtsbezogenheit sittlicher Erkenntnis muss keineswegs dazu führen, dass die Sittlichkeit an die Willkür zufälliger geschichtlicher Veränderungen ausgeliefert wird. Vielmehr gibt es grundsätzlich durchaus auch überzeitliche sittliche Wahrheit.

b. In einer Zeit, in der die Sitte noch ein über viele Generationen hinwegreichender stabilisierender Faktor war, vermochte sie durchaus einen gewissen sittlichen Halt zu bieten. In der modernen, von der Technik geprägten Massengesellschaft hat die Sitte allerdings ihre prägende Kraft verloren und ist der ständig wechselnden Mode gewichen (Oelmüller 74-76).

c. Die ethische Problematik des positivistischen Ansatzes zeigt sich besonders deutlich im rechtlichen Bereich: Formal rechtlich zustande gekommenes Gesetz kann grundsätzlich, inhaltlich gesehen, schreiendes Unrecht sein. Trotzdem ist es „legitim“, weil es auf gesetzlich vorgeschriebenem Wege entstanden ist. Berüchtigtes Beispiel aus der neueren Geschichte ist das formal legitim aufgrund einer Mehrheitsentscheidung des Parlaments zustande gekommene Ermächtigungsgesetz vom 23. März 1933. Durch dies Gesetz wurde dann u.a. die unmenschliche nationalsozialistische Rassengesetzgebung des „Dritten Reiches“ ermöglicht. Aber auch die gegenwärtige Abtreibungsgesetzgebung in Deutschland macht aufgrund der Mehrheitsverhältnisse in der öffentlichen Meinung und im Parlament moralisches Unrecht zu gültigem „Recht“.

d. Positivistische Ethik vermittelt so zwar faktisch verbindliche Maßstäbe des Handelns, vertritt aber einen prinzipiellen Werterelativismus.

Literatur

Herodot, Historien, hg. von J. Feix, 2. Bde., München 1977.

A. F. Holmes, Wege zum ethischen Urteil, Wuppertal 1987, 14ff („Kultureller Relativismus“).

W. Maihofer (Hg), Naturrecht oder Rechtspositivismus?, Darmstadt 1972.

W. Oelmüller, Zur Rekonstruktion unserer historisch vorgegebenen Handlungsbedingungen, in: ders. (Hg), Transzendentalphilosophische Normbegründungen, Paderborn 1978, 50-89.

W. Rosenbaum, Naturrecht und positives Recht, Soziologische Texte 83, Neuwied 1972 (1.Teil: Der Rechtswissenschaftliche Positivismus in Deutschland im 19. Jahrhundert, 19-63).

II. Utilitaristische Ethik:

Richtig handelt, wer nützlich handelt

1. Darstellung des Ansatzes utilitaristischer Ethik

Im Unterschied zum geschichtlichen Ansatz der positivistischen Ethik versucht man hier, von der Natur her einen Zugang zur Lösung der ethischen Frage zu finden.

Schon beim Tier beobachten wir eine von der Natur her gegebene Regelung des Verhaltens durch die sog. Instinkte. Instinktives Verhalten ist (nach Ph. Lersch 467)

a. angeboren,
b. stereotyp,
c. zweckmäßig.

D.h. das Tier „weiß" instinktiv, welches Verhalten dem Erhalt seines Lebens dient, und verhält sich in der Regel entsprechend.

Anders beim Menschen: Als „instinktarmem Mängelwesen" (Gehlen 82f, mit Verweis schon auf J. G. Herder; vgl. Landmann 157), sind ihm bestenfalls gewisse Grundstrebungen von Natur mitgegeben. Sie führen ihn nicht automatisch zum richtigen Handeln, sondern helfen ihm nur, unter Einsatz seiner Vernunft, das für ihn Zweckmäßige, für den Erhalt seines Lebens „Nützliche" selbst herauszufinden. Damit ist der Ansatz des Utilitarismus (von lat. *utilis* = nützlich) gegeben.

Als Begründer des Utilitarismus gelten Jeremy Bentham (1748–1832) und John St. Mill (1806–1873). Gegenwärtig bekanntester Vertreter des Utilitarismus ist der australische Philosoph Peter Singer, geb. 1946). Der Utilitarismus dürfte die heute weitverbreitetste praktische Lebenshaltung sein.

1.1 Individualutilitarismus

Geht der Mensch zunächst von der Überlegung aus, was ihm als Einzelnem nützt, was der Erhaltung und Entfaltung seines eigenen Lebens dient, dann gelangt er zum sog. Individualutilitarismus. Dies Ziel leuchtet unmittelbar als sinnvoll ein und man kann von daher mit elementarer Motivation zu einem diesem Ziel entsprechendem Handeln rechnen. Denn jedem Menschen eignet (wie jedem Lebewesen überhaupt) der sog. Selbsterhaltungstrieb. Er äußert sich primär in der Suche nach Nahrung und Schutz gegen äußere Gefahren. Dabei dienen die Empfindungen von Lust und Unlust zu einer gewissen „Feinorientierung" im Erkennen dessen, was dem Leben förderlich bzw. abträglich ist.

Diese Empfindungen von Lust und Unlust sind beim Menschen so stark entwickelt, dass sie sich, aufgrund der Freiheit menschlichen Handelns (C II, 3.2), auch verselbstständigen und zum Selbstzweck werden können. In der Möglichkeit, das Lustempfinden vom ursprünglichen Zweck abzulösen, liegt aber auch die Chance, die Erfüllung des natürlichen Strebens in einer dem Menschen eigenen Weise auszugestalten und so eine bestimmte Kultur zu entwickeln, z. B. in der Esskultur oder in der Erotik (Schelsky 13). Daraus entstehen zwei Varianten des Individualutilitarismus, der Hedonismus und der Eudämonismus.

Der Eudämonismus (von gr. *eudaimonia* = Glück) erhebt die Erlangung individuellen Glücks zum Ziel der Ethik, und zwar im weitesten, über die Befriedigung elementarer Bedürfnisse hinausgehenden Sinn: als Genuß des Schönen, Klugen (an sich selbst und anderen), des freien Spiels der Kräfte, insgesamt der individuellen Zufriedenheit mit sich und seinem Geschick. Maßstab ist: Was meiner umfassenden (gerade auch geistigen) Selbstentfaltung nützlich ist, ist gut.

Diese Einstellung kommt etwa zum Ausdruck im klassischen Ideal des seine Fähigkeiten allseitig entfaltenden Menschen, insbesondere seine intellektuelle und künstlerische Begabung (so Goethe, vgl. K. Bockmühl 155). In neuerer Zeit findet diese Haltung vor allem in der Philosophie des Existentialismus eine Stütze. In ihm wird die Verwirklichung des Selbst, das Leben des je eigenen Lebens (im Unterschied zur Bestimmtheit durch das sog. „Man") zum höchsten Ziel der Ethik erhoben. Diese Konzeption verbindet sich gern mit der der Situationsethik (unten B IV).

Der Hedonismus (von gr. *hädonä* = Lust) setzt vor allem auf die Befriedigung der mit der Erfüllung der elementaren Bedürfnisse verbundenen Lust, und zwar so, dass der größtmögliche Lustgewinn zum höchsten Ziel allen Handelns erhoben wird. Dies Ziel wird ggfs. rücksichtslos angestrebt und nach dem sog. „Recht des Stärkeren" durchgesetzt: Weil der Stärkere eine stärkere Natur hat, hat er das natürliche Recht auf entsprechenden Lustgewinn, der Schwächere nur auf entsprechend geringeren.

Ein klassisches Beispiel hedonistischer Ethik bezeugt Plato bei den sog. Sophisten (Kallikles im Dialog Gorgias 491e-492c, vgl. unten B III, 1.1). Aber auch in der gegenwärtigen Gesellschaft ist die Konzeption des Hedonismus weit verbreitet. Sie wird ideologisch unterstützt vor allem von einer bestimmten Psychoanalyse, die in mangelnder Lustbefriedigung die Ursache (fast) aller seelischen Erkrankungen (Neurosen) sieht.

1.2 Sozialutilitarismus

Schon das Tier ist nicht nur vom Selbsterhaltungstrieb, sondern auch vom Arterhaltungs- bzw. Fortpflanzungstrieb bestimmt. Auch im Menschen ist eine entsprechende Strebung gegeben (vor allem im Sexualtrieb und im sog. Mutter- bzw. Vaterinstinkt), und er nimmt sie in seinen Willen auf. Diese Strebung ist Keimzelle allen sozialen Lebens und sozialer Verantwortung.

Dabei können zusätzlich auch rational verarbeitete Erfahrungen mit individual-utilitaristischen Motiven sozial fruchtbar werden:

Wenn der Einzelne nur an sich selbst denkt, nur an seinen eigenen Nutzen, isoliert er sich in dieser Selbstbezogenheit von anderen. Sofern ihm aber ein natürlicher Gemeinschaftssinn gegeben ist, schadet er sich mit diesem Verhalten selbst (Spr 11,17).

Wenn natürliche Selbstliebe zur Selbstsucht wird, geht dies auf Kosten anderer (etwa im Bereich der Sexualität oder der Macht). Da in ihnen ebenfalls der Selbsterhaltungstrieb lebendig ist, werden sie sich gegen die Übergriffe des anderen zu schützen versuchen, ggfs. gemeinsam: Die Schwachen verbünden sich gegen den Starken, und dieser hat das Nachsehen. Es liegt also in seinem eigenen Interesse, nicht nur an sich selbst, sondern auch an die anderen zu denken (vgl. die sog. Goldene Regel Mt 7,12).

Wenn ich das Leid anderer sehe, empfinde ich spontan Mitleid. Mitleiden (Sympathie) ist aber auch Leiden und damit gegen mein natürliches Lebensinteresse gerichtet. Um dieses Mitleiden zu verhindern oder möglichst einzuschränken, liegt es in meinem eigenen Interesse, das Leid anderer zu lindern (so der engl. Philosoph John Locke, 1632–1704). Selbstliebe motiviert hier nicht nur dazu, anderen nicht zu schaden, sondern ihnen sogar zu helfen.

Das Ziel sozialutilitaristischer Ethik beschrieb der schottische Philosoph und Ökonom F. Hutcheson (1694–1746) mit der später auch von J. Bentham übernommenen Formel „das größtmögliche Glück der größtmöglichen Zahl" (Härle 83; zu Bentham: Ueberweg 390).

Aus einer einseitigen Betonung des sozialen Nutzens entsteht eine Neigung zu sozialistischen Gesellschaftsmodellen. So konnte sich insbesondere der Marxismus auf den Sozialutilitarismus berufen.

Ein mit dem Individualutilitarismus verbundener Sozialutilitarismus führt (seit Adam Smith, 1730–1790, dem Begründer der modernen Marktwirtschaft) zur sozialen Marktwirtschaft.

2. Kritik des Ansatzes utilitaristischer Ethik

2.1 Wahrheitsmomente utilitaristischer Ethik

Die Reflexion auf Nutzen und Schaden unseres Handelns kann durchaus eine gewisse Orientierungshilfe geben. Auch die biblische Erfahrungsweisheit leitet zu solcher Reflexion an (Spr 3,1f; 11,17; 19,8; 25,17; 26,6.17; 27,12.18 u. ä.; vgl. Lk 17,2 wörtlich: „es nützt ihm …“; Eph 5,29: „Niemand hat je sein eigen Fleisch gehasst, sondern er nährt und pflegt es“).

Die Frage bleibt: Was nützt mir bzw. der Gesellschaft?

Hier geben die im Nützlichkeitsgedanken wirksamen natürlichen Strebungen der Selbst- und Arterhaltung eine gewisse Orientierung. Diese Strebungen sind auch theologisch gesehen als von der Schöpfung her gegeben grundsätzlich positiv zu werten. Gott will als der Schöpfer das menschliche Leben, und zwar grundsätzlich als glückliches Leben. Dabei ist auch die Lust eine durchaus legitime Dimension des Glücks (Schlatter, CE 34).

2.2 Die Problematik utilitaristischer Ethik

Trotz der genannten Wahrheitsmomente kann der Nützlichkeitsgedanke als Antwort auf die ethische Frage nicht befriedigen.

Selbst- und Arterhaltungsstreben geben zwar eine gewisse Groborientierung, aber nur eine sehr relative. Es bleibt jeweils dem Urteil des Einzelnen überlassen, was er für nützlich für sich und seine Art hält. Der Hedonismus kann dabei bis zur Selbstzerstörung gehen („ich habe wenigstens intensiv gelebt“), der Sozialutilitarismus bis zur Aufhebung des Subjekts im Kollektiv. Wer bestimmt, was der größtmögliche Nutzen ist, wer, was die größtmögliche Zahl?

Grundsätzlich stellt sich die Frage, ob der Nützlichkeitsgedanke überhaupt dem Menschen als Menschen gerecht wird. „Nutzen“ ist eine dingliche, apersonale Kategorie. Wer sein Verhalten allein vom Nützlichkeitsgedanken bestimmen lässt, verdinglicht damit den Gegenstand seines

Handelns und misst den Wert menschlichen Lebens an dinglichen Kategorien. Personale Beziehungen aber können nicht einfach nach Nutzen und Schaden für den einzelnen oder die Gesellschaft aufgerechnet werden. Das wird besonders deutlich im Falle des Schwerstbehinderten, der für die Gesellschaft von keinem feststellbaren „Nutzen" ist. Noch weitergehend könnte man fragen, ob es für den nach dem Nützlichkeitsgedanken Lebenden selbst nicht ggf. „nützlicher" sein könnte, wenn er nicht weiter lebte? Es ist bezeichnend, dass Abtreibung und (freiwillige) aktive Euthanasie gerade von Utilitaristen (z. B. P. Singer) befürwortet werden.

Man kann allerdings noch radikaler fragen: Warum eigentlich soll etwas nützlich im Sinne von lebensförderlich sein? Warum soll jemand eigentlich dem Selbst- und Arterhaltungsstreben (das beim Menschen doch eben nur ein Streben, kein unausweichlicher Trieb ist) folgen?

Speziell im *Hedonismus* wird die auf das Animalische reduzierte Lust nicht der Personalität des Menschen gerecht.

Anders im *Eudämonismus*: Glück ist eher eine personale Kategorie. Sie wird im individualutilitaristischen Eudämonismus allerdings individualistisch auf das Glück des einzelnen fixiert. Damit wird sie der Sozialität des Menschen nicht gerecht. Das sozial gedeutete Glück des *Sozialutilitarismus* dagegen neigt in der Verabsolutierung des Zwischenmenschlichen dazu, die Individualität des Menschen gering zu achten (Sozialismus). Alle drei aber blenden die religiöse Dimension der Zielbestimmung menschlichen Lebens aus.

Im Blick auf den Menschen als Subjekt des Handelns stellt sich die Frage: Wenn alles Handeln nach den dinglichen Kategorien von Nutzen und Schaden aufgerechnet werden kann, dann kann auf dem Weg der sachlichen Wiedergutmachung eine Verfehlung wieder aufgehoben werden. Hier übergeht man aber die persönliche Verantwortung des Menschen, wie sie sich im Gewissen als durch Sachleistungen unaufhebbares Schuldbewusstsein zu erkennen gibt.

Literatur

K. Bockmühl, Reich Gottes und Humanismus (1982), in: ders., Grundlagen evangelischer Ethik. Beiträge zur Fundamentalethik, BWA II/2, Gießen 2015, 145-166.

W. Härle, Ethik, Berlin 1911.

A. F. Holmes, Wege zum ethischen Urteil, Wuppertal 1987, 38ff (Kap 5 „Utilitarismus").

A. Gehlen, Der Mensch. Seine Natur und seine Stellung in der Welt (1940), Wiesbaden [13]1986.

A. Hügli/B.-Ch. Han, Art. Utilitarismus, in: HWP 11, 503-510.

M. Landmann, Philosophische Anthropologie, Berlin 1964.
Ph. Lersch, Aufbau der Person, München [10]1966.
R Mayer, Art. Utilitarismus, in: ELThG III (1994), 2068f.
C. H. Ratschow, Wenn Sterbehilfe töten darf, Wuppertal 1992, 34ff (Kap 2: „Vom Lob der Mörder lebensunwerten Lebens. Eine Erörterung der Ethik von Peter Singer“).
H. Schelsky, Soziologie der Sexualität, Hamburg [21]1977.
P. Singer, Praktische Ethik, Stuttgart [3]2013.
A. Schlatter, Die christliche Ethik, Stuttgart [5]1986.
H. H. Schrey, Einführung in die Ethik, Darmstadt 1977, 45-56 („Die eudämonistische Motivation“).
F. Ueberweg, Grundriss der Geschichte der Philosophie der Neuzeit, Bd. 2, Berlin 1897.

III. Naturrechtliche Ethik:

Richtig handelt, wer der Natur entsprechend handelt

1. Darstellung des Ansatzes der naturrechtlichen Ethik

1.1 Der geschichtliche Hintergrund der Entstehung des Naturrechtsgedankens im Griechenland des 5. Jhs. v.Chr.

Das 5. Jh. v. Chr. war im antiken Griechenland die klassische Zeit griechischer Kunst, Dichtung (Drama) und Philosophie. Es war aber zugleich die Zeit einer tief gehenden Krise althergebrachter Werte:

Die Weitung des Horizonts infolge weltweiter Handelsbeziehungen hatte zur Bekanntschaft mit fremden Sitten und Wertvorstellungen und damit zur Relativierung der eigenen geführt. Ein eindrückliches Beispiel erzählt der griechische Historiker Herodot: Der persische König Darius machte sich ein Vergnügen daraus, an seinem Hofe lebende Fremde in ihrer Sitte zu verunsichern. So fragte er einst Griechen, um welchen Preis sie bereit wären, ihre verstorbenen Eltern zu verspeisen. Die Griechen, die die Leichen der Verstorbenen zu verbrennen pflegten, antworteten: um keinen Preis! Darauf fragte Darius Angehörige eines indischen Volkes, das eben jene merkwürdige Sitte hatte, die Verstorbenen zu verspeisen, ob sie bereit wären, sie zu verbrennen. Sie wiesen aber entsetzt ein solches Ansinnen als gottlos von sich. Daraus schließt Herodot: So zeige sich, dass die (geschichtlich zufällig entstandene) Sitte über alle herrsche (Historien III, 38).

Dazu kam, dass die bisher das politische Leben bestimmende aristokratische Herrschaft politisch abgewirtschaftet hatte und damit auch die von ihr vertretenen sittlichen Werte, insbesondere Tugenden wie Weisheit, Tapferkeit, Besonnenheit und Gerechtigkeit, unglaubwürdig geworden waren.

In dieser Situation der Unsicherheit proklamierten Sophisten genannte Weisheitslehrer das angeblich natürliche „Recht des Stärkeren“: Die Tugenden seien nichts als ein Trick der Schwachen, um die Starken in Zaum zu halten und an der Befriedigung ihrer natürlichen Bedürfnisse zu hindern, die bei den Stärkeren nun einmal größer als bei den Schwächeren seien:

„Das ist das von Natur Schöne und Rechte, dass, wer richtig leben will, seine Begierden muss so groß werden lassen als möglich und sie nicht einzwängen … Üppigkeit und Ungebundenheit und Freigebigkeit, wenn sie nur Rückhalt haben, sind eben Tugend und Glückseligkeit; jenes andere aber sind Ziereren, widernatürliche Satzungen, leeres Geschwätz und nichts wert“ (Kallikles bei Plato, Gorgias 491e/492c).

Was hier als angebliches natürliches Recht vertreten wird, ist in Wirklichkeit eine radikale Form des Utilitarismus (Hedonismus).

1.2 Die Entwicklung des Naturrechtsgedankens bei Plato

Plato sah in diesem rücksichtslosen Egoismus das Grundübel der athenischen Gesellschaft seiner Zeit. Um ihn zu überwinden, entwickelte er eine neue ethische Konzeption.

Zunächst knüpfte er bei bestimmten Einsichten der Sophisten an: Richtig ist, meinte er, dass sie nicht (im Sinne des positivistischen Ansatzes) unbegründet ethische Werte einfach unkritisch übernehmen, sondern selbst erkennen wollen, was gut ist.

Richtig ist auch, dass sie beim Gedanken der Natur des Menschen als Orientierungspunkt für das Handeln ansetzen.

Aber die entscheidende Frage lautet: Was ist die Natur des Menschen? Die Sophisten beantworten diese Frage naturalistisch: Der Mensch ist ein von seinen Trieben völlig abhängiges Begierdewesen. Plato dagegen meint: Der Mensch ist wesentlich Vernunftwesen. Wer nur von seinen Begierden beherrscht wird, lebt deshalb gar nicht der Natur des Menschen entsprechend. Er lebt eher wie ein unvernünftiges Tier. Dem Wesen des Menschen entspricht es dagegen, dass sein Geist über die Begierden herrscht. Das bedeutet: Sein Handeln wird nicht von individuellen animalischen Interessen geleitet, sondern es orientiert sich an der Frage nach dem Allgemeinen, nach dem, was die Menschen zur Einheit verbindet, mithin nach dem Ideal der Gerechtigkeit (Politeia 462; vgl. Flückiger 158f). Ähnlich ist Tapferkeit nicht identisch mit Furchtlosigkeit. Die findet sich auch beim Tier. Tapferkeit ist vielmehr mit Erkenntnis dessen, was wahrhaft zu fürchten ist, verbundener Mut (Politeia 442; vgl. den Dialog Laches). Diese ethischen Maßstäbe oder Tugenden sind an sich nicht neu, sondern gehörten bereits zur traditionellen Ethik. Neu aber ist ihre Begründung aus der Vernunftnatur des Menschen. Dabei vertraut Plato darauf, dass die Erkenntnis des Gerechten auch zum Tun des Gerechten und so zur sittlichen Erneuerung der Gesellschaft führt.

1.3 Die Weiterbildung des Naturrechtsgedankens bei Aristoteles

Plato richtet das Leben des Menschen auf ein Ideal und damit auf ein Höchstziel aus. Darin liegt nach dem Urteil seines Schülers Aristoteles ein weltflüchtiger Zug. Diesen will er vermeiden, ohne doch in den Naturalismus der Sophisten zurückzufallen.

Seine Lösung ist: Tugendhaftigkeit besteht in einem der Natur des Menschen und also der Vernunft entsprechenden Leben. Deshalb ist es Aufgabe des Menschen, mit Hilfe der Vernunft den vernünftigen Weg zwischen möglichen Extremen zu finden, den sog. Mittelweg, z. B. beim Essen den Weg zwischen Völlerei und Askese. Faktisch aber ist dieser Mittelweg wie bei Plato identisch mit den herkömmlichen Tugenden: Tapferkeit z. B. ist der Mittelweg zwischen Verwegenheit und Feigheit (Nik. Ethik II,6, 1107; vgl. Flückiger 183).

1.4 Der stoische Naturrechtsgedanke

Stoische Ethik geht von einer Weltsicht aus, in der die ganze Welt ein von der Vernunft (dem *orthos logos physeoos)* strukturierter Organismus ist. Richtig leben heißt deshalb: „nach der Natur leben“ *(kata physin zän).* Nach der Natur leben aber heißt: vernünftig leben – und umgekehrt. Der Keim zu einem vernünftigen Leben ist schon im Selbsterhaltungstrieb des Kleinkindes zu entdecken. Zur Entfaltung kommt diese Vernünftigkeit aber erst, wenn die wahre Eigenliebe sich aus der Abhängigkeit von den Empfindungen der Lust und Unlust frei macht (vgl. Flückiger 207f).

Der römische Schriftsteller Cicero (106–43 v.Chr.) beschreibt den stoischen Naturrechtsgedanken mit folgenden Worten:

„Das wahre Gesetz ist die richtige Vernunft (lat. *recta ratio* = gr. *orthos logos*), die mit der Natur im Einklang, durch alle ergossen, beständig und ewig ist Das Gesetz wird nicht anders sein in Rom, anders in Athen, anders jetzt, anders später, sondern alle Völker wird zu aller Zeit das eine Gesetz, ewig und unveränderlich, binden, und ein Gott wird gleichsam der gemeinsame Meister und Beherrscher aller sein. Er ist der Erfinder dieses Gesetzes, sein Schiedsrichter und Anwalt. Wer ihm nicht gehorcht, wird vor sich selbst fliehen und, indem er die Menschennatur verleugnet, eben damit die schwersten Strafen verbüßen, auch wenn er den anderen Strafen, die für solche gelten, entgeht" (De re publica III,22; vgl. Flückiger 225).

1.5 Das Nachwirken des antiken Naturrechtsgedankens

Dieser Naturrechtsgedanke fand dann auch im hellenistischen Judentum Aufnahme (Philo), in gewisser Weise auch im NT (vgl. unten C 11, 1.2), vor allem aber in der Alten Kirche (Clemens von Alexandrien). In der Gestalt, die Thomas von Aquin dem Naturrechtsgedanken in der Lehre vom vierfachen Gesetz gab, ist er bis heute offizielle katholische Lehre: in Gott besteht ein ewiges Gesetz (*lex aeterna*), als dessen Abglanz in der Natur das Naturgesetz (*lex naturae*), als dessen Niederschlag das geltende positive Recht zu verstehen ist (*lex humana*), als dessen Korrektur und Ergänzung das offenbarte Gesetz (*lex divina*) gegeben ist (vgl. Thomas von Aquin STh II/I 91).

Die Reformation übernahm den Naturrechtsgedanken von der mittelalterlichen Scholastik (Luther 393,13-30; dazu: Hermann 98-109; Calvin, Inst. IV, 20,3.16).

Auch die Ethik der Aufklärung steht in der Tradition des Naturrechts. Bei Kant ist dabei der Begriff der Natur losgelöst von der empirischen Natur und auf die Vernunftnatur des Menschen begrenzt. Die ethischen Prinzipien sind aus der reinen Vernunft abzuleiten, z. B. im kategorischen Imperativ: „Handle nur nach derjenigen Maxime, durch die du zugleich wollen kannst, dass sie ein allgemeines Gesetz werde" (Grundlegung der Metaphysik der Sitten, 52; vgl. Zenkert 131: „Kant versucht schließlich ... die Begründung des Naturrechts aus der Idee der autonomen Vernunft").

Während die reformierte Theologie heute, vor allem unter dem Einfluss K. Barths (17f) den Naturrechtsgedanken als ein Stück der von ihr energisch bekämpften „natürlichen Theologie" weithin abgestoßen hat, bewahrte ihn die lutherische Theologie teilweise noch im Rahmen der sog. Zwei-

Reiche-Lehre als Normbegründung im „Reich zur Linken" (vgl. unten C III 4.4.2.1).

In der neueren Rechtsphilosophie erlebte der Naturrechtsgedanke nach dem Versagen des Rechtspositivismus im sog. „Dritten Reich" in der Nachkriegszeit eine – allerdings nur vorübergehende – Renaissance (G. Radbruch; vgl. Grundgesetz Art. 6,1).

2. Kritik des Ansatzes der Naturrechtsethik

2.1 Das Wahrheitsmoment der Naturrechtsethik

a. Anders als Positivismus und Utilitarismus kennt die Naturrechtsethik jedermann verpflichtende, bleibend gültige Normen. Darin ist der Mensch in seiner *unbedingten* Verantwortlichkeit, wie sie im Gewissen zum Ausdruck kommt, ernst genommen.
b. Anders als im Positivismus sind diese Normen dem Menschen nicht willkürlich von außen – durch Überlieferung – auferlegt, vielmehr entsprechen sie seiner eigenen Natur. Ihre Begründung kann daher von jedem selbst rational nachvollzogen werden. Darin ist der Mensch in seiner Eigenverantwortlichkeit ernstgenommen.

Naturrechtsethik führt damit über den positivistischen und den utilitaristischen Ansatz hinaus und kommt biblischer Ethik sehr nahe (vgl. unten C II,1).

2.2 Die Problematik des Ansatzes der Naturrechtsethik

Der Verwurzelung in griechisch-philosophischem Denken entsprechend ist Naturrechtsethik von Hause aus geschichtslos: Sie lenkt den Blick von der konkreten empirischen Beschaffenheit des Menschen hin auf das Allgemeine und bildet so den Menschen nach einer zeitlosen, abstrakten Idee (Plato). Oder sie fügt ihn in das ebenfalls zeitlos von der Weltvernunft geordnete System des zum Pantheismus neigenden stoischen Weltbilds. Dieses Menschen- und Weltbild aber geht rationalistisch am wirklichen Menschen bzw. der wirklichen Welt vorbei bzw. passt sie in ein vorgefasstes rationales Schema ein (Tendenz zur Ideologie und zum von ihr bestimmten totalitären Staat). Die Aufnahme des Naturrechtsgedankens in christlicher Theologie ist also nur auf dem Weg der Umbildung und Integration in die biblische Überlieferung möglich (vgl. unten C II,l).

Schließlich macht der menschliche Egoismus die Gefahr des Rückfalls in den Naturalismus der Sophisten (Utilitarismus) zum ständigen Begleiter der Naturrechtsethik.

Literatur

K. Barth, Christengemeinde und Bürgergemeinde (1946), Zürich ^{2}1970.

K. Bockmühl, Das Naturrecht, in: ders., Grundlagen evangelischer Ethik. Beiträge zur Fundamentalethik, BWA II/2, Gießen 2015, 226-229.

J. Calvin, Unterricht in der christlichen Religon, übers. u. hg. von O. Weber, Neukirchen ^{2}1963.

M. T. Cicero, De re publica, in: ders., Staatstheoretische Schriften, lat./dt. hg. von K. Ziegler, Berlin ^{4}1988, 35-210.

F. Flückiger, Geschichte des Naturrechts, Zürich 1954.

R. Hermann, Naturrecht und Gesetz bei Luther, in: ders., Studien zur Theologie Luthers und des Luthertums. Gesammelte und nachgelassene Werke II, Berlin 1981.

I. Kant, Grundlegung der Metaphysik der Sitten, Riga ^{2}1786, zit. n. Theorie-Ausgabe, hg. von W. Weischedel, Bd. VII, Wiesbaden 1956, 7-102.

M. Luther, Von weltlicher Obrigkeit, dass man ihr Gehorsam schuldig sei, in: O. Clemen (Hg), Luthers Werke in Auswahl Bd. 2, Bonn 1912, 360-394.

J. Messner, Das Naturrecht, Innsbruck 1950.

G. Radbruch, Die Erneuerung des Naturrechts (1947), in: W. Maihofer (Hg), Naturrecht oder Rechtspositivismus, Darmstadt 1972, 1-10.

H. Seidl, Art. Naturrecht, in: ELThG II (1993), 1407-1409.

Thomas von Aquin, Summa theologica, Rom 1923.

E. Wolf u.a., Art.Naturrecht, in: HPW 6, 560-623.

G. Zenkert, Art. Naturrecht I. Philosophisch, in: RGG^{4}, Bd. 6, 129-13

IV. Situationsethik:

Richtig handelt, wer der Situation entsprechend handelt

1. Darstellung des Ansatzes der Situationsethik

1.1 Das Wesen des situationsethischen Ansatzes

Dem Kernproblem der Naturrechtsethik, ihrer Zeitlosigkeit, möchte die Situationsethik mit radikaler Konsequenz entgehen, indem sie die Ethik so vergeschichtlicht, dass sie Geschichte auf eine letztlich unverbundene Aufeinanderfolge von Augenblicken (Situationen) reduziert. Deshalb muss jeder Mensch in jedem Augenblick neu, ohne jede normierende Vorgabe, entscheiden, welches Handeln der jeweiligen Situation angemessen ist.

1.2 Begründung des situationsethischen Ansatzes

1.2.1 Weltanschauliche Begründung

Die ganze Wirklichkeit ist in ständigem Fluss (*panta rhei,* vgl. Heraklit, B 49a). Über den je einmaligen Augenblick hinaus als gültig angesehene und angewandte Normen vergewaltigen diese Wirklichkeit. Was gestern gut war, kann (muss) heute schlecht sein. Die Wahrheit von gestern ist die Unwahrheit von heute.

1.2.2 Anthropologische Begründung

Die Würde des Menschen als eines geschichtlichen und also freien Wesens besteht gerade darin, nicht Normen unterworfen zu sein, sondern frei und eigenverantwortlich selbst zu entscheiden, was er in der jeweiligen Situation zu tun hat.

1.3 Christliche Situationsethik

In der Gegenwart wird Situationsethik oft als christlich bezeichnet; denn Christus habe sie neu entdeckt und gelehrt und uns dadurch vom Gesetz befreit. So vertrat bereits *R. Bultmann* in seinem Jesus-Buch von 1926 diese Auffassung, wobei er Anregungen seines Lehrers *W. Herrmann* aufnahm. In den 60er-Jahren erlebte die Situationsethik in der Theologie als sog. „neue Moral" eine neue Blüte (*J. A. T. Robinson; J. Fletcher*). Aber auch *H. Thielicke* hatte mit seiner programmatischen Relativierung biblischer Normen der Situationsethik den Weg bereitet (ThE I § 147f).

Eine streng theologische Situationsethik vertritt *E. Brunner:* Es gibt kein „Gutes an sich". Die absolute Freiheit Gottes verbietet es, seinen Willen vom Menschen aus über den Augenblick hinaus festzulegen. Es gibt vom Menschen aus kein Vorauswissen dessen, was Gott von ihm will. „Gottes Gebot ist sein freies Gebieten, das in keine Vorschrift gefaßt werden kann." Faktisch zwar hat Gott von sich aus seinen Willen augenblicksübergreifend offenbart. Aber durch sein gegenwärtiges Reden im Heiligen Geist erfahren wir *jetzt,* was wir tun sollen (Brunner 107.132f).

2. Kritik des situationsethischen Ansatzes

2.1 Wahrheitsmomente des situationsethischen Ansatzes

Es ist tatsächlich nicht möglich, in der ethischen Urteilsfindung die Situation unberücksichtigt zu lassen. Das Gesetz und traditionelle sittliche Normen können die Grundlinien unseres Handelns bestimmen. Innerhalb dieser „Leitplanken" aber muss der Einzelne jeweils selbst entscheiden, was er zu tun hat. Dies gilt insbesondere im Fall der Normenkollision. Situationsethik ist deshalb eine Art Differentialethik (so Bockmühl, GuG 1-3.227ff; Härle 129-133 spricht von der Kontextualität des Ethischen).

Diese Differenzierung der Norm auf die Situation hin geschieht

a. im Bereich der allgemeinen Ethik durch Anwendung der vorgegebenen Norm mit Hilfe der Vernunft;
b. im Bereich der spezifisch christlichen Ethik zusätzlich als Führung durch den Heiligen Geist (vgl. unten C III, 4.3.2 „Geistesleitung"). Eine einseitige Geboteethik ist im Grunde eine Art ethischer Deismus, der nicht mehr mit dem gegenwärtigen Wirken und Reden Gottes rechnet.

2.2 Die Problematik des situationsethischen Ansatzes

Der Grundfehler der Situationsethik besteht darin, dass sie meint, bei der Berücksichtigung der Situation ohne verpflichtende Normen auskommen zu können oder gar zu sollen.

Diesem Fehler liegen entsprechende Fehler in der Begründung zugrunde:

Es gibt (1.) im Fluss des Geschehens durchaus auch Bleibendes: z. B. eine Kontinuität des Ich von gestern zum Ich von heute, vom Menschen vergangener Kulturen zum modernen Menschen. Es gibt unveränderte Grundstrukturen des Menschlichen, die sich durch allen geschichtlichen Wechsel hindurch erhalten.

Die Freiheit des Menschen (2.) ist keine absolute, in der er in der Situation jeweils voraussetzungslos neue sittliche Entscheidungen zu treffen hat, sondern seine Freiheit besteht darin, im Rahmen vorgegebener Grenzen die richtige Einzelentscheidung zu finden und zu vollziehen. Wo der Mensch sich für absolut frei erklärt, sein Leben gleichsam als sein eigener Schöpfer ständig neu selbst entwirft, kommt es zu einer zerstörerischen Atomisierung des Lebens in einzelne Augenblicke. So wird z. B. die eheliche Treue vom momentanen Gefühl gegenüber dem Ehepartner oder jemandem anderen, der einen gerade erotisch anzieht, abhängig gemacht.

Tatsächlich gibt es gar keine wirklich konsequente Situationsethik. Schon rein psychologisch wäre der Mensch von der Aufgabe völlig überfordert, in jedem Augenblick ganz neu, ohne normative Vorgabe, darüber zu entscheiden, was er zu tun hat. In der Regel setzt die Situationsethik deshalb doch gewisse Normen voraus, denen allerdings ihr verpflichtender Charakter bestritten wird. Wenn, wie vor allem in christlicher Situationsethik, ein Gebot, nämlich das Liebesgebot, doch als verpflichtend angenommen wird, dann nur als allgemeine Regel, deren konkrete Füllung faktisch doch der Beliebigkeit des Einzelnen überlassen bleibt. Wobei man sich gern – missbräuchlich – auf das augustinische Wort beruft „Liebe- und dann tu, was du willst“ (*dilige et quod vis fac*; vgl. Robinson, 123).

Literatur

K. Bockmühl, Sinn und Unsinn der ‚neuen Moral‘. Kritik und Selbstkritik (1974), in: ders., Grundlagen evangelischer Ethik. Beiträge zur Fundamentalethik, BWA II/2, Gießen 2015, 116-142.

Ders., Gott im Exil? Zur Kritik der ‚Neuen Moral‘, Gießen ^{2}1984.

Ders., Gesetz und Geist (GuG). Eine kritische Würdigung des Erbes protestantischer Ethik (1987), BWA I/5, Gießen ^{2}2009.

E. Brunner, Das Gebot und die Ordnungen, Tübingen 1932.

J. Fletcher, Situation Ethics. The New Morality, London 1966 (dt.: Moral ohne Normen, Gütersloh 1969).

W. Härle, Ethik, Berlin 2011.

J. A. T. Robinson, Honest to God, London 1963 (dt.: Gott ist anders, München ^{5}1964).

B. Snell (Hg.), Die Fragmente des Heraklit, München ^{4}1944.

V. Zusammenfassender Rückblick

Bei allen bisher erörterten ethischen Ansätzen waren Wahrheitsmomente festzustellen:

Positivistischer und situationsethischer Ansatz:	Ernst nehmen der Geschichtlichkeit des Lebens bzw. der Situation.
Positivistischer und naturrechtlicher Ansatz:	Bindung an gewisse objektive Normen, sei es zeitlich bedingt gültige oder zeitlos gültige.
Utilitaristischer Ansatz:	Natürlich begründete inhaltliche Orientierung und Motivation.

Aber: Keiner dieser Ansätze ist wirklich ausreichend, weder formal noch inhaltlich: Inhaltlich fehlt letzte Klarheit, formal letzte Verbindlichkeit.

Dieser Mangel gründet darin, dass man vom autonomen Menschen bzw. einer von Gott gelösten, autonom gedachten Natur ausgeht, also im Säkularismus des ethischen Ansatzes.

Christliche Ethik setzt demgegenüber weder allgemein bei der Geschichte (Positivismus, Situationsethik) noch allgemein bei der Natur (Utilitarismus und Naturrecht) an, sondern theozentrisch beim Offenbarungshandeln Gottes, und zwar umfassend in Schöpfung, Erlösung und Vollendung. Damit ist die Möglichkeit unbedingt gültiger und doch zugleich konkret in die geschichtliche Situation des Menschen hineinsprechender ethischer Orientierung gegeben.

C. Theozentrische Ethik:

Richtig handelt, wer dem Willen Gottes entsprechend handelt

Vorüberlegungen zur theozentrischen Ethik

1. Orientierung am Willen Gottes

Die ethischen Aussagen der Bibel sind weder Ausdruck zufälliger Willkür, noch bloßer Naturnotwendigkeit oder einer Idee, sondern weisen alle zurück auf einen bestimmten Willen, der aber nicht identisch ist mit dem eines Menschen, sondern dem Willen dessen, den die Bibel Gott nennt:

Jesus sagt: „Meine Speise ist, dass ich den Willen dessen tue, der mich gesandt hat" (Joh 4,34). Er sucht in allem, was er tut, nicht seinen Willen zu erfüllen, sondern den des Vaters (Joh 5,30, vgl. Mt 6,10; 7,21; 26,39.42).

Paulus bringt die ganze ethische Reflexion auf einen einzigen Nenner: es geht darum, den Willen Gottes zu erkennen (Röm 12,2; vgl. Eph 5,17).

Dabei fragt das Neue Testament zunächst zurück nach dem Wort Jesu als maßgebender Antwort auf die Frage nach dem Willen Gottes: Paulus schreibt: „Den Verheirateten gebiete nicht ich, sondern der Herr" (1Kor 7,10; vgl. 9,14). Jesus selbst wiederum weist auf die Offenbarung des Willens Gottes im Alten Testament zurück: er ist nicht gekommen, sie aufzulösen (und damit abzulösen), sondern sie zu erfüllen, sie an ihr Ziel zu bringen (Mt 5,17; vgl. Röm 10,4). Wenn das Alte Testament aber von der Offenbarung des Willens Gottes spricht, so weist es immer auf ein bestimmtes Ereignis zurück, in dem Gott in einzigartiger Weise gesprochen und so seinen Willen kundgetan hat: Die Offenbarung des Gesetzes am Sinai. Dort ist dem Menschen grundlegend „gesagt, was gut ist und was der HERR von dir fordert" (Mi 6,8; vgl. Vers 4 und 4,2).

Während alle bisher behandelten ethischen Entwürfe im Vorletzten stecken bleiben und damit in Unklarheit und Unverbindlichkeit verharren, gründet sich christliche Ethik im Letzten, alles Begründenden und

Umfassenden, in Gott, der nach biblischem Zeugnis ein redender, sich und damit auch seinen Willen mitteilender Gott ist, grundlegend in seinen Geboten (vgl. unten C 1), universal in der Schöpfung (vgl. unten C 11), aber auch in individueller Lebensführung durch den Geist (vgl. unten C III). Damit gewinnt christliche Ethik zugleich Klarheit und letzte Verbindlichkeit.

2. Grundsätzlicher Widerspruch gegen den theozentrischen Ansatz in der Ethik

Seit den Anfängen wissenschaftlicher Ethik in der antiken Philosophie wurde eine theozentrische Begründung von Ethik infrage gestellt. In seinem frühen Dialog Eutyphron diskutierte Plato am Beispiel der Tugend der Frömmigkeit die Frage, ob das Gute gut sei, weil es der Gottheit gefalle, oder ob es der Gottheit gefalle, weil es gut sei („Bedenke dir nämlich nur dieses, ob wohl das Fromme, weil es fromm ist, von den Göttern geliebt wird, oder ob es, weil es geliebt wird, fromm ist?“ Eutyphron 10a). Er gibt zu bedenken: Wenn das Gute nur deshalb gut sein sollte, weil eine Gottheit es gut heiße, so würde die Frage nach dem Guten der Willkür ausgeliefert. Das Gute sei vielmehr nicht deshalb gut, weil es einer Gottheit gefalle, sondern weil es gut sei, gefalle es der Gottheit. Der Hintergrund dieses frühen platonischen Dialogs ist der altgriechische Polytheismus. Der späte Platon neigt dann dazu, das Problem durch eine Identifikation der Idee des Guten mit Gott zu lösen (Gott ist das Gute schlechthin, vgl. E. Zeller 31). Bei einer solchen Lösung wird allerdings der persönliche Gottesgedanke der philosophischen Reflexion geopfert.

Das biblische Zeugnis geht den umgekehrten Weg: Gott ist und bleibt als Schöpfer der souveräne Herr über alles. Aber was er für gut erklärt, ist gut, weil er selbst gut ist (Mt 19,17, vgl. auch die geschichtliche Begründung des Dekalogs in der Rettung Israels aus der ägyptischen Sklaverei, vgl. unten C 1,1.3). Deshalb ist auch sein Wille für den Menschen gut („… dass ihr zu prüfen vermögt, was der Wille Gottes sei, das Gute, Wohlgefällige und Vollkommene“ Röm 12,2; vgl. Ps 25,8 „Der HERR ist gut und gerecht, darum weist er Sündern den Weg“). Das Gute ist aber kein vom Menschen eigenmächtig erkanntes, über Gott stehendes Kriterium der Gutheit Gottes, sondern was gut ist, ist nur von Gott selbst her lernbar und erfahrbar. Sofern der Mensch aber auf Gott hin geschaffen ist (vgl. unten C II,2), ist das Gute dem Menschen nicht etwas schlechthin Fremdes, Willkürliches, dem er sich blind unterwerfen müsste, sondern etwas für ihn selbst als „gut“ Erfahrbares.

Der australische Philosoph Peter Singer hat in seiner bewusst unreligiösen Ethik die kritische Fragestellung des jungen Plato wieder neu aufgenommen. Aber seine Argumentation gegen den sog. Theismus geht sehr oberflächlich an der christlichen Antwort vorbei: Ehe er sie wirklich hat ausreden lassen, unterstellt er ihr einfach wieder die vorplatonische, sophistische, für Willkür offene Definition des Guten („Denn was können sie meinen mit der Behauptung Gott sei gut? Dass Gott von Gott gebilligt wird?“ Singer 18).

Der Widerstand gegen eine theozentrische Begründung von Ethik ist in der Neuzeit zusätzlich verschärft durch das auf Autonomie bedachte moderne Bewusstsein. Es steht in prinzipiellem Gegensatz gegen den aus einer theozentrischen Ethik sich ergebenden Gedanken des Gehorsams. Individuelle menschliche Freiheit ist der höchste Wert, in dem Menschsein sich verwirklicht. Die Befreiung von jeder unbedingten, dem Menschen von außen auferlegten (heteronomen) Verpflichtung wird hier als Grundvoraussetzung der sog. Menschwerdung des Menschen verstanden. Jede persönliche Gottesvorstellung wird deshalb als Gefährdung wahren Menschseins angesehen.

Seit dem Beginn der Neuzeit bestimmt dieser Autonomismus zunehmend das Bewusstsein der Menschen. I. Kant versucht, ihn in seiner formalen Pflichtethik wissenschaftlich-philosophisch abzusichern. Heteronomie ist nach Kant Quelle aller unechten Prinzipien der Sittlichkeit, Autonomie des Willens dagegen oberstes Prinzip aller Sittlichkeit. Anhand des kategorischen Imperativs (vgl. oben B III,1.5) kann jeder sein eigener Gesetzgeber sein.

Der Gedanke des Gehorsams ist schließlich in unserer Zeit durch die Forderung eines absoluten Kadavergehorsams in von totalitären Ideologien bestimmten Gesellschaftssystemen zusätzlich und scheinbar endgültig diskreditiert worden. Auf dem Hintergrund der Philosophie des Existenzialismus wurde der Gedanke der Selbstbestimmung und der Selbstverwirklichung zur ethischen Grundmaxime des Menschen der nachtotalitären modernen Gesellschaft.

Selbstverständlich ist zuzugeben, dass die Struktur von Gebot und Gehorsam nur allzu leicht zur Durchsetzung einseitiger Interessen von einzelnen und Gruppen missbraucht werden kann. Der Grund dafür liegt aber nicht in dieser Struktur selbst, sondern in den Menschen, die sie sich als Herrschaftsinstrument zunutze machen. Das lehrt vielfache Erfahrung auf der zwischenmenschlichen Ebene. Diese Erfahrung ist aber nicht einfach auf das Verhältnis des Menschen zu Gott übertragbar. Hier ist die Struktur von Gebot und Gehorsam die dem Unterschied von Gott und Mensch angemessene. Das Herrschen und Befehlen des Gottes der Bibel ist dabei aber ein völlig anderes als unter Menschen. Denn sein Herrschen ist, entsprechend seinem Gutsein, Dienen (Mt 20,28). Zwischenmenschliche Autoritätsstrukturen müssen sich an diesem Gutsein Gottes und also konkret an seinem Gebot ausrichten. Verlieren sie diese ihre inhaltliche Ausrichtung, so verkommen sie tatsächlich bald zu willkürlicher Herrschaft von Menschen über Menschen.

Literatur

K. Bockmühl, Der Streit um die Grundwerte (1981), in: ders., Grundlagen evangelischer Ethik. Beiträge zur Fundamentalethik, BWA II/2, Gießen 2015, 206-225.
E. Düsing, Art. Autonomie, in: ELThG I (1992), 162-164.
P. Singer, Praktische Ethik, Stuttgart ^{2}1994.
E. Zeller, Die Philosophie der Griechen, 2. Teil, Tübingen 1846.

I. Geschichtstheologische Begründung der Ethik: Das Israel offenbarte Gesetz

1. Das Gesetz im Alten Testament

1.1 Der Begriff Gesetz

Das dt. Wort „Gesetz“ meint das „Gesetzte“: die festgeschriebene Norm (z. B. DIN A4). Ähnlich ist der sprachgeschichtliche Hintergrund der gr. Entsprechung *nomos* (von *nemein* = zuteilen, festsetzen). Ursprünglich geht es dabei um das dem einzelnen Dorfgenossen zum Gebrauch zugewiesene Weideland. Aus solchem Gebrauch des Wortes wurde es zur Bezeichnung für alle festgesetzte gesellschaftliche Ordnung und Norm.

In der gr. Bibel ist *nomos* Übersetzung des hebr. *torah.* Der etymologische Ursprung des Wortes ist umstritten, vermutlich geht es aber auf das hebr. *jarah* = werfen zurück. Aber auch damit sind noch zwei Deutungen möglich:

1. Der nach einem Weg Gefragte „wirft" seinen Finger in eine bestimmte Richtung (Gesenius); von daher entsteht die Bedeutung: unterweisen, unterrichten.
2. Der um Weisung befragte Priester „wirft" Lose (Wellhausen, vgl. Liedke/Petersen 1032).

Für die zweite Deutung könnte sprechen, dass es in der Bibel tatsächlich spezielle Priester-Torah gibt (Hag 2,10-14; Jer 18,18; Hes 7,26; Mal 2,6-9; vgl. Michel 393). Dabei geht es aber weniger um eigentliche Losorakel, als vielmehr um autoritative Anwendung der mosaischen Kultgesetzgebung durch den Priester (vgl. Dtn 33,9f).

Heute wird oft die erste Deutung bevorzugt und der Ursprung des Wortes nicht im Kult, sondern in der Weisheitslehre gesehen. *Torah* ist hier Wegweisung, die die Eltern den Kindern für das Leben mit auf den Weg geben („Mein Sohn, vergiss meine *torah* nicht, und dein Herz behalte meine Gebote, denn sie werden dir langes Leben bringen und gute Jahre", Spr 3,1; vgl. 1,8; 6,23 u. ö.). Aus der Weisheit wäre der Begriff *torah* dann auf die offenbarte Wegweisung Gottes für sein Volk übertragen worden (Egelkraut 452).

In beiden Deutungen bleibt aber der Gedanke der Wegweisung grundlegend.

Im Zusammenhang mit dem offenbarten Gesetz gibt es verschiedene Varianten im Gebrauch des Wortes *torah*:

1. *Torah* als Einzelgebot (Ex 12,49 Passa-Ordnung; 16,4.28 Gebrauch des Manna, hier neben *mizwa* = Gebot);
2. *Torah* als Gruppe von Einzelgesetzen (Lev 6,2 Gesetz über das Brandopfer, u. ö.);
3. *Torah* als das ganze Mosegesetz, also Ex 20–Dtn 26 (vgl. Dtn 4,8; 5,31; Hos 4,6; Mal 3,22; vgl. 1.Kön 2,3; 2.Kön 14,6; Dan 9,11.13; im NT z. B. Joh 1,17; Röm 3,21 a);
4. *Torah* als literarische Größe, also die fünf Mosebücher als Teil der ganzen Hl. Schrift, neben den prophetischen Büchern (Mt 5, 17; Lk 24,44; Röm 3,21 b; Gal 4,21f; zum Sprachgebrauch bei Philo vgl. Burkhardt 92-101);
5. *Torah* bzw. *nomos* als Bezeichnung für das ganze AT (Joh 10,34; 12,34; Röm 3,19; 1Kor 14,21).

In den Varianten 3–5 ist jeweils ohne erläuternden Zusatz absolut von „dem" Gesetz die Rede, dabei stellt Variante 3 den weitaus häufigsten, *eigentlich theologischen Gebrauch* des Wortes „Gesetz" dar. In den Varianten 4 und 5 ist der Begriff Gesetz jeweils im Sinne des *pars pro toto* gebraucht: von seinem wichtigsten Bestandteil, dem Mosegesetz her, erhält der ganze Pentateuch den Namen „Gesetz“, entsprechend das ganze AT von seinem grundlegenden Bestandteil, dem Pentateuch her. Selbst Ex 20–Dtn 26 (Variante 3) ist nicht nur „Gesetz“, sondern enthält, insbesondere in Exodus und Numeri, zahlreiche erzählende Abschnitte.

Literatur

H. Burkhardt, Die Inspiration heiliger Schriften bei Philo von Alexandrien, Gießen [2]1992, 92-101.
G. Liedke/C. Petersen, Art. *torah*, in: THAT II, 1032-1043.
O. Michel, Art. Gesetz, in: Calwer Bibellexikon, Stuttgart [5] 1959, 393-398.
H. Egelkraut, Art. Gesetz im AT, in: GBL 1,452-456.

1.2 Die wichtigsten Inhalte des Gesetzes

Als „Gesetz“ im engeren Sinn sind vor allem folgende Abschnitte des Pentateuchs in Betracht zu ziehen:

Ex 20–23 enthält die für das ganze Gesetz grundlegenden Gebote des Dekalogs (20,2-17) und das sog. Bundesbuch (Kap. 21–23). Die Bestimmungen des Bundesbuchs sind z.T. kasuistisch formuliert (21,2–22,16 und 23,4f). Sie beziehen sich wie der Dekalog auf die wichtigsten Gebiete des täglichen Lebens: 21,2-11 Sklavenrecht; 21,12-32 Lebensrecht (Totschlag und Körperverletzung); 21,32–22,16 Eigentumsrecht (V. 15f zugleich sexualethisch: Verführung einer Unverheirateten); 22,17-19 die todeswürdigen Vergehen der Zauberei, der Sodomie und des Götzenopfers; 22,20-26 Rechte der Schwachen (V. 20 Fremdling; V. 21-23 Witwen und Waisen; V. 24-26 Arme); 22,27-30 verschiedene Gebote der Gottesfurcht (V. 27 zugleich Ehrerbietung gegenüber den „Obersten“ des Volkes), 23,1-9 weitere das soziale Leben betreffende Gebote (insbesondere Gerechtigkeit in Gerichtsverfahren); 23,10-12 Sabbatjahr und Sabbatruhe; 23,14-19 Feste und Opfervorschriften.

Ex 34 enthält den sog. kultischen Dekalog.

Das sog. Heiligkeitsgesetz in Lev 18–20 bezieht sich, wie das Bundesbuch, auf die verschiedensten Bereiche des Lebens: Lev 18,6-23 besteht vor allem aus sexual-ethischen Geboten (V. 6-18 zum Inzest, vgl. 20,1 lf. 17.19-21; V. 19 zum Geschlechtsverkehr mit einer Menstruierenden, vgl. 20,18; V. 20 zum Ehebruch, vgl. 20,10; V. 22 zur Homosexualität, vgl. 20,13; V. 23 Sodomie, vgl. 20,15f); Lev 19 reiht unter dem Gebot der Heiligung (V. 2) ganz unterschiedliche ethische Themen aneinander, in ihrem Zentrum das Gebot der Nächstenliebe (V. 18).

Lev 23 enthält, ausgehend vom Sabbatgebot, die Festordnung Israels, Lev 25 die wirtschaftsethisch bedeutsamen Bestimmungen zum Sabbat und Erlassjahr. Die übrigen Gesetze in Ex und Lev betreffen den Kultus (Ex 25–31 und 35,4–40,33 Einrichtung und Unterhalt des Heiligtums; Lev 1–7 sowie 17 und 22 Opfergesetze, Lev 11–15 Reinheitsgesetze; Lev 27 Gesetze über Gelübde, Gebanntes und den Zehnten).

Ebenso beschränken sich auch die Gesetze im Buch Numeri durchgehend auf Fragen des Kultus, mit Ausnahme von Num 27,1-11 und 36,1-12 (Erbrecht) und 35,16-23 (Totschlag).

Im Deuteronomium enthalten neben Kap 5 (V. 6-21 Dekalog) und Kap. 27 (V. 14-26 sog. Sichemitischer Dodekalog) nur die Kap. 12–26 Gesetze, zunächst wieder vor allem den Kultus betreffend, daneben aber auch die verschiedensten Fragen des Lebens (z. B. das Königsrecht 17,14-20; das Kriegsrecht Kap 20 und Bestimmungen zur Sexualethik, mit anderen Fragen durchmischt, in Kap 21–24).

Das vom Gesetz bestimmte Ethos Israels findet außerhalb des Pentateuchs vor allem in der Weisheit des Buches der Sprüche einen reichen, für die Ethik des Alten Testaments wichtigen Niederschlag (vgl. Lamparter, der seine Auslegung dieses alttestamentlichen Buchs nach den Geboten des Dekalogs ordnet).

Literatur

H. Lamparter, Das Buch der Weisheit. Prediger und Sprüche, Botschaft d. AT 15, Stuttgart [2]1959, 153-314.

1.3 Die heilsgeschichtliche Verwurzelung des mosaischen Gesetzes

Das Gesetz ist nach biblischem Zeugnis Mose von Gott in einem bestimmten geschichtlichen Zusammenhang gegeben, ohne den es nicht wirklich zu verstehen ist.

Voraus geht, nach der Loslösung der nachsintflutlichen Menschheit von Gott, wie sie in der Bibel vor allem durch die Geschichte vom Turmbau zu Babel dargestellt wird (Gen 11), der von Gott ausgehende Neubeginn mit der Erwählung Abrahams als Vater eines Volkes, das in besonderer Weise Gottes Volk sein soll (Gen 12,1f). Gott offenbart sich diesem Volk in einzigartiger Weise in der Rettung Israels aus Ägypten (Ex 1–18) und schließt nun mit Israel einen Bund (hehr. *berit* = vertragliche Verpflichtung), in dem er es zu seinem „Eigentum vor allen Völkern“ erklärt, zum „Königreich von Priestern und heiligen Volk“ (Ex 19,5f). Diese Erwählung schließt aber zugleich die Verpflichtung zum Gehorsam gegenüber Gott ein, einem Gehorsam, in dem sich die Herrschaft Gottes über die ganze Erde spiegelt („denn die ganze Erde ist mein", V. 5b).

Die folgenden Kapitel Ex 20–23 geben im Dekalog und im sog. Bundesbuch (24,7), diese Verpflichtung grundlegend inhaltlich wieder.

Die heilsgeschichtliche Verwurzelung des Gesetzes zeigt sich auch im Aufbau des Bundesbuches. Es gliedert sich in 5 Teile:

1. Ex 20,2a	Selbstvorstellung Gottes
2. Ex 20,2b	geschichtliche Begründung des Bundes
3. Ex 20,3-17	Grundverpflichtung (Dekalog)
4. Ex 21,1–23,19	ausgeführte Bundessatzung
5. Ex 23,20-33	Verheißung und Warnung

Der gesetzlichen Forderung gehen also die Selbstoffenbarung Gottes und sein das Verhältnis zu Israel begründendes rettendes Handeln voraus.

Diese Gliederung findet sich formal ganz ähnlich auch in den sog. hetitischen Vasallenverträgen, d.h. den uns aus der Geschichte des Alten Orients bekannten Verträgen der hetitischen Großkönige (2. Jt. v. Chr.) mit von ihnen unterworfenen Vasallenfürsten (sog. Bundesformular, vgl. Baltzer; van Oyen 26.87; Fensham u.a. 216-219).

Literatur

K. Baltzer, Das Bundesformular, Neukirchen 1960.
F. C. Fensham u.a., Art. Bund, GBL 2, 216-219.
H. van Oyen, Ethik des Altes Testaments, Gütersloh 1967 (III. Das Ethos der Tora, 85-132).

1.4 Die sprachliche Struktur des Gesetzes

Während die ausgeführte Bundessatzung des Bundesbuches, ähnlich wie andere altorientalische Gesetzgebungen, zum großen Teil „kasuistisch", also von einem bestimmten „Fall" (lat. *casus*) ausgehend formuliert ist („Wenn du einen hebr. Sklaven kaufst, so soll er dir sechs Jahre dienen; ist er ohne Frau gekommen, so soll er auch ohne Frau gehen ...", Ex 21,2f), ist der Dekalog „apodiktisch" formuliert, d.h. er stellt, ohne Wenn und Aber, unbedingt zum Gehorsam verpflichtende Forderungen. Diese Form des Gesetzes findet sich in keiner zeitgenössischen Gesetzgebung (Alt 324).

Gelegentlich wird im Sinne einer Einschränkung oder gar Aufhebung dieses fordernden Charakters des Gesetzes darauf hingewiesen, dass der hebräische Text des Dekalogs gar keine Imperative (und also Gebote) enthalte, sondern nur futurische Aussagen (also Verheißungen).

Dagegen ist festzuhalten:

1. Die Gebote der Feiertagsheiligung und der Elternehrung (4. und 5. Gebot der reformierten Zählung) sind sehr wohl imperativisch formuliert (beim 4. Gebot steht dafür der hier gleichbedeutende sog. Infinitivus absolutus).
2. Wenn in den übrigen Geboten tatsächlich eine futurische Form gebraucht wird, so hat dies seinen Grund einfach darin, dass diese Gebote, anders als die eben genannten, alle eigentlich Verbote sind, d.h. negativ sagen, was nicht zu tun ist. Da es aber im Hebräischen keinen verneinten Imperativ gibt (Lambdin/Siebenthal 114), musste auf die futurische Form ausgewichen werden. Diese bedeutet also keine Abschwächung der Gehorsamsforderung. Übrigens kann auch in unserer Sprache eine Aufforderung zum Tun futurisch formuliert werden („du *wirst* das jetzt tun!“). Dies bedeutet aber keine Abschwächung, sondern eher eine Verschärfung des Imperativs.

Literatur

A. Alt, Die Ursprünge des israelitischen Rechts (1934), in: ders., Kleine Schriften zur Geschichte Israels I, München 1959, 278-332 (hier 302-332: Das apodiktisch formulierte Recht).

Th. O. Lambdin/H. v. Siebenthal, Lehrbuch Bibel-Hebräisch, Gießen ^{8}2016.

1.5 Folgerungen für das theologische Verständnis des Gesetzes

1. Die im Gesetz gegebene Orientierung ist Ausdruck des Willens Gottes für den Menschen. Eine auf das Gesetz gegründete Ethik ist theozentrische Ethik. Das Gesetz wird gegeben im Rahmen eines Bundesschlusses, in dem die beiden Bundespartner keineswegs gleichberechtigt sind. Der Vergleich mit den Vasallenverträgen der hetitischen Großkönige deutet an: Gott ist der schlechthin überlegene, bestimmende Partner, der souverän seinen heiligen Willen zum Ausdruck bringt. Diese Deutung wird auch unterstützt durch die apodiktische Form der Gebote des Dekalogs.
2. Das Gesetz ist keine abstrakte, zeitlose Norm, die um ihrer selbst willen zu erfüllen ist, sondern Orientierung für das in Verantwortung vor Gott

geführte Leben des Menschen („Weise mir, HERR, deinen Weg, dass ich wandle in deiner Wahrheit", Ps 86,11).

3. Die Voranstellung des „Ich bin ..." vor die Gebote bedeutet zugleich eine inhaltliche Grundlegung: Gott selbst in seiner Heiligkeit (Lev 11,44; 19,2) und Güte (Ps 25,8; Mt 19,17; Eph 5,1) ist das Maß alles menschlichen Handelns (vgl. Neuer § 11).
4. In der geschichtlichen Begründung der Gebote in der Erwählung Israels und seiner Errettung aus der ägyptischen Knechtschaft liegt aber auch ein Stück „Evangelium" : der Gebietende ist der, der sich zunächst als der Rettende erwiesen hat (vgl. auch Dtn 4,37; 7,7f; Luther: diese Begründung ist „die Verheißung aller Verheißungen, Quell aller Religion und Hauptsatz der Weisheit", in der Schrift „Glossen zum Dekalog" von 1530, WA 30/2,358, vgl. Crüsemann 12; Lochmann 16: der Dekalog ist „Dokument einer Befreiungsgeschichte", wobei Lochman sich gleichzeitig nachdrücklich gegen ein antinomistisch-liberalistisches Missverständnis des Begriffs Freiheit wendet, ebd. 17). Der Dank für die Rettung wird zum Motiv für den Gehorsam. Die Begründung des Bundes in der frei erwählenden und rettenden Liebe Gottes ist also nicht etwa als Einschränkung der Verpflichtung zu verstehen, sondern zielt ganz im Gegenteil auf die Gegenliebe und damit den unbedingten Gehorsam des Volkes (Dtn 6,4f).
   Die *torah* ist nicht Wegweiser zu einem Ziel, an dessen Ende erst (als Lohn) das Leben steht, sondern sie ist Orientierung auf einem Weg, auf dem Israel jetzt schon lebt, vor Gott und unter seinem Segen. Erwählung und Bund sind die bleibende Grundlage. Dieses Wort Gottes haben ist also Gnade. Deshalb ist die *torah* Israels Freude (Ps 1; 19; 119).

Literatur

K. Bockmühl, Über die Geltung der Zehn Gebote heute (1966), in: ders., Grundlagen evangelischer Ethik, BWA II/2, Gießen 2015 (23-32).

H. Burkhardt, Die Inspiration heiliger Schriften bei Philo von Alexandrien, Gießen 1988.

F. Crüsemann, Bewahrung der Freiheit. Das Thema des Dekalogs in sozialgeschichtlicher Perspektive, Gütersloh 1993.

J. M. Lochman, Wegweisung der Freiheit, Gütersloh 1979, 11-29.

M. Luther, Glossen zum Dekalog (1530), WA 30/2,358 .

W. Neuer, Der Zusammenhang zwischen Dogmatik und Ethik bei Adolf Schlatter, Gießen 1986.

W. H. Schmidt, Die Zehn Gebote im Rahmen alttestamentlicher Ethik, Darmstadt 1993.

2. Das mosaische Gesetz im Zeugnis des Neuen Testaments

Dieser heilsgeschichtliche Zusammenhang der Erwählung Israels, in dem das Gesetz im Alten Testament steht, scheint in der Zeit zwischen den Testamenten im Bewusstsein des Volkes zunehmend zurückgetreten zu sein. Im Mittelpunkt der Frömmigkeit stand das Wissen um die Gabe des Gesetzes als Forderung, deren Erfüllung zur verdienstlichen Vorbedingung für die Anteilhabe am Heil wurde. Damit wurde das Gesetz zur Last (Mt 11,29; 23,4). Auf diesem Hintergrund kam es im Gesetzesverständnis zwischen Jesus und den Pharisäern zum Konflikt. Aussagen Jesu wie „Der Sabbat ist um des Menschen willen gemacht" (Mk 2,27) oder „Ohne Waschen der Hände essen macht den Menschen nicht unrein" (Mt 15,20) erwecken leicht den Eindruck, als habe Jesus das alttestamentliche Gesetz aufgehoben.

Aber von einer Aufhebung des atl. Gesetzes durch Jesus kann keine Rede sein. Vielmehr hat Jesus

1. die Gültigkeit des Gesetzes mit allem Nachdruck *bestätigt* (Mt 5,17-20). Wo er aber das Gesetz aufzuheben scheint, hat er es vielmehr
2. *gedeutet,* und zwar (a) indem er es auf seine ursprüngliche bzw. eigentliche Bedeutung zurückführte („Soll man am Sabbat ... Leben erhalten oder töten?", Mk 3,4: der Sabbat als Erinnerung an das Leben schaffende Schöpfungswerk Gottes; „Aus dem Herzen kommen arge Gedanken" Mt 15,19: nicht nur äußerliche, sondern von innen kommende ganzheitliche Reinheit ist gefordert; vgl. Mt 19,8 „um eures Herzens Härte willen; von Anbeginn aber ist es nicht so gewesen"), und (b) indem er es auf das Wesentliche konzentrierte (Mt 22,34-40 das Doppelgebot der Liebe als Zusammenfassung des Gesetzes). Jesus hat das Gesetz schließlich
3. *erfüllt* (Mt 5,17): nicht nur durch die Tat („Es gebührt uns, alle Gerechtigkeit zu erfüllen" Mt 3,15, eine Aussage, die besonders auch auf die Erfüllung des alttestamentlichen kultischen Gesetzes im stellvertretenden Opfer Jesu zielt und die Notwendigkeit ihrer wörtlichen Erfüllung aufhebt; Stettler 189f.), sondern auch im Sinne der inhaltlichen Vollendung („Ihr habt gehört, dass gesagt ist ... Ich aber sage euch ..." Mt 5,27f u. ö.).

Genauso hat auch das Urchristentum sich grundsätzlich positiv zum Gesetz gestellt. Zwar wurden vor allem bestimmte paulinische Aussagen immer wieder so gedeutet, als rede Paulus einer Aufhebung des Gesetzes des Wort (Röm 7,6 „los vom Gesetz"; 10,4 „Christus ist des Gesetzes Ende"). Tatsächlich meint Paulus aber jeweils nur die richtende Anklage des Gesetzes, nicht das Gesetz als ethische Weisung. Als solche hat er es vielmehr

1. ausdrücklich *bestätigt* (Röm 3,lf: die Gabe der Gebote Gottes ist Israels Vorzug; vgl. in der praktischen Unterweisung die Bezugnahmen auf das Gesetz in Röm 13,9f; Eph 4,28 und 6,2);
2. *deutete* er es durch Konzentration auf das Liebesgebot (Röm 13,10; Gal 5,14); und
3. lehrte er, dass Christus die Forderung des kultischen Gesetzes durch seinen Tod schon endzeitlich *erfüllt* habe (Stettler 668; vgl. auch Hebr 7,12), die des ethischen Gesetzes aber im Wandel nach dem Geist (d. h. „unter Wirkung und in der Richtung des Geistes" lebend, Schrage 232) *erfüllt* werde (Röm 8,4).

Literatur

O. Betz, Art. Gesetz, biblisch, in: ELThG II (1993), 749f.
W. Schrage, Die konkreten Einzelgebote in der paulinishen Paränese, Gütersloh 1961.
H. Stettler, Heiligung bei Paulus, WUNT II/368, Tübingen 2014.
P. Stuhlmacher, Biblische Theologie des Neuen Testaments 1, Göttingen 1992, 96-107. 253-268.

3. Das Gesetz in der Geschichte der christlichen Theologie

Seit Marcion (85-160 n. Chr.) hat es im Laufe der Geschichte der Kirche immer wieder Bewegungen gegeben, die das Gesetz unter Berufung auf das Evangelium verwarfen. Sie blieben aber Randerscheinungen. Selbst die Reformation, die sich im Kampf gegen eine sich auf das Gesetz berufende Werkgerechtigkeit formierte, hielt mit allem Nachdruck am Gesetz als Gottes Wort fest und wehrte den Antinomismus in den eigenen Reihen entschlossen ab (vgl. Luthers Schrift „Wider die Antinomer" von 1539; zum 3. Brauch bei Luther im Sinne eines *usus puerilis* vgl. Peters 40f.57). Melanchthon entwickelte die Lehre vom dreifachen Gebrauch des Gesetzes (*triplex usus legis;* vgl. Peters 74):

1. dem *usus politicus legis* (dem Gebrauch des Gesetzes für die gesellschaftliche Ordnung und Sitte, vgl. C II, 5.1),
2. dem *usus elenchticus* (dem von der Sünde überführenden Gebrauch des Gesetzes, vgl. C III, 2.1.1) und
3. dem *usus in renatis* (dem Gebrauch des Gesetzes als Grundorientierung für das Leben des Wiedergeborenen, vgl. C III, 4.3.1.1).

Die drei Funktionen des Gesetzes werden gern veranschaulichend verglichen mit der eines *Riegels,* der dem Überhandnehmen des Bösen in der Gesellschaft vorgeschoben wird, eines *Spiegels,* in dem wir uns als Sünder erkennen, und einer *Regel* für das Leben des Christen.

Literatur

K. Bockmühl, Gesetz und Geist. Eine kritische Würdigung des Erbes protestantischer Ethik (1987), BWA II/2, Gießen [2]2009 (zu Luther: 45-48.484ff; zu Calvin: 333f).

M. Luther, Wider die Antinomer, in: WA 50.

A. Peters, Gesetz und Evangelium, HST Bd. 2, Gütersloh1981.

U. Swarat, Art. Gesetz, b. theologiegeschichtlich und c. systematisch, in: ELThG II (1993), 750-753.

4. Grenzen der geschichtstheologischen Begründung der Ethik

Voraussetzung für die Offenbarung des Gesetzes ist die Erwählung und Rettung Israels. Ihm gilt deshalb auch diese Offenbarung (Dtn 4,19). Von daher stellen sich im Blick auf das Problem der Begründung von Ethik einige Fragen, die die Grenzen dieses Ansatzes markieren:

1. Wenn die Offenbarung des Gesetzes Israel gilt – gilt sie dann nicht nur ihm, niemand anderem? Sofern die Christen durch Christus auf den „Ölbaum“ Israel „aufgepfropft“ sind (Röm 11,17), gilt, könnte man sagen, auch ihnen der im Gesetz geoffenbarte Wille Gottes.
2. Allerdings: Offensichtlich gilt für Christen nicht das ganze Gesetz in allen seinen Einzelheiten (Apg 15,5.19f). Was vom Gesetz also gilt noch, was nicht?
3. Vor allem aber stellt sich die grundsätzliche Frage: was ist mit dem Rest der Menschheit außer Juden und Christen – gilt das Gesetz für sie gar nicht? Ist es also für die Ordnung in unserer religiös pluralistischen Gesellschaft als sittliche Orientierung unbrauchbar? Wenn doch der Anspruch erhoben wird, dass es brauchbar sei – mit welchem Recht wird dieser Anspruch erhoben?

II. Schöpfungstheologische Begründung der Ethik

1. Gesetz und Schöpfung

1.1 Der universale Horizont von Erwählung und Gesetz

Das Gesetz ist im AT zwar zunächst nur dem Bundesvolk Israel gegeben. Die Absicht Gottes mit Israels Erwählung geht aber von Anfang an über Israel hinaus. Über dem partikularen Weg Gottes mit Israel gerät das universale Ziel mit der Menschheit nicht aus dem Blick:

Bereits die Erwählung Abrahams geschieht

1. auf dem *Hintergrund* der Geschichte Gottes mit der ganzen Menschheit (Gen 1–11), die im Turmbau von Babel (Gen 11) in einer Sackgasse endet, aus der aber Gott mit der Erwählung Abrahams einen Ausweg eröffnet; und seine Erwählung steht
2. von Anfang an im Zeichen ihres universalen *Ziels:* „In dir sollen gesegnet werden alle Geschlechter auf Erden“ (Gen 12,3; vgl. 18,18; 22,18; 26,4; 28,14; vgl. Apg 3,25).

Auch beim Bundesschluss am Sinai wird dieses Ziel bestätigt: Israel ist Gottes Eigentumsvolk „vor allen Völkern“ (Ex 19,5). Als solches aber soll es ihm „ein heiliges Volk von Priestern“ sein (V.6), d.h. priesterlichen Dienst an der ganzen Völkerwelt tun (Philo Spec leg II 163: „Was für den Staat der Priester, das ist das Volk der Juden für die ganze bewohnte Erde“; vgl. Jes 19,24; 42,1-4; 51,lff; Mi 4,2).

Dieser universale Bezug der Erwählung Israels (und damit auch des Gesetzes) kann auf zweifache Weise gedeutet werden:

1. Heiden können an der Erwählung Israels und der Wohltat des Gesetzes dadurch Anteil bekommen, dass sie sich bekehren und als Proselyten sich Israel anschließen. Der universale Bezug der Erwählung würde hier also im Sinne des Missionsgedankens gedeutet.
2. Darüber hinaus gibt es aber auch Aussagen, die von einer Bedeutung des Gesetzes für Heiden ohne deren Bekehrung sprechen. So macht Dtn 4,6 deutlich: Die Annahme, dass Israel aufgrund seines Gesetzes bei Heiden als „weise und verständig“ gelten wird, setzt voraus, dass diese zur Wahrheit des Gesetzes Zugang haben und ihr zustimmen können.

„Die Zehn Gebote empfehlen sich jedermann als treffender Ausdruck des Guten“ (Bockmühl 27).
Dem entspricht auch, dass Heiden in Gerichtsworten an Maßstäben des Gesetzes gemessen werden (Lev 18,24-30; vgl. Am 1 und 2 u. ö.). Umgekehrt kann Israel vorgeworfen werden, dass es nicht einmal nach den Ordnungen der Heiden gelebt habe – woraus nicht nur zu schließen ist, dass diese Ordnungen im Urteil Gottes doch einen gewissen sittlichen Wert zu haben scheinen, vielmehr dass Ordnungen der Heiden inhaltlich denen Israels entsprechen („und war gegen meine Gebote ungehorsamer als die Länder ringsumher“ Hes 5,6f; vgl. auch Hes 14,14 die Erwähnung der drei gerechten Nichtisraeliten Noah, Daniel und Hiob; vgl. Zimmerli 320f). Und im Buch des Predigers kann die Aufforderung „Fürchte Gott und halte seine Gebote“ begründet werden mit der Feststellung „denn das gilt für *alle* Menschen“ (12,13).

Angesichts solcher Beobachtungen stellt sich allerdings die Frage, wie es eigentlich möglich ist, dass Heiden vom Gesetz Israels innerlich angesprochen werden und es also offenbar auch auf sich selbst beziehen können?

1.2 Der vom Schöpfungsglauben her modifizierte biblische Naturrechtsgedanke

Bereits im Dekalog findet sich ein Hinweis darauf, warum eine universale Zustimmung zum Gesetz möglich ist: In Ex 20,8-11 ist das Sabbatgebot („Sechs Tage sollst du arbeiten … Aber am siebenten Tag … sollst du keine Arbeit tun“) nicht wie in Dtn 5,12-15 partikular von der Geschichte Israels, sondern universal von der Schöpfung her begründet („… denn in sechs Tagen hat der HERR Himmel und Erde gemacht … und ruhte am siebenten Tage“).

Dazu stimmt auch, dass die ebenfalls von der Schöpfung her denkende Erfahrungsweisheit der Bibel ohne Bezugnahme auf das offenbarte Gesetz zu gleichen Inhalten kommt (v. Rad 119f., vgl. 125: „Nach der Überzeugung der Weisen hat Jahwe der Schöpfung offenbar so viel Wahrheit delegiert, . .. dass der Mensch auf einen soliden ethischen Grund kommt, wenn er in diesen Ordnungen der Schöpfung lesen lernt und sein Verhalten auf die gewonnenen Erfahrungen einstellt“; von daher kann dann auch festgestellt werden: „Wer das *Gebot* bewahrt, bewahrt das Leben“ Spr 19,16; „Du hast die Erde fest gegründet und sie bleibt stehen. Sie steht noch heute nach deinen *Ordnungen*“ (Ps 119,90f; zum späteren Zusammenhang von Gesetz und Weisheit vgl. Schnabel).

Auch Jesus hat in seiner ethischen Unterweisung auf die Schöpfungsgeschichte und die Beobachtung der Natur zurückgegriffen (Mt 19,4-6.8; 6,25-30).

Vor allem Paulus aber hat den Gedanken, dass Heiden von der Schöpfung her Zugang zu ethischen Normen haben können, die inhaltlich dem Gesetz entsprechen, grundsätzlich reflektiert und lehrmäßig formuliert:

Nach Röm 2,14 tun Heiden, die das Gesetz nicht kennen, doch „von Natur“ *(physei),* was das Gesetz fordert, denn sie sind „sich selbst Gesetz“; deshalb kann gesagt werden, dass „das Werk des Gesetzes (d . h. das vom Gesetz geforderte Tun) in ihre Herzen geschrieben ist“ (V. 15a). Das Wissen um diese Forderungen des Gesetzes aber kommt im Urteil des Gewissens zum Ausdruck (V. 15b). Dabei ist die Aussage, die Heiden seien „sich selbst Gesetz“ *(heautois nomos eisin)* natürlich nicht zu verstehen im Sinne willkürlicher Autonomie, sondern ganz im Gegenteil so, dass sie sich selbst Gesetz sein können, weil sie von Gott so geschaffen sind, wie sie sind, in bestimmten Strukturen und Anlagen, auf eine bestimmte Lebensweise hin.

In Röm 1 gibt Paulus selbst ein konkretes Beispiel dafür: die Heterosexualität wird als natürliche Sexualität *(physikä chräsis,* V. 26f) bezeichnet, die Homosexualität dagegen als widernatürliche *(para physin,* V. 26b). Was an der Natur des Menschen als Regel festzustellen ist, wird hier also zum Maßstab sittlichen Handelns (vgl. 1Kor 11,14: „lehrt nicht die Natur?“).

Paulus übernimmt dabei (vermutlich durch Vermittlung des hellenistischen Judentums) die Terminologie der griechischen Naturrechtsphilosophie, gibt ihr aber einen anderen Sinn: „Natur“ ist für Paulus nicht eine zeitlose Größe, der der Mensch als einem unpersönlichen Schicksal ausgeliefert ist. Vielmehr ist für Paulus die Natur Schöpfung Gottes und damit Willensausdruck des Schöpfers (vgl. Röm 1,25: das *para ton ktisanta* entspricht dem *para physin* von V. 26).

Gegen diese Begründung ethischer Normen wird seit dem schottischen Philosophen D. Hume (1711–1776) eingewandt: der Schluss von einem Sein zum Sollen sei philosophisch unzulässig (Hume 211f). Aber hinter dieser Kritik am sog. „naturalistischen Fehlschluss“ steht das seit Descartes (1596–1650) herrschende säkularisierte Verständnis des Seienden bzw. der Natur als bloßen Materials (Bayertz 141f).

Nach biblischem Zeugnis aber ist Gott der Schöpfer und Erhalter der Natur. Als von ihm geschaffene und erhaltene ist sie von ihm gewollt. Die

Struktur, in der sie geschaffen ist und lebt, ist also Ausdruck seines Willens. Als solche ist sie möglicher Grund eines Sollens und eines Verhaltens, das jenem in der Natur zum Ausdruck kommenden Willen Gottes entspricht. Der von der Schöpfung her verstandene „Begriff des Naturrechts ... besagt ..., dass die Dinge in ihrem Sein nicht beliebig ..., nicht chaotisch sind; dass sie, grundsätzlich gesehen, vom Menschen nicht jeweils zu dem gemacht werden können, was er will" (Guardini 1167).

Wenn so die Natur als Schöpfung Ermöglichungsgrund zur Findung von Normen für menschliches Handeln ist, dann ist der Ausgangspunkt hier sinnvollerweise nicht die Natur allgemein, sondern speziell die Natur des Menschen (Röm 2,14 *heautois nomos eisin).*

Wir haben also zu fragen, woraufhin, d. h. auf welches Handeln, auf welche Lebensweise hin der Mensch geschaffen ist. Entsprechend wäre zunächst zu fragen, wer der Mensch eigentlich ist, wie beschaffen und woraufhin er von Gott geschaffen ist.

Die Antwort auf diese Fragen sucht christliche Theologie zunächst im biblischen Zeugnis (C II, 2.1 bis 2.3). Dies findet seine Bestätigung und ergänzende Konkretion auch durch Heranziehen von Erkenntnissen der empirischen Anthropologie (C II,2.4). Denn wenn der real existierende Mensch wirklich von Gott geschaffen ist, muss sich in diesem Werk Gottes auch das biblische Zeugnis vom Menschen spiegeln.

Literatur

K. Bayertz, Der evolutionäre Naturalismus in der Ethik, in: W. Lütterfelds (Hg), Evolutionäre Ethik, Darmstadt 1993, 141-165.

K. Bockmühl, Über die Geltung der Zehn Gebote heute (1969), in: ders., Grundlegung evangelischer Ethik, BWA II/2, Gießen 2015, 23-32.

ders., Das Naturrecht (1977), in: Grundlagen evangelischer Ethik, BWA II/2, Gießen 2015, 226-229.

E. Brunner, Gerechtigkeit, Zürich 1943 (bes. 100ff).

H. Burkhardt (Hg), Begründung ethischer Normen, Wuppertal 1988; darin vor allem die Beiträge von F. Beißer, Biblischer Schöpfungsglaube und die Begründung ethischer Normen (23-37); H. Burkhardt, Der Naturrechtsgedanke im hellenistischen Judentum und im Neuen Testament (81-97); W. Neuer, Schöpfung und Gesetz bei A. Schlatter (115-130).

R. Guardini, Ethik. Vorlesungen an der Universität München, hg. von H. Mercker, Bd. 2, Mainz/Paderborn 1993.

Th. Herr, Naturrecht aus der kritischen Sicht des Neuen Testaments, Paderborn 1976.

J. Höffner, Christliche Gesellschaftslehre, Kevelaer [6]1975 (55-67) .

A. F. Holmes, Wege zum ethischen Urteil, Wuppertal 1987 (60-66).

D. Hume, Ein Traktat über die menschliche Natur, dt. Hamburg 1973.

A. F. Johnson, Is there a Biblical Warrant of Natural Theories?, in JETS 25/2 (1982), 185-199.
W. Lütgert, Schöpfung und Offenbarung (1934) Gießen 2. Aufl. 1984, bes. 135-178 und 277-290.
W. Maihofer (Hg), Naturrecht oder Rechtspositivismus? Darmstadt 1972.
G. v. Rad, Weisheit in Israel, Neukirchen 1970.
E. Schnabel, Law and Wisdom from Ben Sira to Paul, Tübingen 1985.
E. Schockenhoff, Naturrecht und Menschenwürde. Universale Ethik in einer geschichtlichen Welt, Mainz 1996 (darin: 246-265: Die universale Bedeutung des Dekalogs).
W. Zimmerli, Ezechiel, Neukirchen 1969.

2. Die christliche Lehre vom Menschen: der Mensch als Ebenbild Gottes

2.1 Das biblische Zeugnis vom Wesen des Menschen als Gottes Ebenbild

Grundsätzlich ist der Mensch in der Bibel Geschöpf unter Geschöpfen: Der Mensch ist „nur ein Hauch“ (Jes 2,22). „Alles Fleisch ist Gras, und alle seine Güte wie die Blume des Feldes“ (Jes 40,6 b; Ps 90,5f; 103,15f). „Gott ist im Himmel und du auf der Erde“ (Pred 5, 1).

Und doch hat der Mensch unter allen Geschöpfen eine einzigartige Stellung. Dies wird grundlegend in der biblischen Schöpfungsgeschichte (Gen 1–2) deutlich.

Schon der Aufbau der Erzählung stellt die Besonderheit des Menschen im Unterschied zu allen anderen Kreaturen heraus:

Die Erschaffung des Menschen ist dem Ablauf der Erzählung von Gen 1,1–2,4 nach eindeutig ihr Höhepunkt (sog. Achtergewicht: die wichtigste Aussage steht am Ende einer Erzählung).

Darüber hinaus wird die Besonderheit dieses letzten Schöpfungsaktes durch die Einleitung hervorgehoben: Alle anderen gehen auf Worte des Befehls zurück, dieser beginnt mit einem Wort der Überlegung („Lasst uns Menschen machen …“ Gen 1,26).

Die Besonderheit des Menschen wird aber vor allem durch den Begriff der Gottebenbildlichkeit zum Ausdruck gebracht (1,26f).

Der Gedanke der Gottebenbildlichkeit soll offenbar eine einzigartige Beziehung des Menschen zu Gott bezeichnen. Worin aber besteht diese besondere Beziehung?

Gen 1,26 gebraucht im Hebräischen zwei verschiedene Worte: *zäläm* (Schnitzwerk, Bild, von *zalam* = schnitzen) und *demut* (Kopie, Ähnlichkeit, von *dama* = gleichen). In V. 27 wird nur *zäläm* wiederholt, in 5,1 nur *demut,* in 5,3 beide, aber in umgekehrter Reihenfolge: das alles warnt davor, auf die Unterschiedlichkeit der beiden Begriffe zu großes Gewicht zu legen. Gleiches gilt von den beiden Präpositionen, die ihnen in 1,26 voranstehen *(be* = in, *ke* = nach): in 5,3 sind sie beide mit dem je anderen Substantiv verbunden.

Was bedeutet nun das Geschaffensein „im Bild" bzw. „nach der Ähnlichkeit" Gottes? Oder anders gesagt: Worin besteht eigentlich die Einzigartigkeit des Menschen und damit seine besondere Würde als Mensch?

2.1.1 Die Gottebenbildlichkeit als Funktionsbestimmung: der Herrschaftsauftrag

Die nächstliegende Deutung liefert der weitere historische Kontext: Ägyptische Pharaonen, als solche nach ägyptischer Mythologie Abbild der Gottheit Re und Repräsentant seiner Herrschaft, ließen in ihren Provinzen Statuen von sich aufstellen, die ihre Herrschaft über diese Provinzen dokumentieren sollten (Hornung 130; Otto 345f). Tatsächlich ist auch im unmittelbaren biblischen Kontext, noch im gleichen Vers (Gen 1,26b) von Herrschaft die Rede: dem Menschen wird die Herrschaft über die übrige Kreatur zugesprochen (vgl. V. 28 und Ps 8,7; 115,16). Auch der Auftrag an den Menschen, die Erde zu bebauen (2,5.15), verbunden mit dem Recht, sie zu nutzen (2,16, vgl. 1,29f), weist in die gleiche Richtung. Dem Menschen wird also von Gott die Herrschaft über die übrige Schöpfung übergeben in dem Sinn, dass er sie in seine Obhut nehmen soll. Diese Herrschaft bleibt dabei Herrschaft unter Gott: Der Mensch ist sozusagen nur Gottes Statthalter oder Verwalter der Schöpfung in Gottes Auftrag (vgl. Lalleman 17-19).

Damit, dass der Mensch zum Bild Gottes geschaffen wurde, ist ihm also zugleich auch eine bestimmte Funktion gegeben. Weithin begnügt man sich heute mit dieser Deutung der Gottebenbildlichkeit, d.h. man identifiziert sie mit dieser Funktion: Die Gottebenbildlichkeit des Menschen besteht im Herrschaftsauftrag („Jedoch bleibt ... festzuhalten, dass das Entsprechungsverhältnis im Beherrschen der übrigen Schöpfung durch den Menschen zu sehen ist", Wolff 236; ähnlich versteht Härle 149f unter der Gottebenbildlichkeit des Menschen ausschließlich seine – allerdings unverlierbare – Bestimmung zur Existenz in Beziehungen).

2.1.2 Die Gottebenbildlichkeit als Wesensbestimmung: die Personalität des Menschen als Abbild der Personalität Gottes

Die Deutung der Gottebenbildlichkeit als Funktion des Menschen nennt zwar einen wichtigen Aspekt seiner Existenz, wird aber dem Wort von der Gottebenbildlichkeit des Menschen noch nicht wirklich gerecht. Die Gottebenbildlichkeit des Menschen zielt zwar auf die Ausübung dieser Funktion, geht aber nicht in ihr auf. Das Geschaffensein zum Bilde Gottes ist vielmehr die Voraussetzung für die Wahrnehmung jener Funktion oder Bestimmung.

„Laßt uns Menschen machen, in unserem Bild, nach unserer Ähnlichkeit“ (Gen 1,26) – das ist eine für sich stehende Aussage, die durch den Hinweis auf die damit verbundene Funktionsbestimmung nur sekundär ergänzt wird.

Noch deutlicher weist die Beschreibung der Realisierung des Vorhabens (V. 27) in diese Richtung: „Und Gott schuf den Menschen in seinem Bild“ – d.h.: Er *ist* es jetzt. „Gottes Bild“ ist also eine Aussage über das Sein des Menschen im Sinne einer Bestimmung seines Soseins: So ist der Mensch. Es ist damit auch eine Aussage über seine Beschaffenheit (Qualität), nicht nur seine Funktion. Diese Deutung findet ihre Bestätigung auch an den anderen Stellen, an denen der Begriff vorkommt: Gen 5,1 (nach V. 3 wird Seth gezeugt „in der Ähnlichkeit und nach dem Bilde“ Adams – wobei offensichtlich nicht an seine Funktion gedacht ist, sondern an seine Beschaffenheit); 9,6 (eines Menschen Blut soll nicht vergossen werden, weil er „im Bilde Gottes gemacht ist“); 1Kor 11,7 (der Mann *ist* Bild Gottes); Jak 3,9 (die böse Zunge flucht den Menschen, die „nach der Ähnlichkeit Gottes gemacht *sind“).* In Apg 17,28 wird die Gottebenbildlichkeit mit dem hellenistischen Gedanken der Gottverwandtschaft umschrieben (vgl. Cicero, De leg I, 8,24f: „Hiernach kann in Wahrheit von einer Verwandtschaft = *agnatio* von uns Menschen mit den Himmlischen ... gesprochen werden ... es ist also dem Menschen eine Ähnlichkeit = *similitudo* mit Gott eigen“).

Dass der Mensch Bild Gottes ist, bedeutet also: er spiegelt so, wie er ist, etwas von Gottes Art. *Gottebenbildlichkeit ist Gestaltähnlichkeit im Sinne der Wesensähnlichkeit.*

Damit stellt sich die Frage: Worin besteht nun diese Wesensähnlichkeit eigentlich inhaltlich? Worin zeigt sich die einzigartige Sonderstellung des Menschen unter allen anderen Geschöpfen? Der Begriff der Gottebenbildlichkeit selbst gibt darüber keinen weiteren Aufschluss, denn er ist ja ein reiner Formalbegriff. Er sagt nur etwas über das Dass der Ähnlichkeit, nicht das Was. Daraus wird man aber nicht den Schluss ziehen dürfen, dass die „wesenhafte Ähnlichkeit" (Oorschot 52) sich nicht in bestimmten Eigenschaften des Menschen manifestiere (Oorschot ebd.; Härle 149, Walldorf 354). Zwar ist richtig, dass der Mensch nicht nur in einem Teil wie „Seele", „Vernunft" oder „Leib" Gottes Ebenbild ist, sondern als ganzer (v. Rad 45). Wohl aber zeigt sich diese Ähnlichkeit des ganzen Menschen in bestimmten, dem Menschen in einzigartiger Weise eigenen Wesensmerkmalen. Diese sind auch durchaus erkennbar, wenn man über den bloßen Begriff der Gottebenbildlichkeit hinaus seinen biblischen Kontext berücksichtigt. Dann ergibt sich:

Die Beauftragung des Menschen mit der Bewahrung und Kultivierung der Erde (Gen 2,15), die Benennung der Tiere durch den Menschen (2,19f) und vor allem der Sündenfall und Gottes Reaktion auf ihn machen deutlich: Der Mensch ist frei in seinem Handeln, ist sich dieser Freiheit bewusst und weiß sich zu verantwortlichem Umgang mit ihr aufgefordert. Diese Verantwortung kann ihm niemand abnehmen. Trotz seines Versuchs, die Verantwortung abzuwälzen (3,12f), wird doch er selbst für sein Verhalten verantwortlich gemacht. In dem allen zeigt sich die *Individualität* des Menschen. Er ist ein Ich, das sich als solches von jedem anderen Wesen abgrenzt. Mit der Individualität ist zugleich die einzigartige Würde jedes einzelnen Menschen gegeben: kein Mensch darf, eben um der Gottebenbildlichkeit des Menschen willen, menschliches Leben antasten – während ihm die Verfügung über pflanzliches und tierisches Leben grundsätzlich gegeben ist (9,5f; vgl. V. 2f und 1,29). Der „Wert" menschlichen Lebens ist nicht taxierbar, jedes Menschenleben hat unaustauschbaren Wert.

In seiner Individualität ist der Mensch aber zugleich offen für Gemeinschaft. „Es ist dem Menschen nicht gut, dass er allein sei" (2,18). Der Mensch ist wesentlich eines mitmenschlichen Gegenübers bedürftig. Zugleich aber ist er auch mitverantwortlich für dessen Leben: „Soll ich meines Bruders Hüter sein?" – Ja, er soll es, und weiß es im Grunde auch (4,9; vgl. 3,8ff). Er ist der Liebe bedürftig und der Liebe fähig. Darin zeigt sich die *Sozialität* des Menschen.

In beidem aber, in seiner Individualität und Sozialität, ist der Mensch *Person*. Dieser Begriff schließt beide anderen zusammen, wie eine Ellipse ihre beiden Brennpunkte. „Person" ist zunächst ein Begriff aus der antiken Theatersprache und bezeichnet dort die Maske eines Schauspielers (die ihm seine Individualität gerade nimmt). Durch die Einfügung des Begriffs in den Kontext biblischer Theologie wurde der Inhalt des Begriffs aber völlig umgeprägt. Im lat. Bibeltext steht *persona* für das gr. *prosopon* und das hebr. *panim* (= Antlitz). Gemeint ist ein geistiges, seiner selbst bewusstes und kommunikationsfähiges Wesen von unauswechselbarer Individualität. „Niemand kann die Personalität aufheben ... solange der Mensch Mensch bleibt, bleibt er Person" (Guardini 210). Die Person ist „die Weise, wie die geist-körperliche Ganzheit des Menschen da ist, gleichgültig, wie sie sich verhält" (Guardini 214).

Eben dieses Personsein des Menschen ist seine Gottebenbildlichkeit, d. h. sie spiegelt das Personsein Gottes. Die gottgegebene und so bedingte Freiheit des Menschen spiegelt die unbedingte Freiheit und Souveränität des Schöpfers. Die unvollkommene Liebe des Menschen spiegelt die vollkommene Liebe Gottes. In dieser Abbildlichkeit des Menschen in seinem Personsein liegt aber zugleich auch sein Geschaffensein zur Gemeinschaft mit Gott als dem Urbild, seine *Religiosität.*

„GOtt als GOtt wollte den Menschen zu seinem Bild machen. Man sollte an den Menschen erkennen, was das Wort (*aelohim*) GOtt bedeute. Was in GOtt unermeßlich ist, sollte im Menschen in einem eingeschränkten Maaße gefunden werden. Wenn man den Menschen ganz und überhaupt als Person ansah, sollte man erkennen, dass er zum Bild GOttes erschaffen sei, und wenn man seine Eigenschaften besonders betrachtete, sollte man wahrnehmen, daß er eine Aehnlichkeit mit Gott habe." (Roos 37).

„Ich bin Person, weil Gott Person ist. Darin besteht die Gottebenbildlichkeit des Menschen." (Lütgert 258).

Literatur

W. Eichrodt, Theologie des AT II, Leipzig 1935, 58-65 (§ 16).

M. Fuhrmann, Art. Person 1. Von Antike bis zum Mittelalter, in: HWP 7 (1989), 269-283.

R. Guardini, Ethik. Vorlesungen an der Universität München, Bd. 1, Mainz/Paderborn 1993.

W. Härle, Ethik, Berlin 2011.

E. Hornung, Der Eine und die Vielen, Ägyptische Gottesvorstellungen, Darmstadt 1971 (125-133).

H. Lalleman, Celebrating the Law? Rethinking Old Testament Ethics, Paternoster Presss, Milton Keynes UK 2004.

W. Lütgert, Schöpfung und Offenbarung (1934), Gießen [2]1984.

K. H. Michel, Der Mensch Gottes (1990), in: ders., sehen-glauben-leben. Ausgewählte Aufsätze, hg. von R. Braun und H. Hempelmann, 45-76, Gießen 2012.

J. van Oorschot, Menschen – geschaffen als Gottes Ebenbild, in: R. Hille (Hg), Ein Mensch – was ist das? Zur theologischen Anthropologie, Wuppertal 2004, 40-59.

E. Otto, Der Mensch als Geschöpf und Bild Gottes in Ägypten, in: Probleme biblischer

Theologie. FS für G. v. Rad, München 1971, 335-348.
G. von Rad, Das erste Buch Mose, ATD 2, Göttingen [7]1964.
M. F. Roos, Einleitung in die biblische Geschichte von der Schöpfung an bis auf die Zeit Abrahams (1774), neu hg. von W. F. Roos, Tübingen 1835.
L. Scheffczyk (Hg.), Der Mensch als Bild Gottes, Darmstadt 1969.
J. Walldorf, Der Mensch als Ebenbild Gottes. Biblisch-theologische und zeitgenössische Zugänge zur Frage nach der Einzigartigkeit und Würde des Menschen, in: ThBeitr Jg. 45/2014, 341-359.
H. W. Wolff, Anthropologie des Alten Testaments, München 1973.

2.2 Die Infragestellung der Gottebenbildlichkeit des Menschen in der Theologie

2.2.1 Die Infragestellung der Gottebenbildlichkeit des Menschen von der Erkenntnis seines Sünderseins her

1. Bereits in der Alten Kirche hatte man Probleme mit dem biblischen Zeugnis von der Gottebenbildlichkeit des Menschen: Vor dem Sündenfall mochte es eine Wesensähnlichkeit mit Gott ja noch gegeben haben – aber nach dem Sündenfall? Wie sollte der sündige Mensch in seiner Ungerechtigkeit, Torheit und Lieblosigkeit immer noch dem gerechten, weisen und liebenden Gott ähnlich sein?

Dieses Problem suchte man zunächst dadurch zu lösen, dass man in der Gottebenbildlichkeit des Menschen zwei Aspekte unterschied:

In exegetisch problematischer Anknüpfung an die beiden Begriffe, die der biblische Text in Gen 1 gebraucht (hebr. *zäläm* und *demut*), unterschied man seit dem altkirchlichen Theologen Irenäus (ca. 140-200) in der Gottebenbildlichkeit zwei Teile: das Bild (gr. *eikon* bzw. lat. *imago*) und die Ähnlichkeit (gr. *homoiosis* bzw. lat. *similitudo*). Unter „Bild" verstand man dabei die natürliche seelische Struktur des Menschen: Er ist vernunftbegabt und frei in seinem Handeln. Diese psychologischen Gegebenheiten sind dem Menschen auch nach dem Fall geblieben und unterscheiden ihn nach wie vor vom Tier. Die „Ähnlichkeit" mit Gott, die bei rechtem Gebrauch dieser seelischen Struktur in Tugenden wie Gerechtigkeit, Weisheit und Liebe bestünde, sei dem Menschen im Sündenfall abhandengekommen. Insofern habe der Mensch die Gottebenbildlichkeit teilweise verloren (vgl. Irenäus, Adv. Haer. V 6,1 und 16,1; vgl. Otto 133f).

Diese Deutung brachte aber, wie sich bald zeigte, im Kontext antiker Anthropologie neue Probleme mit sich. Aus der Voraussetzung, dass der Mensch nach wie vor frei in seinem Handeln und mit Vernunft begabt sei, leitete man die Annahme ab, dass der Mensch, da die Vernunft selbst ja etwas Göttliches sei, nach wie vor aus sich heraus wenigstens anfangsweise

Gott erkennen könne, und dass der Mensch in der Freiheit seines Willens selbst wenigstens etwas zu seinem Heil beitragen könne. Es bedürfe sozusagen nur der Vollendung durch die Offenbarung bzw. die Gnade. So kam man zum vorreformatorischen Synergismus:

Freier Wille/Vernunft + Gnade/Offenbarung = Erlösung	
(imago als Restebenbildlichkeit)	(Wiederherstellung der ganzen Ebenbildlichkeit)

2. Diese Lehre fand dann den entschiedenen Widerspruch der Reformation, die jeden aktiven Anteil des Menschen am Heil bestritt und lehrte, dass der Mensch *allein* aus Gnade selig werde, weil er *ganz* Sünder sei *(totus homo peccator).*

Die Reformatoren drückten sich in dieser Frage allerdings z.T. noch etwas zurückhaltend und differenzierend aus. Nach Luther ist die Gottebenbildlichkeit „*paene*" (= beinahe) verloren, nur der Name sei geblieben, nicht die Sache (Genesiskommentar zu Gen 1,26, WA 46,13; vgl. J. Wendland 335f).

Calvin urteilt zu Gen 1,26: „Da das Ebenbild Gottes in uns durch den Sündenfall zerstört wurde . .. Nur einige undeutliche Linien jenes Bildes sind uns geblieben, so verdunkelt und verzerrt, dass man von Vernichtung sprechen kann; denn kein einziges Gebiet blieb von der Sündenbefleckung frei." . „Sage niemand, dass das Ebenbild Gottes zerstört sei; es ist doch so viel übrig geblieben, dass der Mensch besondere Würde und Vorzug besitzt. Auch steht dem Schöpfer trotz aller Verderbnis das Ziel der anfänglichen Schöpfung vor Augen. Darauf sollen wir schauen und unseres Vorranges vor den Tieren innewerden." (Calvin 21). Dabei nimmt der im vorletzten Satz ausgesprochene Gedanke, dass die Gottebenbildlichkeit zwar praktisch nicht mehr auffindbar sei, aber darin noch bestehe, dass Gott sie, als Ziel, noch vor Augen habe, in frappanter Weise Aussagen K. Barths vorweg (s. unten).

Weniger differenziert urteilten andere: Seit Melanchthon wird die ganze Gottebenbildlichkeit mit der ursprünglichen Gerechtigkeit *(iustitia originalis)* identifiziert und deshalb als verlorengegangen betrachtet (Apologie II, 15; vgl. FC, SD I, 10f; L. Hutter, Compendium VI *De Imagine Dei in homine sive iustitia originalis:* „Über das Bild Gottes im Menschen oder(!) die ursprüngliche Gerechtigkeit"). Diese Auffassung ist bis heute im Protestantismus fast allgemein verbreitet.

2.2.2 Die Infragestellung der Gottebenbildlichkeit des Menschen von seiner Geschöpflichkeit her

a. In seiner Schrift „Nein! Antwort an Emil Brunner" (1930) stellt *K. Barth* fest: „Dass der Mensch ein Mensch und keine Katze ist … ist (Barth meint: theologisch gesehen) eine Belanglosigkeit" (a.a.0. 25.27). Denn, das ist Barths These, *der Mensch hat die Gottebenbildlichkeit nicht*, er hat er sie auch nicht halb oder ganz verloren, sondern er hat sie *nie besessen*. Barth geht dabei, entsprechend dem Grundansatz seiner ganzen Theologie, von dem radikalen Unterschied Gott – Mensch aus. Gott ist dem Menschen gegenüber der „ganz Andere". Als solcher ist er auch nicht, wie der empirische Mensch, in irgendeiner Weise objektivierbar, der Erkenntnis verfügbar. Die Gottebenbildlichkeit ist deshalb auch keine am Menschen vorfindliche Qualität, sondern seine Bestimmung von Gott her (seine Finalität sozusagen). Sie sagt nichts über sein Sosein aus, sondern über sein Woraufhinsein. Er ist geschaffen, um in Relation zu Gott zu leben.

Barth übersetzt Gen 1,26: „Lasset uns Menschen machen *in* unserem *Urbild*, nach unserem *Vorbild*." (KD III/1, 221). Gott hat uns also nicht so beschaffen gemacht, dass wir jetzt schon sein Abbild bleibend an uns tragen, sondern „in seinem Urbild", also sozusagen „im Hinblick auf Gott selbst". Gen 1,26 ist danach eigentlich gar keine Aussage über den *Menschen*, sondern über *Gott* in seiner Absicht mit dem Menschen. „Seine Gottebenbildlichkeit ist nicht sein (des Menschen) Besitz und wird auch nicht dazu, sondern sie liegt ganz in der Absicht und Tat seines Schöpfers, dessen *Wille mit ihm* diese Entsprechung ist." (KD III/1, 222). Die Gottebenbildlichkeit des Menschen ist also nichts im und am Menschen und wird auch nicht dazu, sondern sie bleibt ihm transzendent, allein in Gott bestehend. Zu Gen 9,6 meint Barth: „Nicht eine dem Menschen immanente Würde seiner Gottähnlichkeit ist es, die der Mörder antastet … sondern der Würde Gottes, nämlich seiner Absicht und Tat in der Erschaffung des Menschen wird dadurch, dass ein Mensch dem anderen das Leben raubt, zu nahe getreten." (KD III/1, 223). Und anders als G. v. Rad, für den nach Gen 5,3 die Gottebenbildlichkeit „in der physischen Folge der Geschlechter" weitergegeben wird, erklärt Barth: „Er (Adam) darf wohl *hoffen*, dass Gott der Schöpfer sich in gleicher Weise zu diesem neuen Geschöpf … bekennen … möge (wie zu ihm selbst)". Denn: „Wie sollte er (Adam) das weiter zu geben vermögen, was ihm gar nicht gehört?" Die Gottebenbildlichkeit ist „… die Realisierung einer Hoffnung, die nur in einer direkten Entschließung Gottes selbst Ereignis werden kann" (KD III/1, 224). Die Geschlechterfolge ist nur der Ort, an dem „jene göttliche Entschließung und Aktion je und je Ereignis wird" (ebd.).

b. Unter anderen Voraussetzungen kommt *H. Thielicke* im Wesentlichen zu dem gleichen Ergebnis.

Er geht aus von der Philosophie des Personalismus und ihrer Unterscheidung von Sachaussagen (Ich-Es-Relation) und Personaussagen (Ich-Du-Relation). In diesem Sinn behauptet Thielicke eine „personalistische Bestimmtheit des Schöpfungsbegriffs". Danach ist die biblische Schöpfungsgeschichte nicht an Ich-Es-Aussagen interessiert (also dem Ursprung des Universums oder des Menschen im Sinne einer naturwissenschaftlichen Frage), sondern nur an Ich-Du-Aussagen (also an zwischenmenschlichen und religiösen). Die Gottebenbildlichkeit des Menschen ist entsprechend keine Aussage über das wissenschaftlich feststellbare Sein des Menschen, sondern nur über sein Verhältnis zu Gott. Sie besteht nicht in besonderen aufweisbaren Eigenheiten des Menschen an sich, sondern sie ist „schöpfungsmäßige Aufgabe und Bestimmung" und hat so einen „teleologischen Bezug", sie besteht in der „herrschaftlichen Stellung des Menschen gegenüber dem Kreaturbereich" (ThE I, § 781).

Deshalb ist auch die Frage nach dem „Verlust bestimmter ontischer Eigenschaften . .. weder zu bejahen noch zu verneinen, sondern diese Frage ist schlechthin falsch gestellt. Denn es geht immer nur um Wahrung oder Bruch eines bestimmten Verhältnisses" (ThE I, § 792). Gottebenbildlichkeit ist „kein habitueller Zustand, sondern etwas Aktuell-Ereignishaftes" (ThE I, § 812). Sie ist keine Eigenschaft, sondern eine „Außenschaft" (ThE I, § 781). „Die Person ist das Angeredetwerden durch Gott", nicht seine Ansprechbarkeit (ThE I, § 813). „*Die Gottebenbildlichkeit beruht auf der Tatsache, daß Gott an den Menschen denkt – trotz* seiner Einstellung, die es verbietet, noch bestimmte imago-Teile zu identifizieren … Es geht um *unsere imago, wie sie im Gedenken Gottes an uns besteht* … Darum ist die imago Dei Gegenstand des Glaubens und nicht der Erkenntnis" (ThE I, § 817). Thielicke veranschaulicht diese Aussage dann durch das Beispiel des ungarischen Kardinals J. Mindzenty: Als ihm nach der kommunistischen Machtübernahme in Ungarn ein Schauprozess gemacht wurde, versuchte man zunächst vergeblich, ihn zu einem Geständnis zu nötigen. Da löste man durch eine sog. Wahrheitsdroge seine Persönlichkeit sozusagen „chemisch auf" und kam so (vorübergehend) zum gewünschten Ziel. Diese Möglichkeit, meint Thielicke, sei „die ungeheuerste Anfrage an eine christliche Anthropologie, die wohl je gestellt worden ist." Thielicke fragt nun: als Mindzenty das falsche Geständnis ablegt – „Wo existiert (da) die imago des Kardinals?" und antwortet selbst: „Sie existiert im Herzen Gottes" (ThE I, § 819).

Literatur

K. Barth, Nein! Antwort an Emil Brunner, Theologische Existenz heute 14, München 1934.

Ders., Kirchliche Dogmatik III/1, Zürich [4]1970.

J. Calvin, Auslegung der Genesis, übers. von W. Goeters, Neue Reihe Bd.1, Neukirchen 1956.

L. Hutter, Compendium locorum theologicorum, hg. von W. Trillhaas, Berlin 1961.

Irenäus, Adversus Haereses (Gegen die Häresien) Buch V, lat. bzw. gr./dt, hg. von N. Brox, Freiburg 2001.

Ph. Melanchthon, Apologie der Konfession, in: BELK, Göttingen [5]1963.

St. Otto, Der Mensch als Ebenbild Gottes bei Tertullian, in: L. Scheffczyk (Hg), Der Mensch als Bild Gottes, Darmstadt 1969, 133-143.

H. Thielicke, Theologische Ethik. 2. Bd., Tübingen [4]1972.

J. Wendland, Die Lehre vom Ebenbilde Gottes und von der religiösen Anlage in der neueren Theologie, in: L. Scheffczyk (Hg), Der Mensch als Ebenbild Gottes, Darmstadt 1969, 331-347.

2.3 Die Gottebenbildlichkeit des Menschen als Geschöpf Gottes und als Sünder

2.3.1 Die Gottebenbildlichkeit des Menschen als Geschöpf Gottes

Der Hinweis auf den qualitativen Unterschied zwischen Gott und Mensch (Barth; vgl. Pred 5,1) ist ebenso berechtigt wie der auf den „teleologischen Bezug" der Gottebenbildlichkeit (Thielicke; vgl. Gen 1,26b). Aber aus diesen richtigen Beobachtungen werden einseitig fragwürdige Konsequenzen gezogen.

Vom biblischen Text her ist deutlich, dass die Gottebenbildlichkeit des Menschen nicht aufgeht in der Funktion, die auszuüben er bestimmt ist, sondern sich auf das Sein des Menschen bezieht: Er ist gemacht zum Bild Gottes – und ist nun dies Bild – so wie eben ein Abbild eines Urbildes wirklich dessen Züge an sich trägt (1Kor 11,7 *eikoon theou hyparchoon*: er *ist* Gottes Bild; vgl. das Perfekt in Jak 3,9 *tous kat 'homoioosin theou gegonotas*). Dem entspricht, dass die Gottebenbildlichkeit von Generation zu Generation vererbt wird (Gen 5,lff). Sie gehört wesentlich zum Menschsein. Sie ist, was ihn in einzigartiger Weise vor dem Tier auszeichnet, ohne das er nicht Mensch wäre. Sie fällt mit dem Wesen des Menschen zusammen (Kähler, Wissenschaft 301).

In der Erschaffung des Menschen wird, im Sinne der Abbildlichkeit des Menschen, tatsächlich die Diastase Gott – Geschöpf durchbrochen. Es kommt, als freier Akt der unbegründeten Gnade Gottes, tatsächlich dazu, dass Gott ein ihm in bestimmter Hinsicht ähnliches Wesen schafft, das er dadurch in einzigartiger Weise über alle anderen Geschöpfe hinaushebt. Es ist ihm darin ähnlich, dass es sein Wesen, sein Personsein in Freiheit und Liebe spiegelt.

Dabei bleibt allerdings der qualitative Unterschied zwischen Gott und Mensch erhalten: Der Mensch bleibt, und das verbindet ihn mit allen anderen Geschöpfen, schlechthin abhängig von Gott. Diese Abhängigkeit zeigt sich gerade auch in dem, worin der Mensch Gott entspricht: Die Freiheit des Menschen ist eine zu Gottes Allmacht hin relative und begrenzte, und seine Liebe eine von Gottes Liebe abhängige und immer unvollkommene.

2.3.2 Die Gottebenbildlichkeit des Menschen auch als Sünder

Der Hinweis darauf, dass der Sündenfall eine grundlegende Veränderung im Verhältnis des Menschen zu Gott gebracht habe, von der auch die Gottebenbildlichkeit nicht ausgespart bleiben könne, ist grundsätzlich richtig. Der Mensch ist nach biblischem Zeugnis ganz Sünder (*totus homo peccator*) und deshalb ganz auf die Gnade Gottes in Jesus Christus angewiesen (Gen 6,5; 8,21; Ps 14,2f; Mt 7,11). Bedeutet das etwa, dass diese Veränderung im Menschen seine Gottebenbildlichkeit ganz oder teilweise ausschließt? Oder wie sonst ist diese Veränderung zu verstehen?

a. Die Lehre vom Verlust der Gottebenbildlichkeit ist vom biblischen Zeugnis her unhaltbar: Der Mensch wird, auch nach dem Sündenfall, ohne erkennbare Vorbehalte als Gottes Ebenbild bezeichnet (vgl. wieder Gen 5,1-3; 9,6; l.Kor 11,7; Jak 3,9; Apg 17,28; vgl. Eichrodt II, 63; Scheffczyk XXVII).
b. Aber auch die vermittelnde Lösung, dass der Mensch die Gottebenbildlichkeit teilweise verloren habe, hält einer Prüfung nicht stand:
   Exegetisch ist festzuhalten, dass die beiden Begriffe *zäläm* und *demut* zwar nicht identisch sind, aber, mit unterschiedlicher Akzentsetzung, in einem Parallelismus membrorum den gleichen Gegenstand bezeichnen. Dabei erklärt das zweite Wort das erste (es ist „explikativ", Eichrodt II,60).
   Systematisch-theologisch gilt: Wären Vernunft und freier Wille wirklich, wie man in der Alten Kirche in Anlehnung an antike Philosophie annahm, etwas Göttliches im Menschen und als solches auch nach dem

Sündenfall noch verblieben, so ist nicht einzusehen, warum der Mensch nicht von sich aus auch die im Sündenfall verlorene Gerechtigkeit und Weisheit wiedergewinnen können soll.

Die Trennung schließlich von verbliebener Form *(imago)* und verlorenem Inhalt *(similitudo;* E. Brunner, Dogmatik II, 67ft) ist *philosophisch* undurchführbar, denn Form ist ohne Inhalt gar nicht denkbar (und umgekehrt).

c. Demgegenüber ist zuzugeben: Weil der ganze Mensch Sünder ist, ist nicht nur die *Verwirklichung* der Gottebenbildlichkeit in einem der Bestimmung des Menschen von Gott her entsprechenden Leben in Weisheit und Gerechtigkeit durch die Sünde verunmöglicht, sondern auch der Ermöglichungsgrund für ein solches Leben, freier Wille und Vernunft, sind in den Fall einbezogen, ja sie sind geradezu das Zentrum, von dem die Sünde des Menschen ausgeht (Mt 15,19: Die Sünde ist wesentlich Personsünde).

Weiter ist zuzugeben, dass im Neuen Testament Jesus in einer Weise als geradezu „das" Ebenbild Gottes bezeichnet wird, die das Ebenbildsein des Menschen als solchen geradezu auszuschließen scheint (2Kor 4,4; Kol 1,15) bzw. zu dem sie erst noch werden müssen (1Kor 15,49; 2Kor 3,18; Kol 3,10; Röm 8,29, wobei jeweils, vielleicht mit Ausnahme von Kol 3,10, Jesus das Urbild ist, nach dem der Christ gestaltet wird).

Andererseits bedeutet dies aber keineswegs, dass damit das Werk der Schöpfung durch die Sünde wieder aufgehoben ist. Der Mensch ist nach biblischem Zeugnis auch nach dem Sündenfall ganz selbstverständlich ganz und gar Mensch, und d.h. mit Willen und Vernunft begabt. So hat jeder Mensch (nicht nur der Wiedergeborene) die Möglichkeit richtiger Erkenntnis (bis hin zur Wahrnehmung der Welt als Werk Gottes, Röm 1,20). Ebenso hat er die Möglichkeit, manches zu tun, was an sich durchaus gut ist und dem Willen Gottes entspricht (Röm 2,14.26f; 10,2). „In der Richtung auf die *iustitia civilis* bestreiten sie (die Reformatoren) die Freiheit des Willens nicht" (Lütgert 292). Die Sünde ist kein empirisch-psychologisch feststellbarer seelisch-geistiger Defekt. Vielmehr ist sie das Ausgerichtetsein des Menschen gegen Gott (Röm 5,8-10: Feindschaft gegen Gott). Dies zeigt sich gerade nicht in einem Mangel von Vernunft und Wille, sondern ganz im Gegenteil in ihrem höchst aktiven Gebrauch, aber im Sinne des Missbrauchs: gegen die Intention des Schöpfers, zum eigenen menschlichen Ruhm (Röm 14,23; vgl. 10,2). Nicht trotz seiner

Gottebenbildlichkeit, sondern gerade durch sie ist der Mensch Sünder (im Unterschied zum Tier, das nicht sündigt). Sünde ist sozusagen das negative Vorzeichen vor der Klammer:

- (1+1) = - 2.

In diesem Sinn heißt es in Luthers Lied „Aus tiefer Not" in der 2. Strophe: „Es ist doch unser Tun umsonst auch in dem besten (!) Leben" (vgl. auch Luther, Vom unfreien Willen, MA, 49.88f = WA 18,638.671f; Melanchthon in CA XVIII 1,4; Bullinger in Conf. Helvet. post. 9).

Die Sünde führt also keineswegs zwangsweise zum Tun des manifest Bösen, d.h. des Gesetzwidrigen. Das Sündersein des Menschen bewirkt nur generell einen *Hang* zum manifest Bösen. Die Lehre von der Erbsünde bedeutet zwar, dass der Mensch von sich aus nicht die Möglichkeit hat, zu Gott selbst ja zu sagen (vgl. dazu C III, 3.1). Aber sein Nein zu Gott ist deshalb kein widerwillig gezwungenes, sondern ein willentliches und insofern freies (obwohl der Mensch als Sünder von sich aus faktisch keine Alternative zu diesem Verhalten hat).

In allem aber bleibt der Mensch Mensch – und damit Gottes Ebenbild. Diese seine ihm eigene Würde kann von ihm selbst wie von anderen mit Füßen getreten werden. Ihre Erkennbarkeit kann in hohem Maße eingeschränkt werden, z. B. durch schwere geistige Behinderung. Aber verlieren kann er sie nicht.

Die vor allem in der Tradition idealistischer Pädagogik verbreitete Rede vom Menschwerden des Menschen ist von daher gesehen problematisch, weil sie, genau genommen, die Annahme einschließt, dass das eigentliche Menschsein erst Produkt der Erziehung ist, dass der Mensch nicht immer schon Mensch ist, sondern jeweils irgendwann erst wird – oder eben auch aufhört zu sein. Dieser Annahme aber widerspricht nicht nur das biblische Zeugnis, sondern auch die empirische Anthropologie, nach der jeder Mensch schon von der Zeugung an spezifisch und unverwechselbar Mensch ist, bis in die Struktur jeder Körperzelle hinein.

Literatur

E. Brunner, Die christliche Lehre von Schöpfung und Erlösung. Dogmatik II (1950), Zürich 1972.

H. Bullinger, Zweites helvetisches Bekenntnis (1566), in: H. Steubing (Hg), Bekenntnisse der Kirche, Wuppertal 1985, 154-207.

J. Calvin, Unterricht in der christlichen Religion, übers. und hg. von O. Weber, Neukirchen [2]1963.

W. Eichrodt, Theologie des Alten Testaments, Bd. 2 u.3, Leipzig 1939.

M. Kähler, Die Wissenschaft der christlichen Lehre (1905), ND Neukirchen 1966.
W. Lütgert, Schöpfung und Offenbarung (1934), Gießen [2]1984.
M. Luther, Dass der freie Wille nichts sei (De servo arbitrio), MA Ergänzungsreihe 1, München 1962.
Ph. Melanchthon, Apologie der Konfession, in: BELK, Göttingen [5]1963.
L. Scheffczyk, Die Frage der Gottebenbildlichkeit in der modernen Theologie, in: ders. (Hg), Der Mensch als Bild Gottes, Darmstadt 1969, IX-LIV.

3. Phänomene des Menschlichen als erkennbarer Ausdruck der Gottebenbildlichkeit des Menschen

3.1 Das Gewissen als Ausdruck der personalen Verantwortlichkeit des Menschen vor Gott

3.1.1 Der Begriff des Gewissens

Im dt. Wort Gewissen bedeutet die Vorsilbe Ge- nur eine Verstärkung des Hauptstamms des Wortes („wissen"). Von der Etymologie des deutschen Wortes her ist also unser Begriff des Gewissens nicht erklärbar. Vielmehr findet sich das Wort in der altdeutschen Form *giwizzani* erstmals um 1000 n. Chr. bei Notker Labeo in St.Gallen als Übersetzung des lat. *con-scientia* (Mit-wissen), das seinerseits auf das gleichbedeutende gr. *syn-eidesis* zurückgeht (Kluge 256). Interessant ist immerhin ein Hinweis H. Cremers auf das gotische Wort *giwizo* = Zeuge (Cremer 398).

Der älteste Beleg für den Begriff des Gewissens aber findet sich bei dem gr. Dichter Euripides (480-406 v. Chr.): Der Muttermörder Orestes bekennt: „Ich weiß (*synoida*), dass Schreckliches ich getan" (Euripides, Or 396), d.h. er ist sein eigener Mitwisser, klagt sich selbst als Verbrecher an (vgl. Maurer 903,20f).

Der Begriff scheint dann vor allem im volkstümlichen gr. Sprachgebrauch beheimatet gewesen zu sein (Eckstein 66 u. ö.). Erst bei den römischen Schriftstellern Cicero und Seneca (4-65 n. Chr.) wird er in die Terminologie der philosophischen Ethik aufgenommen. Bei Seneca, dem Erzieher Neros, ist das Gewissen unmittelbar göttlicher Herkunft: „Ein heiliger Geist (*sacer spiritus*) wohnt in uns, unserer schlechten und guten (Taten) Beobachter und Wächter" (Seneca, Briefe 41,2). Seitdem wurde bis heute die Auffassung vom Gewissen als Stimme Gottes populär.

Das Alte Testament hat keinen eigenen Begriff entwickelt, der dem gr. *syneidesis* entspräche. Aber das Phänomen des Gewissens wird an verschiedenen Stellen sehr anschaulich beschrieben: In 1.Sam 24,6 (Bathseba-Geschichte) und 2.Sam 24,10 (Volkszählung) heißt es jeweils, als David sich seines Unrechts bewusst wird, „da schlug ihm sein Herz“ (vgl. im NT 1Joh 3,19f). Hiob beteuert seine Unschuld mit den Worten: „Mein Herz schilt keinen meiner Tage“ (Hiob 27,6 LÜ). Positiv spricht Ps 51,12 vom „reinen Herzen“ (vgl. im NT Mt 5,8) und kommt damit dem Begriff des guten Gewissens nahe. Spr 28, 1 spricht von der äußerlich gesehen grundlosen Furcht des Gottlosen: „wie wenn (!) ihn jemand jagt“ (vgl. Lev 26,36; Hiob 15,20f). Ps 32,3-5 beschreibt eindrücklich die innere Not des seiner Schuld Bewussten: „Denn als ich es wollte verschweigen, verschmachteten meine Gebeine.“

In der gr. Übersetzung des Alten Testaments, der Septuaginta, ist das gr. Wort für Gewissen erstmals in Hiob 27,6 verwendet *(ou gar synoida emautoo atopa praxas* = „Ich bin mir dessen nicht bewusst, Unrechtes getan zu haben.*“);* ebenso in der apokryphen Weisheit Salomos 17,11 mit dem Substantiv *syneidesis.*

Relativ häufig spricht etwas später Philo vom Gewissen. Allerdings bevorzugt er den gleichbedeutenden Begriff *syneidos* (32x) vor *syneidesis* (3x) und *synoida* (3x). Bei Philo findet sich bereits auch das Bild vom Gewissen als innerem Gerichtshof (z. B. De virtutibus 206; In Flaccum 7; Decal 87, hier mit dem Begriff *elegchos*).

In der Urschicht des Neuen Testaments, der Evangelienüberlieferung, fehlt, wie im AT, der Begriff des Gewissens ganz. Das übrige NT hat ihn aber immerhin 30mal.Vor allem Paulus gebraucht ihn auffallend häufig (19x). In 2Kor 4,2 und 5,11 bedeutet *syneidesis* allgemein das sittliche Bewusstsein. Sonst aber meint es überall das Gewissen. Grundlegend beschreibt Paulus, wie Philo, in Röm 2,15 das Gewissen als inneren Gerichtshof im Menschen: Das Gewissen bezeugt das in die Herzen geschriebene Wissen um das, was dem Gesetz entsprechend vom Menschen gefordert ist, und so werden die Gedanken des Menschen im Hinblick auf das künftige Gericht Gottes (V. 16) jetzt schon entweder zu seinen Anklägern (vgl. Röm 13,5; 1Kor 4,4; 8,7.10.12; 10,25.27.28.29; 1Tim 4,2) oder auch Verteidigern (vgl. Röm 9,1; 1Tim 1,5.19 als „gutes“ Gewissen, vgl. Apg 23,1; 1Tim 3,9 und 2Tim 1,3 als „reines“ Gewissen; vgl. das „untadelige“ Gewissen Apg 24,16).

Außer Paulus sprechen auch der Hebräerbrief (9,9.14; 10,2.22; 13,18) und der 1. Petrusbrief (2,19; 3,16.21) in grundsätzlich gleichem Sinn vom Gewissen. Dabei steht der Gedanke des „reinen Gewissens“ offensichtlich in der Tradition der alttestamentlichen Rede vom „reinen Herzen“ (Ps 51,12; vgl. Mt 5,8). Durchgehend ist für den biblischen Gewissensbegriff kennzeichnend, dass das Gewissen nie theologisch zur Stimme Gottes überhöht wird. Vielmehr spricht im Gewissen immer der Mensch selbst. Aufgrund der jedermann erkennbaren wie der offenbarten göttlichen Norm tritt er seinem eigenen Tun selbstkritisch gegenüber.

Literatur

H. Cremer, Art. Gewissen, in: Biblisch-theol.Wörterbuch, Gotha 91902, 397-400.
H. J. Eckstein, Der Begriff Syneidesis bei Paulus, Tübingen 1983.
Euripides, Orestes, in: Euripides. Sämtliche Tragödien und Fragmente, gr./dt. hg. von G. A. Seeck, Bd. V, Darmstadt 1977.
M. Kähler, Das Gewissen, Halle 1878 .
F. Kluge, Etymologisches Wörterbuch der deutschen Sprache, Berlin [17]1957.
CH. Maurer, Art. Synoida, in: ThWNT VII, 897-118.
H. Reiner, Art. Gewissen, in: HWP 3, Basel 1974,574-592.
Seneca, An Lucilius. Briefe über Ethik, Philosophische Schriften Lat/dt., hg. von M. Rosenbach, 3. Band, Darmstadt 1980.

3.1.2 Psychologische Beschreibung der Funktion des Gewissens als schlechtes Gewissen

1. *Im Gewissen* treffe ich nicht nur eine neutrale Feststellung, sondern *fälle ich ein Urteil.* Paulus gebraucht für das Gewissen deshalb das Bild des Gerichtshofs mit Angeklagtem, Verteidiger, Ankläger und Richter (Röm 2,15f). Dabei fällt das Urteil vor allem negativ aus (schlechtes Gewissen, vgl. Hebr 10,2f: *syneidesis hamartioon).*
2. *Im Gewissen fälle ich ein Urteil* in der Regel nicht über andere, sondern vor allem *über mich.* So spricht Paulus Röm 2,15 von den „Gedanken, die sich untereinander verklagen".
3. *Im Gewissen fälle ich ein Urteil* nicht über etwas an mir, sondern *über mich selbst.* Das Gewissen hat „immer mich selbst im Auge" (Trillhaas 73) Gegenstand des Gewissensurteils ist nicht irgendein Mangel an mir, für den ich möglicherweise nichts kann, sondern ein schuldhaftes Handeln einer für ihr Handeln verantwortlichen Person. Das Urteil trifft mich in meinem Personkern (im Herzen) und damit ganz. Den Unterschied veranschaulicht gut eine von Paul Tournier erzählte Geschichte: Eine herzkranke Frau fragt vor Antritt einer Amerikareise ihren Hausarzt, ob sie es wagen könne, die Reise mit dem Flugzeug anzutreten, oder ob sie besser mit dem Schiff fahren solle. Mit Rücksicht auf ihre gesundheitliche Situation rät der Arzt zur Schiffsreise. Kurz nach der Abreise erfährt er, dass das Schiff untergegangen sei. Er macht sich verständlicherweise Vorwürfe. Trotzdem handelt es sich dabei nicht um echte Schuldgefühle (Gewissensurteil), sondern um unechte: Sein Rat

war aufgrund sorgfältiger Überlegung gegeben worden, ein anderer Rat, auf die reine Eventualität hin, dass ein Schiff untergehen könnte, wäre unverantwortlich gewesen (Tournier 141f).

4. *Im Gewissen fälle ich ein unbedingtes Urteil über mich selbst.* Ob ich will oder nicht, ich kann nicht unparteiisch bleiben. Das Urteil des Gewissens kommt in der Regel ungefragt, ungewollt und damit unentrinnbar. Durch vernünftige Argumente ist es nicht zum Schweigen zu bringen. Es redet, auch wenn menschliche Strafverfolgung nicht zu befürchten ist (Heim 66: „Das Merkwürdige des Gewissens besteht darin, dass ich über einer Sache nicht zur Ruhe komme, über die längst Gras gewachsen ist.“, Hallesby 19). In der Unbedingtheit und Unentrinnbarkeit des Gewissensurteils kommt die theologische Dimension des psychologischen Phänomens des Gewissens in Sicht: das Wissen um eine letzte Verantwortung, in der der Mensch steht. Deshalb spricht Schlatter von einem „Gottesbeweis aus dem Gewissen“ (Dogma § 46). Ähnlich sagt Lütgert, das Gewissen sei „das unwillkürliche Bewusstsein um eines Zeugen meines Tuns und Willens, das mich nötigt, über mich selbst ein Urteil zu fällen“, weshalb er das Gewissen „latentes Gottesbewusstsein“ nennt (Schöpfung 104f).
5. Das Gewissen spricht erfahrungsgemäß besonders nachhaltig und unnachsichtig im Rückblick (lat. *conscientia consequens).* So könnte man abschließend definieren:

Im Gewissen fälle ich ein unbedingtes Urteil über mich selbst im Blick auf eine bereits vollzogene Tat. Als warnendes Gewissen spricht es aber auch im Vorblick (lat. *conscientia antecedens,* vgl. Röm 13,5; 1Petr 2,19), aber nicht mit gleicher Unausweichlichkeit.

Literatur

O. Hallesby, Vom Gewissen, Wuppertal 1977.
K. Heim, Die christliche Ethik, Tübingen 1955.
W. Lütgert, Schöpfung und Offenbarung, Gütersloh 1934.
A. Schlatter, Das christliche Dogma, Stuttgart [3]1977.
P. Tournier, Echte und falsche Schuldgefühle, Basel [7]1985.

3.1.3 Fehlformen des Gewissens

Normalerweise spricht das Gewissen klar und deutlich. Es gibt aber verschiedene Grenzfälle bis Ausnahmen.

1. Das irrende Gewissen

Das irrende Gewissen fällt sein Urteil aufgrund mangelhafter bzw. falscher Erkenntnis dessen, was gut ist.

Beispiel: Das Problem des Essens von Götzenopferfleisch nach lKor 8 und 10 (vgl. Röm 14). Die sog. „Schwachen" in Korinth waren vermutlich aus dem Heidentum kommende jungbekehrte Christen. Sie meinten, dass sie sich der erneuten Teilnahme am Götzendienst schuldig machten, wenn sie Fleisch äßen, das im Tempel geopfert worden war, bevor es auf den Markt kam.

Paulus teilt ihre Meinung nicht. Er weiß: „Alles, was Gott geschaffen hat, ist gut" (1Tim 4,4; vgl. 1Kor 8,8.10; Röm 14,14). Die „Schwachen" haben Jesus als Herrn und Heiland angenommen, aber offenbar noch nicht wirklich erkannt, was es für ihr Leben bedeutet, dass Gott der Schöpfer ist. Trotzdem nimmt Paulus ihr in falscher Erkenntnis wurzelndes Urteil sehr ernst. Es ist ein wirkliches Gewissensurteil. Denn wenn sie, gegen ihre Überzeugung, das Opferfleisch essen, dann stellen sie zumindest subjektiv in ihrem Verhalten das Urteil von Menschen über das, was sie als Gottes Urteil zu kennen meinen. Subjektiv stellen sie also menschliche Meinung über Gottes Willen. Dies Verhalten verurteilt ihr Gewissen zurecht als Sünde. Dass sie trotzdem an diesem Verhalten festhalten, ist für ihre christliche Existenz tatsächlich lebensgefährlich (1Kor 8,11f).

2. Das überempfindliche Gewissen

Das überempfindliche Gewissen beruht weniger auf falscher Erkenntnis als vielmehr auf falscher seelischer Einstellung: es ist eben überempfindlich, ängstlich, gesetzlich. In der Regel ist diese seelische Disposition bedingt durch eine falsche, Ichschwäche erzeugende autoritäre Erziehung. Man ist scheinbar besonders sensibel für den Willen Gottes, dem man unbedingt folgen möchte. Tatsächlich aber verwirren sich dabei die Maßstäbe für das, was Gott wirklich will und was von daher wichtig ist und was nicht. Man seiht Mücken und schluckt Kamele (Mt 23,14; vgl. Hallesby 110ff). Subjektiv will man dem Urteil Gottes folgen, objektiv tut man es gerade nicht.

3. Das abgestumpfte Gewissen

Das abgestumpfte Gewissen entsteht durch äußere Einflüsse („man" tut das ja, also kann es nicht schlecht sein) und verfestigt sich durch Gewöhnung: die Entscheidung gegen die Warnung des eigenen Gewissens fällt beim zweiten Mal schon leichter (Eph 4,19: „In ihrem Gewissen sind sie stumpf geworden", vgl. Jer 13,23: „die ihr das Böse zu tun gewöhnt seid"). So kann es sogar zur Freude am Bösen kommen (Spr 2,14; 4,16; Hes 14,3. 4.7; Röm 1,32; vgl. Hallesby 104).

4. Das formalisierte Gewissen

Das sog. formalisierte Gewissen richtet sich nicht mehr an inhaltlichen Werten aus, sondern nur noch daran, ob man einer bestimmten Instanz gegenüber gehorsam ist, was auch immer sie befehlen mag (sog. Kadavergehorsam, ein Begriff, der auf die Ordensregel der Jesuiten zurückgeht). Ein solcher Mensch ist also keineswegs „gewissenlos", sondern u.U. höchst „gewissenhaft" – aber eben in der Ausführung ggfs. sogar verbrecherischer Aufträge (vgl. die Aussage des Lagerkommandanten von Auschwitz R. Höss: „Ich stellte damals keine Überlegungen an – ich hatte den Befehl bekommen – und hatte ihn durchzuführen. Ob diese Massenvernichtung der Juden notwendig war oder nicht, darüber konnte ich mir kein Urteil erlauben, soweit konnte ich nicht sehen. Wenn der Führer selbst die ‚Endlösung der Judenfrage' befohlen hatte, gab es für einen alten Nationalsozialisten keine Überlegungen … ‚Führer befiel, wir folgen' war … bitter ernst gemeint", Höss 124).

3.1.4 Das gute Gewissen

Nach biblischem Zeugnis kann auch das zurückblickende Gewissen *(conscientia consequens)* keineswegs nur zu einem negativen Urteil im Sinne des schlechten Gewissens kommen, sondern auch zum positiven Urteil im Sinne des guten Gewissens.

1. Das reine Gewissen

Nach Röm 2,15 kommt es im Gewissen nicht nur dazu, dass die Gedanken sich untereinander verklagen, sondern auch, dass sie sich entschuldigen. Wir müssen auch als Christen keineswegs nur mit ständig schlechtem Gewissen herumlaufen, sondern können im Blick auf bestimmte Anklagen von außen oder durch uns selbst durchaus zu dem Ergebnis kommen: Nein, in dieser Angelegenheit habe ich mir nichts vorzuwerfen, ich habe ein „gutes Gewissen" (Hallesby 19f).

2. Das gereinigte Gewissen

Wenn wir uns allerdings im Blick auf unser ganzes Leben ernsthaft vor Gott prüfen, können wir nie sagen, dass wir ein ganz und gar reines Gewissen haben. „Ich bin mir keiner Sache (Verfehlung) bewusst (von dem, was die Korinther ihm vorwerfen), aber darin bin ich nicht gerechtfertigt" (1Kor 4,4; vgl. Jak 2,10: „Wer das ganze Gesetz hält, aber in einem fehlt, ist am ganzen Gesetz schuldig geworden").

Ein wirklich gutes Gewissen haben wir also nur, wenn wir Vergebung unserer Schuld haben, wenn unser beflecktes Gewissen (1Kor 8,7; Tit 1,15) gereinigt wird durch Vergebung der Sünde (Hebr 9,14; 10,22; 1Petr 3,21; vgl. 1Joh 3,19f). Die anklagende Stimme des Gewissens kann durch keine Ausreden, auch keine psychotherapeutische oder gruppendynamische Behandlung zum Schweigen gebracht werden. Das kann allein der, unter dessen Urteil das Gewissen uns letztlich stellt, der lebendige Gott selbst (Röm 2,16; 1Kor 4,5). Nur er kann von der Anklage des Gewissens freisprechen. „Der Glaube an Christus ist ein gutes Gewissen" (Luther 230, 25).

3. Das geheilte Gewissen

In den Fehlformen des Gewissens zeigt sich die Deformation des Gewissens als Folge menschlicher Sünde. Gott will aber nicht nur die Schuld vergeben, sondern auch das Leben neu gestalten. Deshalb erneuert Gottes Geist unsere Erkenntnis und unser sittliches Urteilsvermögen, sodass wir „zu prüfen vermögen, was Gottes Wille ist" (Röm 12,2). Die durch die Entfremdung von Gott verrückten Maßstäbe werden wieder zurechtgerückt. Das „kranke Gewissen" (1Kor 8) wird durch „gesundmachende Lehre" (1Tim 1,10) geheilt.

Literatur

O. Hallesby, Vom Gewissen, Wuppertal 1977.

R. Höss, Kommandant in Auschwitz, dtv dokumente, München ^{8}1973.

M. Luther, Von den guten Werken, in: O. Clemen, Luther Werke in Auswahl, 1. Bd., Bonn 1912, 227-298.

3.1.5 Herkunft und Wesen des Gewissens

1. Das Gewissen als Produkt der Erziehung

Nach L. Feuerbach (1804–1872) ist, entsprechend seiner psychologischen Erklärung der Religion, das Gewissen nichts anderes als „Nachhall erlittener Strafen“ (nach der Mitschrift einer Vorlesung von K. Bockmühl, in der leider kein Beleg gegeben ist). Ähnlich ist für S. Freud (1856–1939) das Gewissen nur Ausdruck der Angst des Ich vor der Autorität des Über-Ich (Reiner 589; vgl. Kettling 39ff). Das Gewissen wird so durch Erziehung produziert (vgl. dazu Hallesby 14f). Auch die in den erwähnten Krankheitserscheinungen sich ausdrückende Beeinflussbarkeit des Gewissens scheint diese Deutung zu stützen. Gegen sie spricht aber (a) die Unbedingtheit, mit der die Stimme des Gewissens zu sprechen pflegt, und (b) die von keiner bestimmten Kultur abhängige Tatsache der Universalität des Gewissens.

2. Das Gewissen als Stimme Gottes

So richtig es ist, dass das Gewissen insofern durchaus etwas mit Gott zu tun hat, als es uns an die Verantwortung vor Gott erinnert, so überzogen ist doch seine verbreitete Bezeichnung als Stimme Gottes.

Denn der Ausdruck „Stimme Gottes“ meint in der Bibel an sich nur so außerordentliche Ereignisse wie prophetische Offenbarung oder die hörbare Stimme Gottes bei der Taufe und der Verklärung Jesu (Mt 3,17; 17,5; eine sog. „Hallstimme“ oder *bat qol,* vgl. Flusser 28; Betz 282f.291f). Und selbst das verborgene, nur innerlich vernehmbare Reden des Heiligen Geistes im Sinne der Geistesleitung (Röm 8,14) ist in der Bibel auf die Christen als Kinder Gottes beschränkt, während das Gewissen ein universalmenschliches Phänomen ist.

Nicht zuletzt spricht die Tatsache der Fehlformen des Gewissens gegen diese Deutung: sie können schlecht als „Stimme Gottes“ verstanden werden.

3. Das Gewissen als schöpfungsmäßige Gegebenheit

Gott hat den Menschen so geschaffen, dass er, als Gottes Ebenbild, um seine Verantwortung für sein Handeln weiß. Ausdruck dieses Wissens ist das Gewissen. „Im Gewissen wird der Mensch sich seines Menschseins eigentlich erst bewußt“ (Hallesby 9). Voraussetzung dieser Verantwortlichkeit ist einerseits die Handlungsfreiheit des Menschen, andererseits die ihm von Natur gegebene Möglichkeit zu erkennen, was gut ist (Röm 2,14).

Diese beiden Voraussetzungen des Gewissens und damit die Möglichkeit verantwortlichen sittlichen Handelns sollen im Folgenden noch näher erörtert werden.

Literatur

O. Betz, Art. phonä in ThWNT IX, 272-294.
D. Flusser, Jesus, Reinbeck bei Hamburg 1968.
O. Hallesby, Vom Gewissen, Wuppertal 1977.
S. Kettling, Das Gewissen. Erfahrungen, Deutungen, biblisch-reformatorische Orientierung, Wuppertal 1985.
G. Pfleiderer, Von der Un-Verzichtbarkeit des Gewissensbegriffs, in: F. Nüssel (Hg), Theologische Ethik der Gegenwart, Tübingen 2009,101-116.
H. Reiner, Art. Gewissen, in: HWPh (1974), 574-592.
W. Trillhaas, Die innere Welt. Religionspsychologie, München [2]1953, 70-94.

3.2 Die Handlungsfreiheit des Menschen

Wo es keine Freiheit gibt, gibt es auch keine Verantwortung. Freiheit ist ihre unabdingbare Voraussetzung. Nur wo ich die Möglichkeit habe, so oder auch anders zu handeln, kann ich dafür verantwortlich gemacht werden, dass ich so und nicht anders gehandelt habe. Handlungsfreiheit ist also die Voraussetzung von Ethik schlechthin. „Der Mensch könnte nicht sittlich handeln, wenn er nicht frei wäre. Eine Ethik von der Voraussetzung aufzubauen, es gebe keine Freiheit, ist unmöglich.“ (R. Guardini 285f; vgl.139ff).

Eben diese Freiheit des menschlichen Handelns wird heute von einflussreichen Naturwissenschaftlern bestritten. Eine konsequente Richtung der Evolutionsbiologie, die sog. Soziobiologie, ist davon überzeugt, dass alles menschliche Handeln, auch ein individuellen oder sozialen Tugenden bis hin zum sog. Altruismus (Selbstlosigkeit) entsprechendes Handeln, erbbiologisch durch die von der Evolution hervorgebrachte Genstruktur des Menschen bestimmt ist (vgl. die informative kritische Darstellung von Knapp 116ff; vgl. jetzt auch Härle 44-49: evolutionsbiologischer Determinismus). Aber selbst besonnene Vertreter der evolutionären Ethik relativieren diese biologisch begründete Leugnung der Freiheit und sprechen etwa von der Notwendigkeit (und offenbar auch Möglichkeit) kultureller Korrektur des Diktats der Gene (vgl. Mohr 30f; Wuketis 222: „Die evolutionäre Ethik bestreitet nicht die Handlungsfreiheit des Menschen“).

Inzwischen wurde vor allem von den Gehirnforschern G. Roth und W. Singer die Willensfreiheit erneut energisch bestritten (vgl. Härle 49-53:

hirnpsychologischer Determinismus). Sie berufen sich dabei besonders auf 1979 durchgeführte Experimente des amerikanischen Forschers B. Libet, die ergeben haben sollen, dass im Gehirn elektrische Bereitschaftspotenziale schon bis zu einer Sekunde *vor* dem Entschluss zu einer Handlung festzustellen sind. Die Meinung, dass ein seiner selbst bewusstes Ich freier Urheber seiner Entscheidungen sei, beruhe also auf einer subjektiven Täuschung. Von einem Akt freier Entscheidung und damit von etwa zu sühnender „Schuld“ könne keine Rede sein. Denn der Mensch sei ja für sein Verhalten nicht verantwortlich und könne dafür auch nicht zur Rechenschaft gezogen werden – eine Behauptung, die Folgen für unser ganzes Rechtsystem hat: „Strafe“ kann dann, wenn überhaupt, ausschließlich vom Schutz der Gesellschaft her gerechtfertigt werden (vgl. Singer FAZ vom 8.1.04). Demgegenüber ist festzustellen: Die Entscheidung zu einem bestimmten Handeln ist ein komplexes Geschehen, an dem – in unterschiedlichem Maße – der ganze Mensch beteiligt ist. Es ist deshalb „selbstverständlich, dass auch mentale Prozesse durch vorbewusste und unbewusste Prozesse vorbereitet werden“ (Eibach 118). Diese aber münden, nach unserer Erfahrung, in einen bewussten Willensentschluss, der eben doch unser eigener ist. So hat auch B. Libet selbst die Bestreitung der Willensfreiheit als Konsequenz aus seinen Experimenten abgelehnt (Eibach 117), ebenso auch H. H. Kornhuber, der bereits 1965 die sog. „Bereitschaftspotentiale“ entdeckt hatte (Kornhuber 103; Th. Fuchs weist darauf hin, dass das Gehirn kein Käfig ist, sondern ein Organ der Möglichkeiten: Nicht der Geist muss tun, was die Neuronen ihm vorschreiben, sondern die Neuronen ermöglichen alles, was sich im Geist entfaltet“, nach: Drossel 86).

Die *Bibel* bezeugt die Freiheit des Menschen als Ebenbild Gottes. Diese Freiheit ist aber keine unbedingte. Unbedingte Freiheit eignet nur Gott als dem Schöpfer, während die Freiheit des Menschen eine doppelt bedingte ist: bedingt durch seine Abhängigkeit von Gott als sein Geschöpf (mit den jeden Menschen prägenden Genen und Umwelteinflüssen) und durch die Sünde. Trotzdem ist die menschliche Freiheit wirkliche Freiheit. Als solche aber ist sie keineswegs nur theologisches Postulat, sondern ein im Vergleich mit der übrigen Schöpfung aufweisbares *empirisches Phänomen*:

Bereits im Bereich der *unbelebten Materie* sprechen wir von „Verhalten“ z. B. eines bestimmten Materials. Aber das „Verhalten“ der Materie (in Anziehung und Abstoßung, Reaktion auf Wärme und Kälte usw.) und die damit verbundene Bewegung oder Veränderung ist ganz abhängig von den ihr innewohnenden Eigenschaften und äußeren Gegebenheiten, es ist (sieht man einmal vom mikrophysischen Geschehen ab) im Regelfall nach den Gesetzen der Makrophysik vollständig determiniert.

Für den Bereich des *pflanzlichen Lebens* ist eigene Bewegung im Sinne des Wachstums kennzeichnend: Dass aus einem bestimmten Samen eine entsprechende Pflanze wird, setzt zwar gewisse äußere Bedingungen voraus (Wasser, Mineralien, Licht, Luft). Trotzdem ist das Wachstum nicht einfach Produkt dieser Bedingungen. Entscheidend ist vielmehr das eigene Wachstumsprogramm, das den Prozess steuert. Dabei kann, für das menschliche Auge beobachtbar, Unvorhersehbares geschehen, auf das die Pflanze scheinbar „spontan" reagiert, was wie eine „Entscheidung" aussieht. Beispiel: Bei einem jungen Baum bricht der Haupttrieb ab; dieser wird dann durch einen von mehreren Nebentrieben ersetzt. Tatsächlich aber setzt sich nur das eigene Wachstumsprogramm gegen den äußeren Widerstand durch.

Einen größeren Spielraum des Handelns erkennen wir im Bereich der *Tiere:* Sie sind zu selbstständiger Ortsveränderung in der Lage. Aber auch ihr „Verhalten" (das von der Verhaltensforschung, der sog. Ethologie, wissenschaftlich untersucht wird) ist weithin vorprogrammiert durch die Instinkte. Beim Tier sind „alle wesentlichen Verhaltensweisen durch jene organischen Voraussetzungen bestimmt ..., die wir als Instinkte bezeichnen." (Portmann 61). Kennzeichen instinktgeleiteten Verhaltens sind: Es ist

a. zweckmäßig (d .h. der Erhaltung des einzelnen Tieres und insbes. der Art dienlich),
b. angeboren (also durch die Genstruktur vererbt),
c. stereotyp (bis ins Detail festgelegt; vgl. Lersch 466-471, mit Beispielen).

Dabei gibt es innerhalb der einzelnen instinktgeleiteten Handlungen sicher auch eine gewisse Elastizität, mit der das Tier auf ähnliche Situationsschemata reagiert. Und doch regiert, aufs Ganze gesehen, der Instinkt (auch in der „Treue" des Hundes).

Nur gelegentlich ist zu beobachten, dass die Instinktleitung durchbrochen wird und sich ein Tier völlig unzweckmäßig und unstereotyp verhält (so etwa im Beispiel des Verhaltens der „Räuberbiene" in der Nähe einer Zuckerfabrik; vgl. Heim 19).

Was beim Tier die seltene Ausnahme ist, das ist beim *Menschen* nun die Regel: freies Handeln, und zwar aufgrund bewusster Entscheidung (vgl. Landmann 156-180).

In der biologischen Anthropologie bezeichnet man den Menschen als „instinktarm“ und deshalb in seinem Verhalten nicht festgelegt (Landmann 156). Der Instinktarmut entspricht seine Unspezialisiertheit (Gehlen 86), die eine Vielfähigkeit in der Verwendung menschlicher Organe wie Hand, Fuß und Mund einschließt. Die in der mangelnden Instinktleitung liegende Schwäche wird insbesondere durch die größeren Möglichkeiten der menschlichen Vernunft kompensiert (so schon Thomas von Aquin, STh I/I q 76, a 5; vgl. Gehlen 35).

So weist der Mensch „tatsächlich eine andere Struktur auf als die übrigen Lebewesen, die von ihm aus alle als spezialisierte Instinktwesen zusammenrücken, während er aus einer neuartigen Begabung atmet“ (Landmann 160). „*Umweltgebunden* und *instinktgesichert,* so können wir in vereinfachender Kürze das Verhalten des Tiers bezeichnen. Das des Menschen mag demgegenüber *weltoffen* und *entscheidungsfrei* genannt werden.“ (Portmann 67).

Diese Formulierung Portmanns zeigt sehr schön die Ambivalenz des Vorzugs des Menschen auf: Die Freiheit ist eine große Gabe und Chance, die Entsicherung bedeutet zugleich eine besondere Gefährdung des menschlichen Verhaltens. Das Tier ist aufgrund seiner Instinktleitung zu einem zweckmäßigen, lebensförderlichen Verhalten in der Lage, bis hin zu geradezu selbstlos erscheinendem sozialen Verhalten (Biene, Ameise). Wo diese Steuerung, im seltenen Ausnahmefall, versagt, kommt es sofort zu asozialem Verhalten: Der Ausfall der Steuerung führt gleichsam zum Kurzschluss und der Selbsterhaltungstrieb entartet zum Egoismus.

Diese Gefahr ist beim Menschen, weil die Instinktleitung weitgehend fehlt, als Regelfall gegeben. Die auch im Menschen vorhandenen allgemeinen Strebungen (wie der Selbsterhaltungstrieb) können zwar die menschlichen Entscheidungen beeinflussen, aber nicht ersetzen.

Setzt der Mensch diese Möglichkeit der freien Entscheidung absolut (etwa unter der Voraussetzung der verhaltenspsychologischen Theorie des sog. Behaviorismus) und erhebt sie zum Maßstab auch seines sozialen Verhaltens, so kommt es zur Ideologie des Anarchismus (es darf weder Herren noch Knechte geben). Der Anarchismus ist also eine spezifisch menschliche Versuchung. Freiheit wird hier kurzschlüssig als Willkür missverstanden.

Als Reaktion gegen den Kollektivismus totalitärer Gesellschaftssysteme und eine anonyme Massengesellschaft erleben wir heute eine individualistische Grundströmung, die sozusagen eine moderatere, ins Private drängende Spielart des Anarchismus darstellt: Selbstverwirklichung als

Verwirklichung der Lebensmöglichkeiten des individuellen Selbst gilt als Lebensziel. Normen jeder Art werden als Einschränkung solcher Freiheit abgelehnt (vgl. oben unter B IV zur Situationsethik).

Dieses Missverständnis der Freiheit gründet in der Einseitigkeit, mit der nur die Freiheit des Menschen im Blick ist. Übersehen wird, dass alles Leben immer nur in bestimmten Ordnungen möglich ist. Dass dem Menschen die Instinktleitung fehlt, bedeutet nicht, dass er schlechthin ohne Ordnung auskäme. Vielmehr ist er dadurch, dass solche Ordnung nicht als angeborene vorgegeben ist, nur genötigt, die seiner Natur entsprechende Lebensweise selbst zu finden und zu gestalten. Das Ethos mit seinen Normen und Institutionen ersetzt so beim Menschen die ihm fehlende Instinktleitung und gibt ihm die für den praktischen Lebensvollzug nötige Sicherheit im Handeln. Indem der Mensch um seine besondere Situation weiß, wird sie ihm zugleich zur Aufgabe. Darin liegt die besonderer Würde des Menschen. Die Freiheit ist also nicht nur eine Gefährdung menschlichen Verhaltens, sondern auch eine große Chance zu wahrhaft menschlichem, d. h. verantwortlichem Verhalten.

Damit, dass Freiheit recht verstanden nicht Willkür, sondern Freiheit zur Verantwortung ist, hängt das dritte ethische Grundphänomen zusammen, die Normgebundenheit des Menschen.

Literatur

B. Drossel/Thomas Fuchs: Das Gehirn – ein Beziehungsorgan, in: Evangelium und Wissenschaft, Jg. 34/2012, 82-95.

U. Eibach, Gott im Gehirn? Ich – eine Illusion? Neurobiologie, religiöses Erleben und Menschenbild aus christlicher Sicht, Wuppertal 2006.

A. Gehlen, Der Mensch. Seine Natur und seine Stellung in der Welt, Wiesbaden [13]1986.

R. Guardini, Ethik. Vorlesungen an der Universität München, 2 Bde, Mainz/Paderborn 1993.

W. Härle, Ethik, Berlin 2011.

K. Heim, Die christliche Ethik, Tübingen 1955.

A. Knapp, Die Ethik und der liebe Gott, in: W. Lütterfelds/Th. Mohrs (Hg.), Evolutionäre Ethik zwischen Naturalismus und Idealismus, Darmstadt 1993, 111-141.

H. H. Kornhuber, Zur Freiheit des Menschen, in: Glaube und Denken, Jahrbuch der Karl-Heim-Gesellschaft, 21. Jg./2008, 99-109.

M. Landmann, Philosophische Anthropologie, Berlin [2]1964.

Ph. Lersch, Aufbau der Person, München [10]1966.

H. Mohr, Evolutionäre Ethik als biologische Theorie, in: W. Lütterfelds/Th. Mohrs (Hg.), Evolutionare Ethik zwischen Naturalismus und Idealismus, Darmstadt 1993, 19-80.

A. Portmann, Zoologie und das neue Bild vom Menschen, Hamburg [2]1956.

W. Singer, Keiner kann anders, als er ist. Verschaltungen legen uns fest: Wir sollten aufhören, von Freiheit zu reden, in: FAZ vom 8.1.2004 (vgl. die Sammlung aller Beiträge der FAZ-Serie in: Ch. Geyer (Hg.), Hirnforschung und Willensfreiheit, Frankfurt 2004).

F. M. Wuketis, Evolutionäre Ethik und ihre Kritiker. Versuch einer Metakritik, in: Lütterfelds/Th. Mohrs(Hg.), Evolutionäre Ethik zwischen Naturalismus und Idealismus, Darmstadt 1993, 208-234.

3.3 Die Normgebundenheit des Menschen

Oft wird behauptet, Normen seien nur ein Produkt der Tradition (so in der positivistischen Ethik, vgl. oben B I). So sei auch die europäische Zivilisation mit ihren Wertvorstellungen nur als Produkt ihrer Geschichte zu verstehen. In ihr hätten sich griechisch-römische Antike mit jüdisch-christlicher Überlieferung zur sog. abendländischen Kultur verbunden. Diese Kultur sei dann auf dem Wege des Kolonialismus und Imperialismus mehr oder weniger gewaltsam weltweit verbreitet worden, sodass der Eindruck allgemeingültiger sittlicher Normen entstehe.

Gegen diese Theorie spricht 1. die Tatsache, dass menschliches Zusammenleben überall immer schon von bestimmten Normen und Institutionen geprägt ist, und 2. die Tatsache, dass es unabhängig von jeder denkbaren historischen Abhängigkeit erstaunliche Gemeinsamkeiten in den Wertvorstellungen verschiedener Kulturen gibt. So lehrt z. B. die von biblischer Überlieferung sicher unabhängige buddhistische Ethik eine sog. „fünffache Zucht“:

1. Nicht schädigen,
2. nicht stehlen,
3. nicht unkeusch leben,
4. nicht lügen,
5. nicht berauschende Getränke trinken (Glasenapp 82f).

Oder man spricht im Buddhismus von 10 Sünden, die begangen werden

a. mit dem Körper: Mord, Diebstahl, Unzucht,
b. mit der Rede: Lügen, Verleumden, Beschimpfen, eitles Geschwätz und
c. mit dem Denken: Begehrlichkeit, gehässige Absicht, falsche Anschauung (Glasenapp 83f).

Diese Verbote bzw. Sündenkataloge stellen inhaltlich beachtliche Parallelen zum biblischen Dekalog dar.

Auch die weltweite Anerkennung der Menschenrechts-Charta der Vereinten Nationen, über alle Grenzen von Religionen und Kulturen hinweg, ist rein historisch sicher nicht verständlich zu machen. Solche Gemeinsamkeit ist nur so zu erklären, dass aus der gemeinsamen Menschennatur sich mit Hilfe der Vernunft auch bestimmte Grundregeln menschlichen Verhaltens ableiten lassen (Röm 2,15, vgl. oben C II,1.2).

Inhaltlich werden solche Normen herkömmlich in dem Begriff des Guten zusammengefasst. Er kann seinerseits wieder in verschiedener Richtung differenziert und entfaltet werden. Das geschieht ausdrücklich auch in der Bibel. „Es ist dir gesagt, Mensch, was gut ist ... Rechttun, Güte lieben und demütig sein vor deinem Gott." (Mi 6,8). Jesus setzt das Tun des Guten mit der Lebenserhaltung gleich (Mk 3,4). Der Begriff des Guten selbst allerdings ist nicht durch irgendetwas anderes definierbar und so darauf zurückzuführen. Vielmehr ist das Wissen um das Gute ein auf nichts anderes rückführbares „ethisches Urphänomen" (Guardini 281, vgl. ebd. 14ff). Es wurzelt letztlich in der Gewissheit Gottes, der „allein gut ist" (Mt 19,17). Aus dieser Wurzel des Guten in Gott ist die Unbedingtheit des Gegensatzes des Guten zum Bösen zu verstehen (Neuer 76).

Literatur

K. Bockmühl, Der Streit um die Grundwerte, in: ders., Grundlagen evangelischer Ethik. Beiträge zur Fundamentalethik, BWA II/2, Gießen 2015, 206-225.

H. v. Glasenapp, Die Weisheit des Buddha, Baden-Baden 1946, ND Wiesbaden o.J.

R. Guardini, Ethik, Mainz/Paderborn 1993.

F. Heer (Hg.), Für eine gerechte Welt. Große Dokumente der Menschheit (1978), überarbeitet und erweitert von S. Freitag und K. Günther, Darmstadt 2004.

M. Honecker, Das Recht des Menschen, Gütersloh 1978 (vgl. dazu meine Besprechung in: ThBeitr Jg.12/1981, 292f).

H. Küng, Projekt Weltethos, München 1990 (vgl. dazu meine Besprechung in: EuroJTh 1992, 181-184).

W. Neuer, Der Zusammenhang von Dogmatik und Ethik bei Adolf Schlatter, Gießen 1986.

4. Konsequenzen aus der christlichen Lehre vom Menschen für eine schöpfungstheologisch begründete allgemeine Ethik

In der Lehre vom Menschen sind zwei Aspekte zu unterscheiden: 1. Das Menschsein des Menschen als natürliche Gegebenheit und 2. die Menschlichkeit des Menschen als die dem Menschsein entsprechende Gestaltung menschlichen Lebens. Letztere wird gewöhnlich in Anlehnung an das lat. *humanitas* (von *humus* = Erde: die Erdgebundenheit unterscheidet den Menschen von den Göttern und kennzeichnet ihn insofern im Unterschied zu ihnen) als Humanität bezeichnet. Für erstere wird in der allgemeinen Anthropologie oft der Begriff *hominitas* gebraucht (von lat. *homo* = Mensch).

4.1 Das Menschsein des Menschen (*hominitas*) als Grundvoraussetzung allgemeiner Ethik

4.1.1 Konsequenzen aus dem christlichen Menschenbild für den Menschen als Handelnden (Subjekt der Ethik)

Wir haben gesehen, dass das Gottes-Ebenbild-Sein des Menschen in der Theologie teilweise bestritten wird: es bestehe nur eine Bestimmung des Menschen zur Gottesebenbildlichkeit (vgl. oben C II, 2.2). Die sittliche Forderung tritt also an den Menschen heran, ohne dass er in sich irgendwelche Voraussetzungen hätte, die ihm die Erfüllung der Forderung ermöglichen. So entsteht eine rein gesetzliche Ethik.

Alle Versuche, diesem Urteil zu entgehen, überzeugen nicht:

1. Man verweist darauf, dass doch das Evangelium Kraft zum Tun des Guten vermittle. Aber die sittlich erneuernde Kraft des Evangeliums kann nur im Leben des Christen vorausgesetzt und wirksam werden.
2. Man verweist auf die alle umfassende Objektivität der Erlösungstat Christi (2Kor 5,19: „Gott war in Christus und versöhnte die Welt mit sich selbst"). Aber die Frage ist eben, wie die Erlösungstat Christi sich auf das Handeln des Menschen auswirken soll, wenn sie ihn nicht auf dem Weg der in ihm Glauben weckenden Evangeliumsverkündigung erreicht.
3. Das gleiche Argument gilt auch gegenüber dem Hinweis, dass die Bestimmung des Menschen zur Gottebenbildlichkeit im Sinne der Verheißung eine allen geltende Verheißung ist. Aber wie soll diese Verheißung zur Motivation zum Handeln werden, wenn der außerhalb der Evangeliumsverkündigung lebende Mensch nichts von dieser Verheißung weiß bzw. ihr nicht glaubt?

Würde also das Gottes-Ebenbild-Sein des Menschen mit Recht bestritten, so wäre jeder Nichtchrist ohne Orientierung und Motivation für sittliches Handeln. Dies aber entspricht offensichtlich weder dem biblischen Zeugnis noch den Tatsachen. Denn es gibt durchaus ethisch hoch sensible und hoch motivierte Nichtchristen (Röm 2,14: Sie tun, was dem Gesetz entspricht; vgl. als schönes Beispiel aus der Literatur die Gestalt des „alten Heiden" Zacharias Bräsig in Fritz Reuters Roman „Ut mine Stromtid" 42). Wie ist diese Tatsache zu erklären?

Wir haben gesehen, dass die These, der Mensch habe die Gottebenbildlichkeit verloren (oder gar nie besessen), nicht dem biblischen Zeugnis entspricht, dass vielmehr jeder Mensch von Anfang an Gottes Ebenbild *ist,* auch nach dem Sündenfall (vgl. C II, 2.3). Die Gottebenbildlichkeit des Menschen fällt mit dem Wesen des Menschen zusammen (Kähler § 301). Der Mensch ist also immer schon Mensch und wird es nicht erst (wie man oft meint, wenn man von der Menschwerdung als Erziehungsziel spricht).

Da dieser theologischen Erkenntnis auch die der empirischen Anthropologie entspricht, ist sie grundsätzlich jedermann zugänglich. Jeder Mensch ist von Anfang an unverwechselbar als Mensch strukturiert, bis in die Struktur der Gene jeder einzelnen Körperzelle hinein. Die alte Hypothese von der Wiederholung der Phylogenese in der Ontogenese kann heute als wissenschaftlich überholt gelten (Blechschmidt 27). Jeder Mensch ist frei und auf Leben in bestimmten *Ordnungen* hin geschaffen, also auch mit der Möglichkeit des Wissens um diese Ordnungen und die Verantwortung für ihre Beachtung. Jeder Mensch ist also Subjekt der Ethik und als solches anzusprechen – anders als das Tier, das für sein wesentlich instinktgeleitetes Handeln nicht verantwortlich zu machen ist. Sicher gibt es im Leben des Menschen einen Entwicklungsprozess vom Kind über den Jugendlichen zum Erwachsenen hin mit jeweils unterschiedlichen Graden der Verantwortlichkeit. Aber in keinem Stadium ist er völlig frei von Verantwortung. Deshalb kann kein Mensch schlechthin sagen: Warte mit der ethischen Forderung, ich bin noch nicht reif zu sittlichem Handeln (d.h. bin noch nicht weit genug im Menschwerden, um auch menschlich handeln zu können). Jeder Mensch ist *Subjekt von Ethik.*

Sofern nun aber jeder Mensch anlagemäßig auf ein bestimmtes Handeln hin strukturiert ist, ist ihm auch eine gewisse natürliche *Motivation* gegeben, seiner Anlage entsprechend zu leben, also eine Kraft zu ethischem Handeln (Burkhardt, Kraft 7-10). Es ist nichts ihm Wesensfremdes, zu dem er erst gezwungen werden müsste, sondern es entspricht seinem Wesen. So muss z. B. normalerweise niemand zur Ausübung von heterosexuellem Verhalten und der Meidung homosexuellen Verhaltens genötigt werden, ersteres ist ihm natürlicherweise Freude, gegen letzteres hat er eine natürliche Abscheu; ebenso ist es auch im Bereich des religiösen Verhaltens: das Geschaffensein des Menschen auf Gott hin bewirkt, dass er nicht dazu gezwungen werden muss, nach Gott zu fragen (vgl. Apg 17,26).

Bei dieser natürlichen Motivation zum Handeln setzt die evolutionäre Ethik ein und geht noch einen Schritt weiter: Das ethischen Normen entsprechende Verhalten des Menschen ist nicht nur intentional in ihm angelegt, sondern grundsätzlich determiniert wie beim Tier. Es ist durch die Gene vorprogrammiert. Damit erledigt sich das Problem der Motivation als gar nicht vorhanden: Es gibt gar keine echte Wahlmöglichkeit.

Doch diese Theorie ist offensichtlich selbst für den, der die Evolutionstheorie nicht grundsätzlich ablehnt, naturwissenschaftlich als überzogen anzusehen (oben C II,2.3). Das der Natur entsprechende Verhalten geschieht beim Menschen nachweislich gerade nicht automatisch (wie beim instinktgeleiteten Tier). Vielmehr tritt im menschlichen Bewusstsein ein sog. „Hiatus“ (Gehlen 53) zwischen Antrieb und Handlung. Damit ist Freiheit im Handeln gegeben. Der Mensch vermag zu erkennen, dass ein bestimmtes Verhalten ihm gemäß ist. Das Bewusstsein, so sein eigenes Leben zu verwirklichen, bewirkt, dass er dies Verhalten aus freien Stücken zu bejahen vermag. So wird die – frei bejahte – natürliche Strebung zur Kraft zum ethischen Handeln.

4.1.2 Konsequenzen aus dem christlichen Menschenbild für den Menschen als Gegenstand des Handelns (Objekt der Ethik)

Die Tatsache, dass der Mensch als Gottes Ebenbild geschaffen ist und ihm deshalb von Anfang an immer schon eine einzigartige Würde eigen ist, die ihn grundlegend vom Tier unterscheidet, hat auch Konsequenzen im Blick auf den Menschen als Objekt ethischen Handelns. Jeder Mensch hat als solcher eine unverlierbare Würde, die nicht angetastet werden darf (GG Art. 1,1). Sie manifestiert sich vor allem in der unaustauschbaren Individualität und Freiheit des Menschen, die auch die empirische Anthropologie bestätigt (vgl. oben C II, 3). Sie ist deshalb grundsätzlich jedermann als ethisch relevante Wahrheit zugänglich. In diesem Sinn spricht schon der römische Philosoph Cicero von der Würde (*dignitas*) des Menschen und ihren ethischen Konsequenzen (De officiis I, 105-107).

Weil aber jeder Mensch immer schon Mensch ist, unabhängig davon, was er zu leisten vermag, so ist alles, was biologisch als Mensch auszumachen ist, auch als Mensch zu behandeln – nicht erst der Kultivierte, der Erwachsene oder der gerade Geborene, vielmehr auch schon der vorgeburtliche Mensch. Damit ist zugleich eine Grundentscheidung gefällt in praktischen ethischen Fragen z. B. der Lebensethik wie der Abtreibung oder der Euthanasie, d. h. eine Grundentscheidung gegen jedes Verhalten, das Menschen nicht als Menschen behandelt (vgl. Bd. II/1, 92-164). Die vor allem unter dem Einfluss der Evolutionsbiologie heute weitverbreitete Einebnung des Menschlichen ins Tierische öffnet dagegen der Unmenschlichkeit Tür und Tor (vgl. die an der Sonderstellung des Menschen als sog. Speziesismus geübte Kritik, Singer 83ff).

Literatur

E. Blechschmidt, Leben von Anfang an – neue Erkenntnisse der Embryologie, in: Busch/S. Großmann, Die Wiederentdeckung des Menschen, Wuppertal/Kassel 1976, 11-28.

H. Burkhardt, Kraft zur Ethik, in: ders., Wirtschaft ohne Ethik? Biblische Beiträge zu Grundfragen des Wirtschaftslebens, Gießen 2000, 7-18.

Ders., Über Menschenwürde, Menschenrechte und eine menschliche Gesellschaft, in: Rundbrief 70 der Ev. Sammlung in Württemberg, 2015, 6-11.

M. T. Cicero, Vom rechten Handeln (De officiis), lat./dt. hg. und übers. von K. Büchner, Zürich 1994.

A. Gehlen, Der Mensch, Wiesbaden 13 1986, 51ff.

R. P. Horstmann, Art. Menschenwürde, in: HWP 5, 1124-1127.

M. Kähler, Die Wissenschaft von der christlichen Lehre (1883), Neukirchen 1966 (§ 301).

F. Reuter, Ut mine Stromtid (1859); hochdeutsch: Das Leben auf dem Lande, dtv München 1978.

Ch. Schönborn, Der Mensch, ein Geschöpf Gottes: Grundlage der menschlichen Würde, in: ders., Der Mensch als Abbild Gottes, Augsburg 2008, 37-84.

P. Singer, Praktische Ethik, Stuttgart [2]1994.

J. Walldorf, Der Mensch als „Ebenbild Gottes“. Biblisch-theologische und zeitgenössische Zugänge zur Frage nach der Einzigartigkeit und Würde des Menschen, in: ThBeitr Jg. 45/2014, 341-359 (bes. 353-355).

4.2 Die Menschlichkeit des Menschen (*humanitas*) als Ziel allgemeiner Ethik

Das Menschsein des Menschen besteht zwar nicht nur in seinem Bestimmtsein zur Menschlichkeit, sondern grundlegend in einem empirisch feststellbaren, qualifizierten Sein, der *hominitas* (C II,4.1), aber dieses Sein des Menschen zielt doch auf eine ihm entsprechende Lebensgestaltung: auf ein Verhalten, das der Würde des Menschen selbst als Handelnden gemäß ist. Dies Verhalten nennen wir Menschlichkeit bzw. Humanität (*humanitas*).

Sie ist nicht Bestandteil der Gottebenbildlichkeit (wie die Alte Kirche mit ihrer Identifizierung der im Sündenfall verloren gegangenen, als *iustitia originalis* verstandenen *similitudo* meinte), sondern sie ist die Gottebenbildlichkeit im aktiven Vollzug. Die *humanitas* ist sozusagen die Frucht der *hominitas*.

Auch wo der Mensch inhuman handelt, handelt er zwar im Widerspruch zu seinem Wesen, bleibt dabei aber doch selbst Mensch (die Lehre von der Gottebenbildlichkeit „ist … der unabweisbare Ausdruck dafür, daß die Sünde mit dem Wesen des Menschen im Widerspruch steht“, Cremer 117,60-118,2).

Was Humanität heißt, ist also vom Wesen des Menschen her zu entfalten. Seine Gottebenbildlichkeit spiegelt sich in seiner Individualität, Sozialität und Religiosität (vgl. oben C II,2 .1). Von daher kann man sagen, dass die Humanität sich in drei Dimensionen entfaltet:

1. In seiner Individualität unterscheidet sich der Mensch als Ich von der ihn umgebenden Ding- und Tier-Welt und findet sich so in der Relation Mensch – (übrige) Kreatur vor.
2. In seiner Sozialität weiß der Mensch um seine Zuordnung zum Mitmenschen und findet sich so in der Relation Mensch – Mitmensch vor.
3. In beidem weiß er sich auf Gott hin geschaffen und findet sich so in der Relation Mensch – Gott vor.

Schlatter spricht von einer dreifachen Berufung des Menschen: „Naturbeherrschung, Gesellschaftsbildung, Kultus, das sind die drei Arbeiten, die den Beruf des Menschen bilden„ (Dogma 161.223).

Die Frage, was Humanität sei, kann entfaltet werden im Bild von übereinander liegenden Schichten, also als Frage nach dem Verhalten des Menschen im Blick auf das, was „unter“, was „neben“ und was „über“ ihm ist. Noch zutreffender wäre wohl die Veranschaulichung dieser Relationen im Bild der konzentrischen Kreise: die weiteste, alle andere umfassende Verantwortung ist die gegenüber Gott. Als solche steht sie aber nicht neben und in Konkurrenz zu anderen Dimensionen, sondern schließt die Relation Mensch – Mitmensch ein, wie diese ihrerseits die Relation Mensch – Kreatur: In allen Dimensionen aber steht der Mensch in letzter Verantwortung vor Gott. Dessen Gutheit ist der letzte Maßstab der Humanität (vgl. oben 3.3).

4.2.1 Humanität in der Dimension Mensch – Kreatur

Das Verhältnis des Menschen zur Natur ist grundlegend gekennzeichnet durch das, was ihn in besonderer Weise vor ihr auszeichnet: die in seiner unauswechselbaren Individualität zum Ausdruck kommende Freiheit des Menschen (oben C II,2.1 und 3.2). In dieser Freiheit gebraucht er die Natur, um sein eigenes Leben zu erhalten und zu entfalten. Da er aber als Geschöpf Gottes selbst auch Teil der Natur und vielfältig von ihr abhängig ist,

ist seine Freiheit keine absolute, sondern eine Freiheit in Verantwortung nicht nur für sich selbst, sondern auch für seine natürliche Umwelt.

In der Bibel wird die Verantwortung des Menschen gegenüber der übrigen Kreatur mit dem Auftrag Gottes beschrieben, über sie zu „herrschen" (Gen 1,28; Ps 8,7). Der Mensch ist in der Welt als Gottes Haushalter eingesetzt (vgl. die Haushaltergleichnisse Jesu Mt 24,42-51; Mk 13,3-37; Lk 12,42-48; vgl. Frische 858).

Dieser Auftrag gibt dem Menschen

1. das Recht der Nutzung der Natur (Gen 1,29; 9,2f Landbau und Viehhaltung: *Wirtschaftsethik* vgl. Burkhardt, Ethik II/2, 135-197);
2. die Pflicht der Bewahrung der Natur (Gen 2,15 „bewahre": U*mweltethik*; vgl. Burkhardt, Ethik II/2, 197-222);
3. die Möglichkeit der Fortentwicklung (Gen 2,15: „bebaue": Entwicklung von Technik und Kunst: *Kulturethik,* vgl. Burkhardt, Ethik II/2, 223-260).

Herkömmlich sah man im Herrschaftsauftrag vor allem das Recht der Nutzung – z.T. bis hin zur Ausbeutung. In neuerer Zeit wurde die Aufmerksamkeit verstärkt auch auf die Pflicht zur Bewahrung gelenkt. Wenig bedacht wird in der Regel in diesem Zusammenhang die Möglichkeit der Fortentwicklung. Dieser Gesichtspunkt bedarf deshalb einer besonderen Erläuterung:

Die heutige Welt ist offensichtlich nicht mehr nur die, wie Gott sie anfänglich geschaffen hatte, wie sie vor dem Erscheinen des Menschen war. Sie ist, zumindest was die Erde betrifft, heute eine weithin vom Menschen gestaltete, ja mehr: vom Menschen „geschaffene". Dabei ist das Wort „geschaffen" natürlich nur in einem relativen Sinn zu verstehen: es ist eine Betätigung menschlicher Freiheit, die doch zugleich in völliger Abhängigkeit vom schöpferischen Handeln dessen sich vollzieht, der allein wahrhaft Schöpfer ist (im Sinne der *creatio ex nihilo).* Aber es bleibt nun doch die Tatsache zu berücksichtigen, dass vieles da ist, was in dieser Gestalt durch den Menschen nicht nur geprägt wurde (etwa die Waldkultur), sondern durch ihn überhaupt erst hervorgebracht wurde, wie eben die Erzeugnisse der Technik und nicht zuletzt der Kunst. Man gerät mit Recht in geradezu andächtiges Staunen über die Schönheit in der Natur. Nicht weniger Anlass zur Bewunderung aber kann auch ein Werk menschlicher Kunst geben, sei es die schlichte Melodie eines Volksliedes oder die große Harmonik einer klassischen Symphonie. In unserer säkularisierten Gesellschaft wird nun leicht Technik und Kunst als Werk des Menschen gegen die Religion gesetzt und kann so geradezu zum Religionsersatz werden (so schon im 19. Jh. D. F. Strauß im Blick auf Dichtung und Musik).

Umso wichtiger ist es zu sehen, dass dies menschliche Tun grundsätzlich nicht gegen Gottes Willen geschieht, sondern ganz im Gegenteil Teil der göttlichen Berufung des Menschen ist. Neben dem „Bewahren“ von Gen 2,15 steht das „Bebauen“ – womit dem Menschen der Kulturauftrag gegeben ist (lat. *cultus* von *colere* – pflegen, bebauen). Kultur entsteht so als „zweite Natur“ durchaus dem Willen Gottes entsprechend. Gott würdigt den Menschen, sein Schöpfungswerk fortzuführen. Wenn heute Technik und Kunst teilweise ins Zwielicht geraten sind, wenn die Technik die Geister, die sie rief (so schon Goethes „Zauberlehrling“), nicht los wird, oder manche neuere Kunst eher Zeichen des Zerstörerischen als des Schöpferischen an sich trägt, so liegt das nicht an dem Kulturauftrag selbst, sondern an dem, der ihn offensichtlich auf so fragwürdige Weise durchführt.

Dem in diesem Bereich geforderten Verhalten entsprechen in der antiken Tugendethik die Ideale der Weisheit und Besonnenheit.

4.2.2 Humanität in der Dimension Mensch – Mitmensch

Die Personalität des Menschen (oben C II, 2.1) ist aber nicht nur Individualität und damit Freiheit, sondern sie ist auch Sozialität und damit sich auf den anderen einstellende Mitmenschlichkeit. Diese bedeutet zugleich Selbstbeschränkung der eigenen Freiheit im Ausgleich mit der Respektierung der Freiheit des andern. Im Blick auf das zwischenmenschliche Verhältnis ist Freiheit also notwendig immer „Freiheit in Proexistenz“ (Lochman 93).

Deshalb ist in der Bibel im Blick auf die Dimension Mensch – Mitmensch auch nicht, wie in der Dimension Mensch – Kreatur, von Herrschaft die Rede (Lev 25,43.46 zum Miteinander der Israeliten, vgl. allgemein-menschlich Pred 8,9 „… zum Unglück“, vgl. Mt 20,25). Darin hatte auch die Ablehnung der „Herrschaft des Menschen über den Menschen“ im frühen Marxismus ihr Recht (vgl. aber schon Augustin, Gottesstaat 19,15: „Vernünftig und nach dem Ebenbild Gottes geschaffen, sollte der Mensch nur über die vernunftlosen Kreaturen herrschen, also nicht Mensch über Menschen“ – mit einem anschließenden Wort gegen die Sklaverei). Das rechte Verhältnis sollte auch nicht das eines bloß neutralen Nebeneinanders sein. Vielmehr fasst die Bibel es im Sinne der Mitmenschlichkeit in das Bild des Hüters, der das Leben des Mitmenschen in seine Obhut nimmt (Gen 4,9). Gerade auch im Miteinander soll die freie Individualität des andern gewahrt bleiben. Ein Spezialfall ist dabei die Gestaltung des Miteinanders der Geschlechter, sofern ja der Mensch immer nur je als Mann oder Frau existiert.

Was unter Humanität als Mitmenschlichkeit konkreter zu verstehen ist, wird näher zu entfalten sein in *Lebensethik* (Burkhardt, Ethik II/1, 92-164), *Sozialethik* (Burkhardt, Ethik II/1, 164-218) und *Sexualethik* (Burkhardt, Ethk II/2, 13-134). Dem dabei geforderten Verhalten entspricht in der antiken Tugendethik das Ideal der Gerechtigkeit, biblisch die Forderung der Liebe, allgemein im Sinne der Nächstenliebe, spezifisch christlich im Sinne der Feindesliebe.

4.2.3 Humanität in der Dimension Mensch – Gott

Die tiefste Erfüllung seiner Menschlichkeit aber findet der Mensch in der Ausrichtung seines Lebens auf Gott, d.h. darin, dass er auch im Vollzug seines Lebens als Gottes Ebenbild im wörtlichen Sinn erkennbar wird, indem sein Leben Gott widerspiegelt. Dies zeigt sich in seinem Leben mit Gott (Gen 5,24; 6,9). Es vollzieht sich einerseits im Hören auf Gott (auf sein Leben spendendes und wegweisendes Wort Ps 1; 86,11), andererseits in der Antwort an Gott (in der Tat: im vertrauenden Gehorsam, Gen 12,4; 15,6 und der Hingabe im Dienst, 1Thess 1,9; Röm 12,2; 14,8; in welchem Gehorsam sich inhaltlich eine Nachahmung Gottes vollzieht, Lev 19,2; Mt 5,48; Eph 5,1) und im Wort: im Gebet, das in Anbetung und Lob Gottes gipfelt, Phil 2,11; Eph 1,12; vgl. Wolff 330). Im Blick auf Gott wird die Freiheit des Menschen zum freien Gehorsam.

Die Humanität in der Dimension Mensch – Gott ist inhaltlich näher zu entfalten in der *Religionsethik* (Burkhardt, Ethik II,1, 26-91) und der *spezifisch christlichen Ethik* (Burkhardt, Ethik III, 117-300).

Dem dabei geforderten Verhalten entspricht in der antiken Tugendethik das Ideal der Frömmigkeit *(eusebeia)*, biblisch das der Gottesfurcht, speziell neutestamentlich das von Glaube, Liebe und Hoffnung (1Kor 13, 13).

4.2.4 Humanität und Selbstverwirklichung

Sofern der Mensch zu solcher Humanität geschaffen ist, könnte man, in allen drei Dimensionen, ein solches Leben als Selbstverwirklichung bezeichnen: in wahrer Humanität kommt der Mensch zu sich selbst. Insofern könnte man durchaus von einem christlichen Humanismus sprechen.

Allerdings wird der Begriff der Selbstverwirklichung im üblichen individualistisch-anthropozentrischen Sinn hier gerade aufgehoben: Der Mensch kommt gerade dadurch „zu sich selbst", dass er nicht bei sich selbst bleibt, sondern offen wird für die Welt, den Mitmenschen und zu Gott hin. Seine Selbstbezogenheit wird gerade nicht kultiviert, sondern aufgebrochen.

So ist ein atheistischer Humanismus gerade kein wahrer Humanismus, sondern ein um die entscheidende, alle anderen Dimensionen des Menschlichen einschließende Dimension verkürzter Humanismus, der schließlich auch in der 1. und 2. Dimension seine Menschlichkeit verliert: Humanität ohne Gott wird erfahrungsgemäß schnell zur Humanität ohne den Nächsten, wird Selbstverwirklichung als rücksichtslose Selbstentfaltung (vgl. das goethesche Lebensideal des allseits sich entfaltenden und vervollkommnenden Menschen oder heute das existenzialistische Ideal des Existierens als Verwirklichung des individuellen Selbstseins). „Wir Menschen können Gott nicht entbehren; wollen wir Menschen sein, müssen wir Gott finden, da wir nicht zu uns selbst kommen, wenn wir nicht zu Gott kommen" (Schlatter, Kreuz Jesu 7).

Literatur

A. Augustin, Vom Gottesstaat, hg. von C. Andresen, dtv 6087/6088, München 1978.
K. Bockmühl, Reich Gottes und Humanismus (1976), in: Grundlagen evangelischer Ethik. Beiträge zur Fundamentalethik. BWA II/2, Gießen 2015, 145-166.
Ders., Der Mensch auf der Suche nach Menschlichkeit (1979), in: Grundlagen evangelischer Ethik. Beiträge zur Fundamentalethik, BWA II/2, Gießen 2015, 167-182.
H. Cremer, Art. Gottebenbildlichkeit, in: RE³ Bd. 5 (1898), 113-118.
R. Frische, Art. Haushalterschaft, in: ELThG 1 (1993), 858f.
J. M . Lochman, Wegweisung der Freiheit, Gütersloh 1979.
A. Schlatter, Christliches Dogma, Stuttgart ³1977.
Ders., Das Kreuz Jesu unsere Versöhnung mit Gott, in: Gesunde Lehre, Velbert 1929, 7-14.
H. Staudinger/M. Horkheimer, Humanität und Religion, Würzburg 1974.
D. F. Strauß, Der alte und der neue Glaube, Leipzig 1872 (erste und zweite Zugabe).
H. W. Wolff, Anthropologie des Alten Testaments, München 1973.

5. Die bleibende Gültigkeit geschichtlich offenbarter und schöpfungstheologisch begründeter Normen

Man könnte annehmen, dass der Unterschied zwischen geschichtlich gegebenen und schöpfungstheologisch begründeten Normen darin besteht, dass die einen zeitlich bedingt und veränderlich, die anderen ewig und unveränderlich seien. Hinter dieser Alternative steht aber ein fragwürdiges Verständnis der Schöpfung als etwas Statischem und ein ebenso fragwürdiges Verständnis der Geschichte als etwas aktualistisch stets nur in Veränderung Begriffenen.

5.1 Die Veränderbarkeit schöpfungstheologisch begründeter Normen und ihre überzeitliche Gültigkeit

Die Annahme der Unveränderlichkeit schöpfungstheologisch begründeter Normen legt sich vor allem von der Verwandtschaft der schöpfungstheologischen mit der philosophisch-naturrechtlichen Begründung her nahe. Dabei wird allerdings der grundlegende Unterschied zwischen beiden übersehen:

Das von der griechisch-philosophischen Tradition bestimmte Naturrechtsdenken (vgl. oben B III) geht aus von der Vorstellung von der Natur als ewigem, unveränderlich geordnetem Kosmos:

Im *dualistischen System Platos* ist es die Ewigkeit der Ideenwelt, die sich in den ewigen Gesetzen der sichtbaren Welt spiegelt und nach denen auch die menschliche Gesellschaft geordnet werden sollte: Naturrecht ist hier das denkbar beste, das *ideonome* Recht. Hier wird die altgriechische Tugend der Gerechtigkeit zum Gleichheitsideal. Der an ihm orientierte Idealstaat aber kann in der Wirklichkeit nur als totalitäre Diktatur durchgeführt werden (die Menschen sind nun einmal nicht gleich).

Im *monistischen System der Stoa* ist die ganze Natur als ewig bestehend gedacht. Das Naturgeschehen läuft nach ewigen Gesetzen ab. Der Mensch ist Teil dieses Kosmos und hat sein Leben nach den von der Natur vorgezeichneten unveränderlichen Gesetzen zu gestalten *(kata physin zän)*.

Die in diesem Sinne naturrechtlich begründete Ethik ist *kosmonom,* sei es im Sinne des Materialismus (Sophisten) oder des Pantheismus (Stoa).

Anders der schöpfungstheologische Ansatz. Die Schöpfung ist nach biblischem Zeugnis nicht ewig: Sie war einst nicht – und sie wird einst, in ihrer gegenwärtigen Gestalt, nicht mehr sein (lKor 7,31; Offb 21,1). Das Geschaffensein der Welt schließt ihre Zeitlichkeit und damit auch Veränderlichkeit ein. Das gilt besonders von der Geschichte als der spezifisch menschlichen Gestalt der Natur.

Eine von der konkret vorhandenen Schöpfung ausgehende Ethik muss also prinzipiell auch für mögliche Veränderungen offen sein. Zeitlose Normen im strengen Sinn kennt sie nicht.

Dies bedeutet aber keineswegs, dass wir stattdessen in einen haltlosen Relativismus geführt würden, in dem wir meinen dürften, in der Festsetzung dessen, was Recht und Unrecht ist, völlig frei zu sein. Eine solche radikal vergeschichtlichte, der Willkür des Menschen überlassene Ethik wäre *autonome* Ethik.

Vielmehr ist die Möglichkeit der Veränderung der natürlichen Gegebenheiten mehr nur eine theoretische, kaum wahrnehmbare. Ein mögliches Beispiel wäre etwa die Akzeleration in der Entwicklung des heutigen jungen Menschen, also eine Beschleunigung in der körperlichen Entwicklung, die man heute gegenüber früher beobachtet, während die seelische Entwicklung hinter der körperlichen zurückbleibt (vgl. Remplein 99ff). Faktisch aber ist der Mensch heute im Wesentlichen der gleiche wie der vor 3000 Jahren. Bei allem Auf und Ab der Geschichte, aller Veränderung in der Erziehung und in der Umwelt (technischer und kultureller Fortschritt) haben sich die Grundzüge des Menschseins nicht geändert. So hat auch die dem im wesentlichen unveränderten Menschen entsprechende Ordnung des Lebens in den Grundzügen unveränderte Gültigkeit. Sie ist nicht prinzipiell zeitlos, faktisch aber überzeitlich.

Mit der Erschaffung des Menschen sind ihm gewisse Grundstrukturen anerschaffen, in denen sich wahrhaft menschliches Leben vollzieht (Personalität, Geschlechtlichkeit). Das Geschaffensein des Menschen in diesen Strukturen ist Ausdruck des Schöpferwillens Gottes. Eine konsequente Leugnung der Möglichkeit einer schöpfungstheologisch begründeten Ethik ist praktisch Leugnung des Schöpfers selbst.

Diese Verwurzelung der Ethik in Gott als dem Schöpfer führt allerdings nun doch auch über die Schöpfung hinaus bzw. hinter sie zurück auf das Sein Gottes selbst, in dem sein Wille gründet. Im Wesen Gottes selbst, seiner unbedingten Gutheit, ist nun doch eine letzte, wirklich unveränderliche Norm gegeben (unveränderlich im Sinne der Treue Gottes zu sich selbst). Der Ansatz beim von Gott gegebenen Menschsein des Menschen führt also notwendig zu einer *theonomen* Ethik.

Zusammenfassung:

1. Eine ewig und unveränderlich gedachte Welt bestimmt unveränderlich das Gesetz des Handelns: *ideonome* oder *kosmonome* Ethik.
2. Eine als vom Zufall bestimmte, sich ständig verändernd gedachte Welt überlässt das Handeln der Willkür des Einzelnen: *autonome* Ethik.
3. Eine als Gottes Schöpfung gedachte Welt führt zu einem bleibend am guten Willen des Schöpfers orientierten Handeln: *theonome* Ethik.

In der praktischen Anwendung schöpfungsgemäßer Normen auf die geltende Rechtsordnung kann es unterschiedliche Grade der Verbindlichkeit der schöpfungsgemäßen Norm geben (vgl. Höffner 64f). So gibt es

1. sog. *kodifiziertes Naturrecht*, z. B. der Schutz menschlichen Lebens;
2. *angewandtes Naturrecht*, z. B. bestimmte Einschränkungen des privaten Eigentumsrechts um des Gemeinwohls willen;
3. *dem Naturrecht entsprechendes Recht*, z. B. Rechtsverkehr im Straßenverkehr: dass die Fahrordnung geregelt wird, ist lebensförderlich; insofern entspricht der Rechtsverkehr natürlichem Recht; das gleiche Ziel könnte allerdings auch mit Linksverkehr erreicht werden; ob also Rechts- oder, wie in Großbritannien und Neuseeland, Linksverkehr festgesetzt wird, ist mehr oder weniger eine Frage der Willkür;
4. *dem Naturrecht widersprechendes „Recht“*, etwa Gesetze, die eine bestimmte Bevölkerungsgruppe benachteiligen wie z. B. seinerzeit die Rassengesetze im nationalsozialistischen Deutschland oder später in Südafrika.

Literatur:

J. Höffner, Christliche Gesellschaftslehre, Kevelaer [6]1975.

H. Remplein, Die seelische Entwicklung des Menschen im Kindes- und Jugendalter, München/Basel [13]1965.

5.2 Die geschichtliche Bedingtheit des Gesetzes und seine bleibende Verbindlichkeit

Das schöpfungstheologisch begründete Ethos entspricht einerseits grundsätzlich dem geschichtlich offenbarten Gesetz Gottes (Röm 2,14). Es besteht zwischen ihnen eine intentionale inhaltliche Identität.

Andererseits nötigt die geschichtliche Bedingtheit des biblischen Gesetzes dazu, innerhalb des Gesetzes zu differenzieren zwischen

1. überzeitlich gültigen, unbedingt verpflichtenden Normen und Ordnungen, die auch unmittelbar schöpfungstheologisch zu begründen sind; und
2. nur geschichtlich bedingten Normen und Ordnungen, die schöpfungstheologisch nicht begründbar sind, sondern an die einmalige geschichtliche Situation des erwählten Bundesvolkes Israel gebunden sind.

Wir haben gesehen, dass im Neuen Testament das mosaische Gesetz grundsätzlich bejaht wird (oben C I, 2). Trotzdem verlieren weite Teile der alttestamentlichen Gesetzgebung im Neuen Bund ihre Verbindlichkeit für das Leben der Christen, weil sie geschichtlich an das alttestamentliche Bundesvolk gebunden sind. Das gilt z. B.

a. von der *Beschneidung:* mit ihr wird die Verpflichtung zum Gesetzesgehorsam als Bedingung für die Gliedschaft am Volk Gottes und Anteilhabe am Heil übernommen; diese Heilsfunktion des Gesetzes ist im Neuen Bund erledigt (Gen 17,10f; vgl. Gal 5,1ff),
b. von der *Opfergesetzgebung* : durch das einmalige Opfer Jesu ist der Sühnopferkult (Lev 1-7; 17 und 22; Num 15;28f) heilsgeschichtlich überholt (Hebr 7,12; 9,11ff; Hebr 10,9),
c. von der *Reinheitsgesetzgebung:* die im Alten Bund notwendige kultische Reinigung (vgl. Lev 11ff) ist durch die in Wort und Sakrament vermittelte Vergebung abgelöst (vgl. Hebr 10,22; 1Petr 3,21; Röm 14,5-23) und
d. von der *politischen Gesetzgebung*: weil das Gottesvolk des Neuen Bundes nicht mehr identisch ist mit einer irdischen Nation (1Petr 2,9), verliert die politische Ordnung Israels (z. B. das Königsgesetz Dtn 17,20) für die Christenheit ihre Verbindlichkeit.

So ist auch das Aposteldekret Apg 15,20.29 als geschichtlich bedingter Kompromiss zwischen Judenchristenttun und Heidenchristenttun zu verstehen, der bereits im Neuen Testament überholt ist (zum Götzenopferfleisch vgl. 1Kor 10,25ff; Röm 14; Tit 1,15 „dem Reinen ist alles rein"; vgl. J. Calvin zum Verbot des Blutessens Apg 15,20: *Fateor quidem et illud temporale fuisse praeceptum* = ich meine allerdings, dass auch dies Gebot ein zeitliches gewesen ist; Calvin 306).

Bleibend gültig ist zunächst, was auch dem Menschen schlechthin, Juden wie Heiden, als seiner Natur entsprechend zugemutet werden kann. Alles andere ist daraufhin zu überprüfen, wieweit in ihm bleibend gültige schöpfungsgemäße Normen zum Ausdruck kommen, die aber möglicherweise von ihrer zeitbedingten Form zu unterscheiden sind. So ist nach den Worten Jesu das mosaische Gesetz zur Ehescheidung nur um des „Herzens Härtigkeit willen" gegeben, „von Anfang aber ist es nicht so gewesen"; den eigentlichen Willen Gottes leitet Jesus deshalb aus der Schöpfungsgeschichte ab: „Was Gott zusammengefügt hat, soll der Mensch nicht scheiden" (Mt 19,6). Ähnlich begründet Paulus in 1Kor 11 die Unterschiedenheit der Geschlechter von der Schöpfungsgeschichte (V. 7-9) und der Natur her (V. 14), die spezielle Ausdrucksform der Kopfbedeckung der Frau aber nur vom damaligen Brauch in den Gemeinden (V. 16). Entsprechend lehrt die Chicago-Erklärung von 1978: „die Heilige Schrift ... ist ... manchmal durch die Bräuche und üblichen Anschauungen einer bestimmten Zeit kulturell bestimmt, sodass die Anwendung ihrer Grundsätze an diesen Stellen heute eine andere Handlungsweise verlangt“ (Cochlovius/Zimmerling 321; vgl. Michel 113f).

Was so als dem Menschen von Natur entsprechende Norm zu erheben ist, das kann auch über die christliche Gemeinde hinaus für das in einer Gesellschaft gültige Recht fruchtbar gemacht werden. In diesem Zusammenhang sprach die Reformation vom *usus politicus legis,* dementsprechend der Dekalog nicht nur auf die Kanzel gehört, sondern auch auf das Rathaus (vgl. Lukas Cranachs Bilder zum Dekalog im Wittenberger Rathaus; Bockmühl 29.46).

Literatur

K. Bockmühl, Gesetz und Geist. Eine kritische Würdigung des Erbes protestantischer Ethik, BWA I/5, Gießen 2009.

J. Calvin, Novum Testamentum Commentarii, ad editionem Amstelodamensem accuratissime exscribi et praefatus est A. Tholuck, Vol. IV., In Acta Apostolorum, Berlin 1833.

J. Cochlovius/P. Zimmerling (Hg), Evangelische Schriftauslegung. Ein Quellen- und Arbeitsbuch, Wuppertal 1987.

O. Michel, Das Alte Testament im Neuen (1954), in: ders., Dienst am Wort. Gesammelte Afusätze, hg. von K. Haacker, Neukirchen 1986.

O. Schmitz, Das Alte Testament im Neuen Testament, in: Wort und Geist. FS Karl Heim, Berlin 1934, 49-74 (bes. 54f).

6. Offene Fragen an die schöpfungstheologische und offenbarungstheologische Begründung der Ethik

6.1 Sünde und Erlösung

Von der bleibenden *Gottebenbildlichkeit des Menschen* her ist daran festzuhalten, dass der natürliche Mensch grundsätzlich die Möglichkeit hat,
1. das Gute zu erkennen und
2. es zu tun (Röm 2,14).

Aber so sehr die Sünde des Menschen diese Möglichkeiten nicht schlechthin aufgehoben hat, so hat sie sie doch entscheidend beeinträchtigt. Sie hat das sittliche Urteilsvermögen des Menschen verdunkelt (Röm 1,21-32; Eph 4,17-19) und seine Willigkeit und Fähigkeit zum Tun des Guten geschwächt (Röm 7,18b; 8,3).

Zu 1: Neben einem gewissen ethischen Grundkonsens innerhalb der Gesellschaft, der allerdings mit der zunehmenden Säkularisierung heute immer geringer wird, finden sich bekanntermaßen (und war nicht erst in unserer modernen pluralistischen Gesellschaft) z.T. geradezu diametrale Gegensätze in der Beurteilung ethischer Fragen. Was ethisch fragwürdig ist (wie z. B. vorehelicher Geschlechtsverkehr oder die Legalisierung der Abtreibung über die medizinische Indikation hinaus) kann, wenn es sich durchsetzt und Menschen sich daran gewöhnen, zum Nomalzustand werden, den man geradezu als „natürlich" empfindet. Moralstatistik kann normgebend für das sittliche Bewusstsein werden.

Deshalb bedarf es des *Gesetzes Gottes*, um diese Verdunkelung wieder aufzuhellen und die unkenntlich gewordenen Linien der Schöpfungsordnung wieder erkennbar zu machen. Im Sinne des sog. *usus politicus legis* (vgl. oben C I, 3) macht das Gesetz Gottes wieder als gut deutlich, was in Zweifel gezogen worden war. Dabei trägt es aber nicht etwas dem Menschen Fremdes an ihn heran, sondern schärft ihm nur wieder die Augen für das, was wirklich gut ist für den Menschen.

Zu 2: Die Sünde hindert nicht nur die Erkenntnis des Guten, sondern auch das Tun des als gut Erkannten. Dies geschieht allerdings in den drei Dimensionen der Humanität in unterschiedlicher Weise.

(a) Am leichtesten dürfte auch dem natürlichen Menschen die Realisierung der Humanität in der Dimension Mensch – Kreatur fallen, also in den Bereichen von Technik und Kunst. Ein entschiedener Atheist kann ein hervorragender Techniker, Wissenschaftler oder Künstler sein. Allerdings werden gerade in der Gegenwart (Umweltkrise, Verfall der Kunst) auch hier die Grenzen des Menschen immer deutlicher.

(b) In der Dimension Mensch – Mitmensch dürfte die Verwirklichung der Humanität schon schwieriger sein (Problem des Weltfriedens; der globalen sozialen Gerechtigkeit). Immerhin könnte die durch das Gesetz Gottes unterstützte Erkenntnis, dass die sittlichen Ziele in diesem Bereich der Natur des Menschen entsprechen, auch ein gewisser Anreiz dazu sein, sie zu realisieren (vgl. die ausgleichende Gerechtigkeit der Goldenen Regel; vgl. auch die rational argumentierende „Theorie der Gerechtigkeit" von J. Rawls). So ist es etwa durchaus möglich, dass die staatliche Ordnung dem Unrecht entgegenwirkt. Selbst einer heidnischen Regierung traut die Bibel zu, dass sie die Bösen straft und die Guten belohnt (Röm 13,3), also dem Gesetz Gottes entsprechende Maßstäbe (im Sinne des *usus politicus leg*is) zur Geltung bringt. Aber sie muss ggf. dabei ihrerseits an sich fragwürdige Mittel der Gewalt und des Zwanges einsetzen. So kann sie bestenfalls äußerlich das Überhandnehmen des Bösen eindämmen, es aber nicht wirklich überwinden (davon ist vielmehr erst in Röm 12,21 im Zusammenhang der Gemeindeunterweisung die Rede, vgl. unten C III, 4.4.2).

(c) Unmöglich aber ist dem natürlichen Menschen nach dem Zeugnis der Bibel auf jeden Fall die Verwirklichung der Humanität in der Dimension Mensch – Gott. Zwar ist Religion grundsätzlich eine Möglichkeit des natürlichen Menschen. Aber solche Religiosität wird unter dem Einfluss der Sünde immer zum Götzendienst welcher Art auch immer – und sei es auf eine hochphilosophische Art. Auch das offenbarte Gesetz, das die alleinige Verehrung Gottes und die Verwerfung der Götzen fordert, kann nach Paulus nicht verhindern, dass der fromme Mensch, der dies befolgt, gerade darin anstelle der Gerechtigkeit Gottes seine eigene Gerechtigkeit aufrichtet (Röm 10,2). So wird auch hier die Sünde in ihrer Wirkung äußerlich eingeschränkt, wirklich überwunden wird sie nicht. Dafür bedarf es einer grundlegenden inneren Erneuerung, die im alten Bund noch nicht gegeben (Dtn 29,3; Jos 24,19), sondern erst verheißen ist (Jer 31,31-34, vgl. unten C III, 3).

6.2 Gesetz und Geist

Gesetze sind als solche allgemeingültig: sie müssen auf immer wiederkehrende, vergleichbare Situationen anwendbar sein. Die Anwendung und Übertragung auf ähnliche Situationen kann mit Hilfe der Vernunft unternommen werden (Differenzialethik; vgl. Bockmühl 1-13). So versucht die kasuistische Ethik etwa in katholischer Moraltheologie, für alle nur möglichen Lebenssituationen verbindliche ethische Weisungen zu erarbeiten. Parallel entfalten lutherische und reformierte Ethik ihre Lehre vom Hineingestelltsein in bestimmte Stände und Berufe und daraus sich ergebenden unterschiedlichen Pflichten (Bockmühl 231ff.350ff und 494-497). Aber dies Verfahren hat seine Grenzen in den Grenzen seiner Voraussetzungen: dass nämlich alles menschliche Leben nur nach bestimmten, gleichbleibenden Regeln ablaufe. Schlechthin einmalige Ereignisse und Entscheidungen sind in diesem System nicht vorgesehen.

Aber die Weisung Gottes an Abraham „Geh hinaus aus deinem Vaterhause in ein Land, das ich dir zeigen werde" (Gen 12,1) ist gesetzlich nicht einzuordnen und abzuleiten. Von solchen Weisungen Gottes jedoch ist die Bibel voll – im Alten wie vor allem im Neuen Testament. Daran ist erkennbar: Ein weiter Bereich spezifisch biblischer Lebensführung ist durch Schöpfungsordnung und Gesetz grundsätzlich nicht zu erfassen.

Wo der Versuch unternommen wird, das ganze Leben des Menschen allein von einer unveränderlich gleichbleibenden Ordnung her zu regeln, haben wir es mit einer Art deistischer Ethik zu tun. Sie geht davon aus: Gott hat einst geredet – in der Schöpfung und/oder in der Gesetzgebung. Aber das ist nun lange vorbei. Gott redet jetzt nicht mehr. Wir haben es jetzt nur mit den damals gesetzten Ordnungen zu tun. Wir sind ganz auf sie und unsere Vernunft, die sie auf die Situation anwendet, angewiesen.

Ein Reden und Herrschen des jetzt lebenden Gottes im Sinne der Leitung durch den Heiligen Geist ist hier noch nicht im Blick.

Literatur

K. Bockmühl, Gesetz und Geist. Eine kritische Würdigung des Erbes protestantischer Ethik, BWA I/5, Gießen 2009.

J. Rawls, Eine Theorie der Gerechtigkeit, Frankfurt 1979.

III. Eschatologische Begründung spezifisch christlicher Ethik: die Herrschaft Gottes in Christus

Vorbemerkung: Das Problem einer spezifisch christlichen Ethik

Weithin wird in der Theologie die Möglichkeit einer spezifisch christlichen Ethik bestritten.

1. Weitverbreitet in christlicher Theologie ist die Meinung, es gebe eigentlich nur christliche Ethik. Unabhängig vom christlichen Glauben könne es gar keine Ethik geben, die Anspruch auf diesen Namen erheben könne. Die Lehre von der Schöpfungsoffenbarung lehnt man hier ab. Man könnte von einer *theokratischen* oder *christokratischen* Ethik sprechen. Sie findet sich vor allem im Wirkungsbereich der dialektischen Theologie und, unter ihrem Einfluss, auch unter einigen evangelikalen Theologen vor allem Nordamerikas (R. Sider, J. Wallis).
2. Andere bestreiten überhaupt die Möglichkeit einer besonderen christlichen Ethik. Sie gehen einseitig vom Naturrecht oder der Schöpfungsordnung aus. Andere als die hier erkennbaren allgemeingültigen Normen könne und dürfe es nicht geben (Løgstrup). Man könnte hier von einer *natürlichen Ethik* sprechen.

Eine Variante dieser Auffassung ist vor allem im modernen Luthertum verbreitet: es gebe zwar keine spezifisch christliche Normen, wohl aber eine spezifisch christliche Motivation zum Handeln, christliche Ethik sei autonom, aber nicht automobil (Thielicke 19; vgl. schon Herrmann 2 und 7).

Beide Konzeptionen sehen Richtiges:

Zu 1: Wenn Gott wirklich Schöpfer und Herr der Welt ist und, wie das Evangelium bezeugt, sich allein in Christus endgültig offenbart (Mt 11,27), liegt tatsächlich die Annahme der erstgenannten Konzeption nahe, dass nur christliche Ethik, d.h. von der Offenbarung in Christus ausgehende Ethik, wahre Ethik ist.

Zu 2: Die Annahme andererseits, dass es gar keine spezifisch christliche Ethik gebe, hat darin ihr Wahrheitsmoment, dass es von der Schöpfung her tatsächlich eine allgemeine Ethik gibt. Gottes Handeln in der Schöpfung ist jedem zugänglich, ob Christ oder Nichtchrist. Es ermöglicht allgemeingültige Erkenntnis des Guten und auch die Motivation zu einem dieser Erkenntnis entsprechenden Tun (vgl. oben C II).

Beide Konzeptionen sind anscheinend in sich schlüssig und überzeugend. Und doch treffen sie je für sich nicht die ganze Wahrheit.

In der ersten Konzeption ist, sofern sie sich gegen die Möglichkeit einer natürlichen Erkenntnis des Guten wendet, der an sich vorausgesetzte Gedanke der Erschaffung der Welt durch Gott nicht wirklich ernst genommen. Vielmehr liegt der eigentliche Akzent einseitig auf der Offenbarung in Christus. Dabei ist aber übersehen, dass diese in der Bibel nicht absolut für sich steht, sondern in eine bestimmte Geschichte hineingehört. Sie setzt voraus, dass die Menschheit sich im Sündenfall gegen die Herrschaft Gottes auflehnte und nun die Frage entsteht, wie die Sünde überwunden und die Herrschaft Gottes wiederhergestellt werden kann. Indem nun diese Konzeption direkt und universal die unbedingten Maßstäbe Gottes letztlich im Sinne einer Theokratie durchsetzen möchte, neigt die theokratische Konzeption dazu, die Realität des Bösen im Menschen nicht ernst zu nehmen.

Die dieser scheinbar diametral entgegengesetzte zweite Konzeption der natürlichen Ethik leidet im Grunde unter dem gleichen Mangel: Auch sie ist letztlich zeitlos konzipiert. Sie übersieht den tiefen Bruch, der nach biblischem Zeugnis durch die Sünde in die Geschichte der Menschheit hineingekommen ist und damit die Unmöglichkeit, mit den in der Schöpfung liegenden Möglichkeiten diesen Bruch zu heilen. Und sie übergeht deshalb auch die besonderen Möglichkeiten, die durch Christus für die Ethik gegeben sind.

3. Eine am ganzen biblischen Zeugnis orientierte Ethik wird demgegenüber weder einseitig und damit ungeschichtlich von der Schöpfung noch von der Erlösung her entworfen werden können, sondern nur in einer beide Komponenten integrierenden heilsgeschichtlichen Konzeption.

Anzusetzen ist mit der theokratischen Konzeption, also theozentrisch: Es ist zu beginnen mit der Erkenntnis, dass Gott als der Schöpfer die alles bestimmende Wirklichkeit ist. Das aber heißt, ethisch gesprochen: Er ist der Herr, dessen guter Wille für den Menschen allein maßgebend ist. Es geht in biblischer Ethik also darum, dass Gottes Wille geschieht, im Himmel wie auf der Erde (Mt 6,10b), anders gesagt: Es geht um die Realisierung der Herrschaft Gottes (V. 10a).

Solche Herrschaft verwirklicht sich in bestimmter Hinsicht auch schon im Bereich der allgemeinen Ethik: unter den Voraussetzungen der schöpfungsmäßigen Gegebenheiten im Menschen einerseits, unter den Einschränkungen der in ihm wirksamen Sünde andererseits. In gewisser Weise geschieht hier also der Wille Gottes, aber in verborgener Weise, d.h. so, dass dabei letztlich nicht Gott geehrt wird, sondern der Mensch sich in seiner Selbstherrschaft durchsetzt – im Guten wie im Bösen (vgl. oben C II, 2.3). Die Herrschaft Gottes ist also in der allgemeinen Ethik eine noch verborgene, der zugleich auch widersprochen und zuwidergehandelt wird.

Damit stellt sich die Frage nach einer die Herrschaft des Bösen überwindenden Offenbarung der Herrschaft Gottes. Sie ist das eigentliche Thema der spezifisch christlichen Ethik. Diese Überwindung des Bösen vollzieht sich als innere geistliche Erneuerung einzelner, mithin durch Christwerden und im Christsein (vgl. unten C III, 2-3). Nur durch dies Nadelöhr hindurch kann es auch zu weiterer, bis in den sozialen Bereich sich auswirkender Erneuerung kommen. Subjektive Voraussetzung spezifisch christlicher Ethik ist also das Christsein. Das wird z.T. auch bei christlichen Vertretern der natürlichen Ethik zugestanden (vgl. Thielicke). Bestritten wird aber auch von ihnen, dass es spezifisch christliche Inhalte gebe. Doch auch diese Annahme lässt sich vom biblischen Zeugnis her nicht halten. Klassisches Beispiel eines Gebotes, das ausschließlich für Christen gilt, ist der Missionsbefehl. Innerhalb der Zehn Gebote können zwar selbst die Gebote der sog. ersten Tafel, die das Verhältnis des Menschen zu Gott betreffen, in gewisser Weise Inhalt allgemeiner Ethik sein. Als Gottes Ebenbild ist jeder Mensch grundsätzlich religiös veranlagt und auf das Gebot, Gott zu fürchten, ansprechbar. Beim Missionsbefehl ist das anders. Er knüpft an keine natürliche Gegebenheit an. Nur an Christen kann sinnvollerweise die Aufforderung ergehen, andere dazu zu gewinnen, Christen zu werden („machet zu Jüngern" Mt 28,19). Schließlich gibt es neben spezifisch christlicher Motivation und spezifisch christlichen Inhalten der Ethik auch besondere Möglichkeiten ihrer Erkenntnis: aus der individuellen Erneuerung des Verhältnisses zu Gott ergibt sich die Möglichkeit der persönlichen Führung durch Gott (vgl. unten C III, 4.3 zur Geistesleitung vgl. Burkhardt, Ethik III, 143-148.192.).

Literatur

K. Bockmühl, Das Problem der Ethik im Protestantismus, in: ders., Grundlagen evangelischer Ethik. Beiträge zur Fundamentalethik, BWA II/2, Gießen 2015, 43-59.

H. Burkhardt, Christlich leben in nachchristlicher Gesellschaft, in: KuD 60. Jg./2014, 303-318.
W. Herrmann, Ethik, Tübingen [5]1921.
M. Honecker, Das Recht des Menschen, Gütersloh 1978, 21-30 („Die Frage nach dem christlichen Proprium").
K. E. Løgstrup, Die ethische Entscheidung, Tübingen [4]1959.
H. Thielicke, Theologische Ethik, I. Band: Prinzipienlehre, Tübingen 1972.

1. Das biblische Zeugnis von der Herrschaft Gottes

Die Herrschaft Gottes ist „das zentrale Thema der öffentlichen Verkündigung Jesu" (J. Jeremias S.49; vgl. Deines 103). Mit diesem Begriff verbindet Jesus in besonderer Weise das Neue, das er zu bringen hat bzw. das mit ihm gegeben ist. Die Statistik führt die Bedeutung dieses Begriff besonders anschaulich vor Augen: Der Begriff „Reich Gottes" (bzw. bei Mt der gleichbedeutende Begriff „Reich der Himmel") findet sich bei den Synoptikern 67x, bei Joh 2x (nach Schlatter143f ist er hier der Sache nach in dem Gedanken der Vaterschaft Gottes aufgenommen), in der Apg 4x und bei Paulus 14x.

Andererseits ist der Begriff des Reiches Gottes im Neuen Testament aber keineswegs neu, sondern bereits im Alten Testament und im zeitgenössischen Judentum vorgegeben. Ehe das Besondere in der Botschaft Jesu herausgearbeitet werden kann, muss also zunächst ihre alttestamentliche Wurzel bedacht werden.

1.1 Herrschaft Gottes nach dem Alten Testament

Der Gedanke der Königsherrschaft Gottes *(basileia tou theou)* greift ein bereits früh in der *geschichtlichen Überlieferung Israels* bezeugtes, zentrales alttestamentliches Motiv auf: Es begegnet zuerst im Zusammenhang mit der Rettung Israels am Schilfmeer, in der Gott seine königliche Macht beweist (Ex 15,18 im Lied des Mose). Es wird wieder aufgenommen im Bileamsspruch (Num 23,21) und im Mosesegen (Dtn 33,5). Der königliche Herrschaftsanspruch Gottes kommt aber vor allem in dem für die Religion Israels grundlegenden ersten Gebot des Dekalogs zum Ausdruck: „Ich, JHWH, bin dein Gott, der ich dich aus Ägyptenland, aus dem Knechtshause geführt habe, du sollst keine anderen Götter neben mir haben" (Exd 20,2f: das sog. Bundesformular setzt die Vorstellung von Gott als Großkönig voraus; vgl. oben C I, 1.3).

Das gleiche Motiv findet sich dann vor allem in den *Psalmen* in den häufigen Aussagen über das Königsein Gottes bzw. sein königliches

Herrschen: Ps 20,10; 45,5; 47,3.7.9; 93,1; 95,3; 96,10; 97,1; 146,10; vgl. den Begriff der Herrschaft Gottes *(malkut)* in 103,19 und 145,13.

In der *Prophetie* wäre z. B. zu verweisen auf Jes 41,21; 43,15; 44,6; 52,7 u.ä.

Gelegentlich wird gegen die theologische Relevanz dieses biblischen Zeugnisses eingewandt, der alttestamentliche Gedanke der Königsherrschaft Gottes sei nur durch die damaligen soziologischen Gegebenheiten bedingt. Er sei sozusagen Projektion irdischer Königsherrschaft an den Himmel, um entsprechende irdische Herrschaftsverhältnisse im Bewusstsein der Menschen auch heute noch religiös zu sanktionieren und zu stabilisieren.

Diesem Einwand ist entgegenzuhalten: In Israel war es genau umgekehrt. Es bekannte sich zu Gott als König, bevor es in Israel Könige gab. Eben deshalb erhob sich auch gegen die Einführung der Monarchie in Israel theologisch begründeter Widerstand (1Sam 8,lff, bes. V. 6f; 10,17-19, bes.V. 19; Schmidt 441f). Man fürchtete, dass ein König in Israel wie bei den umliegenden heidnischen Völkern sich zu einem absoluten Herrscher aufwerfen könnte, der als Gottkönig auch religiöse Verehrung fordern und so direkt dem Gott Israels sein alleiniges Herrschaftsrecht streitig machen könnte. Als warnendes Beispiel wird schon in Ri 9 das heidnische Gehabe eines Despoten wie Abimelech geschildert (vgl. die Kritik der anschließenden Jothamfabel Ri 9,15; vgl. schon Ri 8,23 Gideons Abwehr des Versuchs, ihn zum Herrscher zu machen: „JHWH soll herrschen (*maschal*) über euch“ ; vgl. die Warnungen in 1Sam 8,11-18 und Dtn 17,16f).

Das Bekenntnis zu Gott als König ist also wesentlicher Bestandteil des biblischen Gotteszeugnisses. Es gründet in seinem Schöpfersein, d.h. in der in Gottes Schaffen und Erhalten zum Ausdruck kommenden unbedingten *Freiheit und souveränen Macht* Gottes (Ps 95,4f; 96,10ff; vgl. Lalleman 14-17).

Es bedeutete zugleich aber auch ein Bekenntnis zu seiner Recht schaffenden *Gerechtigkeit.* Darin ist es gerade nicht Ausdruck irdischer Macht- und Unrechtsverhältnisse, sondern ist ihnen vielmehr ausdrücklich entgegengesetzt (vgl. Ps 9,10b.13; 97,2.5f; 99,4). Gerade indem die Sinaioffenbarung Recht setzt, ist sie Aufrichtung der Herrschaft Gottes, und zwar zunächst in seinem Bundesvolk, das ein „Königreich (*mamlachah*) von Priestern“ genannt wird (Ex 19,6). Dabei zeichnet sich seine Herrschaft dadurch aus, dass Gott wie ein guter König den Armen und Unrechtleidenden zu ihrem Recht hilft (Ps 72,4.12-14; vgl. 145,14.18f als Erläuterung von V. 11 und 13; vgl. 146,7 und 147,6).

Israels Berufung war es, durch Gehorsam gegen Gottes Gebot sichtbarer Bereich seiner Herrschaft zu sein (Ex 19,6). Die im Alten Testament bezeugte Geschichte Israels zeigt, dass es sich dieser Berufung, aufs Ganze gesehen, entzogen hat (2.Kön 17,7-23; Neh 9,16f.26; vgl. Röm 10,2f). Deshalb nehmen die Aussagen über die Gottesherrschaft bereits im Alten Testament zunehmend eschatologischen Charakter an:

Einerseits richten die Propheten die Erwartung auf den einen König, der das Recht Gottes wieder aufrichten wird, den *Messias* (Jes 9 und 11 u. ö.), andererseits verheißen sie eine von Gott gewirkte innere *Erneuerung Israels* zum Gehorsam: Gott wird den Israeliten („alle . .. klein und groß") das Gesetz ins Herz schreiben (Jer 31,33f), er will „ein neues Herz und einen neuen Geist" in ihnen schaffen, indem er seinen Geist in sie gibt und so Leute aus ihnen macht, „die in meinen Geboten wandeln" (Hes 36,26f).

Literatur

H. Cremer, Art. *basileus* und *basileia*, in: Wörterbuch der ntl. Gräcität, Gotha [9]1902, S.211ff.

J. Jeremias, Neutestamentliche Theologie I, Gütersloh 1971.

H. Lalleman, Celebrating the Law? Rethinking Old Testament Ethics, Paternoster Press, Milton Keynes UK 2004.

A. Schlatter, Die Geschichte des Christus, Stuttgart, Stuttgart [2]1921, 140-153.W. H. Schmidt, Kritik am Königtum, in: H. W. Wolff (Hg), Probleme biblischer Theologie, FS für G. v. Rad, München 1971, 440-461.

Exkurs: Die Erwartung des Reiches Gottes im Judentum der Zeit Jesu

Der Gedanke der Königsherrschaft Gottes war im Judentum der neutestamentlichen Zeit in sehr unterschiedlicher Weise lebendig.

1. Das pharisäische Judentum

a. Hier wird die Königsherrschaft Gottes vor allem vom Gesetz her verstanden. Man „nimmt das Joch der Königsherrschaft (= das Gesetz) auf sich". Im Gesetzesgehorsam des frommen Juden wird Herrschaft Gottes jetzt schon Gegenwart (vgl. Goppelt 99).
b. Daneben besteht eine lebendige Erwartung eines zukünftigen Eingreifens Gottes, in dem er in der Welt seine Herrschaft sichtbar herstellt. Mit den Worten des 18-Bitten-Gebets betet der fromme Jude täglich: „Bringe wieder unsere Richter wie vordem ... und sei König über uns, du allein" (Goppelt a.a.O.; Billerbeck 208ff.; vgl. schon die Mitte 1. Jh. v. Chr. im Zusammenhang mit der pharisäischen Bewegung entstande-

nen Psalmen Salomos, bes. PsSal XVII und XVIII mit ihrer Erwartung eines davidischen Messias; Stettler 128-130).

Die Herrschaft Gottes wird hier als irdische gedacht, die einerseits (a) schon gegenwärtig, anderseits (b) noch zukünftig ist (Deines 104).

2. Die Zeloten

Wie die Pharisäer erwarten sie ein zukünftiges irdisches Reich Gottes. Aber das gegenwärtige Haupthindernis ist die Fremdherrschaft des heidnischen römischen Staates. Das Reich Gottes kann nur so kommen, dass diese Fremdherrschaft beseitigt wird, und zwar mit menschlicher Gewalt. Die fremden Herren hatten sich auch mit den hellenisierten Reichen in Israel verbündet. Von daher hatte der Kampf der Zeloten auch einen sozialrevolutionären Aspekt.

Die Herrschaft Gottes ist hier irdisch-zukünftig gedacht.

3. Die Apokalyptiker

Als eigene politische Gruppierung sind die Apokalyptiker uns nicht bekannt, nur durch ihre Schriften (vor allem Henoch, IV. Esra). In ihnen findet sich der Begriff der Gottesherrschaft selten. Im Vordergrund steht bei ihnen die Lehre von den zwei Äonen, der (irdischen) gegenwärtigen und der (jenseitigen) zukünftigen. Die Wende von einem Äon zum andern wird am Ende der Zeit im Zusammenhang mit kosmischen Katastrophen allein von Gott selbst herbeigeführt.

Die Herrschaft Gottes ist hier jenseitig-zukünftig gedacht.

Literatur

P. Billerbeck, Kommentar zum NT aus Talmud und Midrasch IV, München [3]1951.
R. Deines, Die Gerechtigkeit der Tora im Reich des Messias, Tübingen 2004.
L. Goppelt, Theologie des NT 1, Göttingen 1975, 98-101.
M. Hengel, War Jesus Revolutionär?, Stuttgart 1970, 11-14.
H. Stettler, Heiligung bei Paulus, WUNT II/368, Tübingen 2014.

1.2 Herrschaft Gottes nach dem Neuen Testament

1.2.1 Das noch ausstehende Reich Gottes

1.2.1.1 Das kommende Reich

Am Anfang des öffentlichen Wirkens Jesu steht eine programmatische Zusammenfassung seiner ganzen Botschaft: „Kehrt um, denn das Reich Gottes ist nahe herbeigekommen!“ (Mt 4,17; vgl. 10,7; Lk21,31).

Dies Wort ist die Mitteilung einer *Tatsache,* und zwar einer Tatsache, die in der nahen *Zukunft* eines Ereignisses besteht (vgl. auch Joel 1,15: „der Tag des Herrn ist nahe und kommt wie das Verderben …“). Dies Ereignis ist (noch) jenseitig im zeitlichen Sinn.

Die Tatsache des Kommens des Reiches Gottes gilt ganz unabhängig von irgendwelchen menschlichen Voraussetzungen oder Reaktionen der Hörer dieser Mitteilung. Insofern scheint das Reich Gottes keine ethisch relevante Größe zu sein. Der Mensch hat in diesen Aussagen zunächst keine Funktion als ethisches Subjekt. Die Herstellung des Reiches wird nicht als Aufgabe des Menschen beschrieben, sondern allein als Wirken Gottes. Er allein, so scheint es, ist es, der die Ankündigung in der Sendung Jesu realisiert und das Reich Gottes heraufführt.

Dem entsprechen auch andere Worte der Evangelien: Mk 4,28 (das Reich kommt „automatisch“); Mt 5,3-12 (die Zusage der Anteilhabe am Reich Gottes bezieht sich zwar teilweise auf bestimmtes sittliches Verhalten, das Reich selbst aber wird nicht durch dies Verhalten herbeigeführt); Mt 6,10 (die Bitte an Gott „dein Reich komme“); Mk 9,1 („einige der hier Stehenden werden den Tod nicht schmecken, bis sie das Reich Gottes in Kraft kommen sehen“). Jesus betont zwar in diesen Worten überall die Nähe des Reiches, es selbst aber eben doch als noch bevorstehend.

1.2.1.2 Das himmlische Reich

Wenn Matthäus durchgehend vom „Reich der Himmel“ spricht, so ist „Himmel“ nur die im damaligen Judentum übliche ehrfürchtige Umschreibung des Gottesnamens. Aber es gibt doch auch verschiedene Aussagen, in denen das Reich gleichsam etwas räumlich Jenseitiges, als im Himmel schon vorhanden Gedachtes ist.

So ist wiederholt vom „Hineingehen“ in das Reich Gottes die Rede: Mk 9,47; 10,15.23ff; vgl. 12,34 „nicht fern vom Reich Gottes“; 14,25 „bis ich es neu trinken werde im Reich Gottes“; Mt 21,31 „vorangehen ins Reich Gottes“; 25,34 das „ist bereitet“; Lk 13,24 „eingehen“ ins Reich, wie durch eine Tür (vgl. Mt 7,14; Joh 3,3.5).

Paulus spricht zwar vom Kommen bzw. der Erscheinung Jesu. Aber den Begriff des Reiches gebraucht er mehr im örtlichen Sinn: 1Thess 2,12 „der euch berufen hat zu seinem Reich“, 2Thess 1,5 „der euch würdig erachtet des Reiches Gottes, für das ihr leidet“; 2Tim 4,1 „der kommen wird zu richten … bei seiner Erscheinung und seinem Reich“ (vgl. V. 18).

Neben den Aussagen über das Hineingehen in das Reich stehen die sog. Erbschaftsformeln: „... die Ungerechten werden das Reich Gottes nicht erben“ (1Kor 6,9; vgl. 15,50; Gal 5,21; Eph 5,5 ; vgl. Hebr 12,28 „weil wir empfangen ein unbewegliches Reich“).

Überall aber ist das Reich Gottes eine (zeitlich oder räumlich) jenseitige Größe. Es wird einseitig von Gott herbeigeführt bzw. geschaffen. Es ist Gegenstand der Hoffnung, nicht des Handelns, gehört also mehr in die Dogmatik als in die Ethik. Ethisch hat die Reichs-Gottes-Botschaft, so scheint es, bestenfalls negative Konsequenzen: als Aufruf zur inneren Loslösung von der Welt, um an der künftigen Anteil zu bekommen. In diesem Sinn wird dann auch der Umkehrruf Jesu verstanden und nur mit der Mahnung zur Wachsamkeit und zum geduldigen Warten verbunden: „Darum kann Jesus den Menschen nicht die Sittlichkeit des Gottesreiches predigen, sondern nur die Sittlichkeit, die in dieser Welt von der Welt frei, zum Eintritt in das Gottesreich unbehindert macht. Daher der durchaus negative Charakter dieser Ethik“ (Schweitzer 256, zu J. Weiß).

Richtig an dieser Sicht ist zweifellos die Erkenntnis des eschatologischen Charakters der Botschaft Jesu, der aller Fortschrittsoptimismus fremd ist (vgl. unten 4.4.2, S. 1623). Und doch ist diese Sicht noch einseitig, nur auf einen Teil bzw. Aspekt der Botschaft Jesu vom Reich fixiert.

1.2.2 Das gegenwärtige Reich Gottes

1.2.2.1 Das in Christus gegenwärtige Reich Gottes

Die Botschaft Jesu ist (wie die des ganzen Neuen Testaments) durch und durch eschatologisch, d.h. von der Erwartung des nahen Endes bzw. der neuen Welt Gottes bestimmt. Aber sie ist dabei keineswegs nur Hinweis auf noch Ausstehendes. Vielmehr ist sie auch darin durchaus eschatologisch, dass sie die bereits beginnende Erfüllung der eschatologischen Weissagung bezeugt, ja dieser Aspekt ist sogar der eigentlich für sie Charakteristische.

Die Zeit Jesu ist Erfüllungszeit: „Die Zeit ist erfüllt ... Kehrt um und glaubt an das Evangelium“ (Mk 1,15)

In diesem Sinn kann auch von der Gegenwart des Reiches Gottes gesprochen werden: „Wenn ich mit dem Finger Gottes Dämonen austreibe, so *ist* das Reich Gottes *über euch* gekommen“ (Lk 11,20/Mt 12,28; vgl. Lk 10,9: „das Reich Gottes ist nahe gekommen *über euch“);* „Siehe, das Reich Gottes ist *mitten unter euch*“ (Lk 17,21; vgl. 10, 18-20).

In den Machttaten Jesu, den *Heilungen* und *Dämonenaustreibungen,* ist das Reich Gottes also schon da. Sie sind nicht nur *Vor*zeichen im Sinne von Hinweisen auf ganz und gar noch Ausstehendes, sondern *An*zeichen der bereits beginnenden Heilszeit, von deren Vollendung dann etwa Offb 20,10 spricht. Sie sind „Prolepse" bzw. „Antezipation" des Eschaton (Jeremias 89).

Auch sonst spricht das Neue Testament immer wieder von der Gegenwart der Eschata. Die Spannung zwischen der Gegenwart des Heils und seiner noch ausstehenden Vollendung (zwischen „schon" und „noch nicht") ist ein Grundzug des neutestamentlichen Zeugnisses. Auch wo dabei nicht ausdrücklich vom Reich Gottes die Rede ist, ist es doch immer gemeint.

Dies ist auch der Fall in Aussagen wie dem Wort vom „Bräutigam" Mk 2,19 parr (wobei die Hochzeit Bild der Heilszeit ist). Ebenso erfüllt sich in den *Heilungen* Jesu die Weissagung von Jes 35,5 bzw. 61,lf (Lk 4,16-21; 7,22 par). Der Zuspruch der *Vergebung der Sünde* nimmt das Urteil des Jüngsten Gerichts vorweg (Mt 9,2.6, vgl. in Mt 11,4-5 die Verkündung des Evangeliums als Erfüllung von Jes 61,1). Dabei treten neben die Sünder auch die Heiden als Adressaten des Evangeliums (Mt 8,11, vgl. Jes 49,12 als Verheißung und Offb 7,9-12 als Erfüllung).

Schließlich ist zu bedenken, wieweit vielleicht auch Aussagen über das „Hineingehen" in das Reich Gottes eine irdisch gegenwärtige Realität meinen: den „Bereich" der gegenwärtigen Herrschaft Gottes (vgl. z. B. Mk 12,34; Joh 3,5).

So wird überall das schon gegenwärtige Reich bezeugt – und zwar ganz konzentriert auf Jesus, sein Reden und Handeln. Jesus und sein Wirken ist der Ort, an dem die Gottesherrschaft jetzt schon Raum greift – in seinen Vollmachtstaten wie in seinem vollkommenen Gehorsam gegen den Willen des Vaters, bis hin zum Tod am Kreuz. Jesus ist die *autobasileia,* das Reich Gottes in Person (Origenes, Kommentar zu Mt 5,3). Das ist das Evangelium, die frohe Botschaft, an die zu glauben Jesus auffordert (Mk 1,15). In den Ereignissen von Kreuzigung und Auferstehung kulminiert dieser Weg Jesu. In seinem Tod nimmt Jesus stellvertretend die Sünde der Welt auf sich und schafft so ein für alle Mal die Grundlage des ewigen Heils (Joh 1,29; 2Kor 5,19-21; Hebr 9,12). In seiner Auferstehung wird Jesus definitiv als Sohn Gottes bestätigt (Röm 1,4) und zum Herrn der Welt eingesetzt (Mt 28,18; 1Kor 15,20.23f).

Das Reich Gottes ist also keineswegs nur Gegenstand der Hoffnung, sondern auch des Glaubens. Allerdings, so scheint es bisher, nicht auch der

Liebe. Der Mensch kommt, jedenfalls an den bisher angegebenen Stellen, als Subjekt des Handelns bestenfalls negativ (als Sünder) in den Blick.

Und doch wäre auch diese Sicht noch zu einseitig.

1.2.2.2 Das im Leben des Jüngers gegenwärtige Reich Gottes

Jesus ist gekommen, den „Starken“ zu binden (Mt 12,29), die Werke des Teufels zu zerstören (1Joh 3,8). Dieser Sieg Jesu ist *sein* Sieg. Aber: Er bezieht nun doch auch die Menschen mit ein, die von der Herrschaft des Bösen betroffen waren. Und zwar betroffen nicht nur von Krankheit und dämonischen Mächten, sondern vor allem von der sie versklavenden und von der Herrschaft Gottes fernhaltenden Macht der Sünde. Jesu Sieg betrifft dabei den Menschen nicht nur äußerlich, sondern im Kern seiner Existenz, im innersten Personleben.

Deshalb ist die Botschaft vom Reich Gottes von Anfang an mit dem Ruf zur Umkehr verbunden. Die Gegenwart des Reiches Gottes in Jesus Christus wird durch die Umkehr zur Gegenwart des Reiches auch im Leben des Jüngers. Die Umkehrbotschaft als Ruf in eine neue, zum Leben mit Gott befreite Existenz ist der Schlüssel zur ganzen ethischen Botschaft Jesu. Diese ist nicht allgemeine ethische Weisheitslehre, sondern Konkretion des Umkehrrufs (Schniewind 24, mit Verweis auf Schlatter). D.h. sie ist eschatologisch zu verstehen als Ruf in die neue Existenz unter der Herrschaft Gottes.

Jesus selbst interpretiert die Bitte um das Kommen des Reiches durch die Bitte um das Geschehen des Willens Gottes – wie im Himmel so auch auf der Erde (Mt 6,10), und also durch die von Gott gewirkte Erneuerung des Willens des Menschen. Das Kommen des Reiches Gottes ist danach also nicht nur Gegenstand unserer Hoffnung und unseres Glaubens, sondern nun doch auch des Willens – in der Liebe. Die Erlösung, die Jesus bringt, wäre nicht wirkliche Erlösung, wenn sie uns in unserer Sünde bleiben ließe. Die Herrschaft Gottes wäre nicht wirkliche Herrschaft, wenn sein königlicher Wille nicht auch in uns zum Zuge käme. Dass Gott in uns herrsche, das ist das zentrale Thema spezifisch christlicher Ethik: „Trachtet zuerst nach dem Reich Gottes und nach seiner Gerechtigkeit“ (Mt 6,33, vgl. 5,20).

Den gleichen ethischen Aspekt des Verständnisses des Reiches Gottes finden wir auch bei Paulus wieder: „Das Reich Gottes besteht nicht in Essen und Trinken, sondern in Gerechtigkeit und Friede und Freude im Heiligen Geist“ (Röm 14,17). „Das Reich Gottes besteht nicht in Worten, sondern in Kraft“ (1Kor 4,20, vgl. V. 16: „seid meine Nachahmer“). Wir sind „versetzt in das Reich seines lieben Sohnes, in welchem wir die Erlösung haben, die Vergebung der Sünden“ (Kol 1,13f).

Dabei darf natürlich nicht vergessen werden: Das Reich Gottes wird nicht aus eigener Kraft heraus durch menschliche Anstrengung hergestellt. Die Durchsetzung der Herrschaft Gottes bleibt Gottes eigenes Werk. Dies kommt im Neuen Testament insbesondere in der Sendung des Geistes zum Ausdruck (Apg 2; Röm 5,5). Er ist die im Leben der Gemeinde und ihrer Glieder verändernd wirksame Gegenwart Gottes. Eben darin aber setzt sich seine Herrschaft nun eben doch durch uns und mit uns durch. Diese Herrschaft ist eine real gegenwärtige, zugleich allerdings auch erst anfängliche. Ihre Vollendung steht noch aus.

Literatur:

H. Bayer/H.G. Pöhlmann/H. Burkhardt, Art. Reich Gottes, in: ELThG III, 1676-1679.
L. Goppelt, Theologie des Neuen Testaments 1, Göttingen 1975, 101-118.
K. Haacker, Was Jesus lehrte. Die Verkündigung Jesu – vom Vaterunser aus entfaltet, Neukirchen 2010, 70-114.
J. Jeremias, Neutestamentliche Theologie, Göttingen 1971, 99-110.
W. Lütgert, Das Reich Gottes nach den synoptischen Evangelien, Gütersloh 1893.
J. Schniewind, Was verstand Jesus unter Umkehr? (1938) in: Die Freude der Buße, Göttingen 1956, 19-33.
A. Schweitzer, Geschichte der Leben-Jesu-Forschung (1906), 6. Aufl. München 1966.
P. Stuhlmacher, Biblische Theologie des Neuen Testaments 1, Göttingen 1992, 66-75.

2. Das Christsein als individuelle Voraussetzung des Lebens unter der Herrschaft Gottes

2.1 Das Verhältnis von Indikativ und Imperativ in der ethischen Unterweisung der christlichen Gemeinde (Evangelium und Gesetz)

Bereits die allgemeine Ethik ist keineswegs voraussetzungslos. Der Imperativ der für jedermann verpflichtenden Norm setzt den im Menschsein des Menschen gegebenen Indikativ voraus (vgl. oben C II, 4.1). Ebenso setzt das Gebot Gottes an Israel die Erwählung und Rettung Israels voraus (oben C I, 1.3).

Entsprechend gilt auch im Neuen Bund: Der mit dem Evangelium gegebene Indikativ ist Voraussetzung für den Imperativ der christlichen Ermahnung (Paraklese):

In den *Evangelien* wird der Umkehrruf Jesu mit dem Indikativ „denn das Reich Gottes *ist* nahe“ begründet (Mt 4,17 par). Entsprechend geht der Aufforderung, das Licht nicht unter den Scheffel zu stellen, die Feststellung voraus: „Ihr *seid* das Licht der Welt“ (Mt 5,14-16). So wird vom guten Baum eine ihm entsprechende gute Frucht erwartet (Mt 7,17f). Die Sünderin erweist Jesus ihre Liebe, weil ihr viel Liebe erzeigt wurde (Lk 7,47; vgl. V. 42f).

Ebenso lehrt *Paulus*: „So sind wir mit ihm begraben in den Tod, damit ... also auch wir in einem neuen Leben wandeln“ (Röm 6,4, vgl. V. 12). „Ihr seid nicht fleischlich, sondern geistlich, ... so sind wir nun Schuldner nicht dem Fleisch“ (Röm 8,9.12). „Ich ermahne euch nun durch die Barmherzigkeit Gottes“ (Röm 12,1). „Zur Freiheit hat uns Gott befreit ... seht zu, dass ihr durch die Freiheit nicht dem Fleisch Raum gebt, sondern in Liebe diene einer dem andern“ (Gal 5,1.13, vgl. V. 22 „Die Frucht des Geistes ...“ und V. 25 „Wenn wir im Geist leben, so lasst uns auch im Geist wandeln“). „So ermahne ich euch nun, dass ihr wandelt würdig eurer Berufung“ (Eph 4,1). „Seid ihr nun mit Christus auferstanden, so suchet, was droben ist“ (Kol 3,1).

Als durchgehende Struktur ist festzustellen, dass in der neutestamentlichen Paraklese, im sog. 3. Brauch des Gesetzes (*usus in renatis* vgl. oben C I, 3) der Zuspruch des Evangeliums der Forderung des Gesetzes vorangeht, der Indikativ dem Imperativ. Ähnlich verhält es sich beim sog. *usus politicus* (C II, 5.2). Anders beim sog. *usus elenchticus*: zwar treibt die Güte Gottes zur Umkehr (Röm 2,4), aber nur der reuige Sünder, der durch das Gesetz seine Sünde erkannt hat, empfängt den Freispruch des Evangeliums als ihm geltend, empfängt persönlich die Vergebung der Sünde.

Literatur

W Schrage, Ethik des Neuen Testaments, Göttingen 1982, 156-161.
U Swarat, Art. Gesetz und Evangelium, in: ELThG II (1993), 754f.

2.2 Das Christsein als bleibende Voraussetzung spezifisch christlicher Ethik

So wie das Menschsein des Menschen und die Gliedschaft des Israeliten im Gottesvolk des Alten Bundes jeweils eine bleibende Voraussetzung für die Einforderung der sittlichen Verpflichtung sind, so vermittelt im Neuen Bund das Evangelium ebenfalls eine bleibende Voraussetzung für die christliche Paraklese. Sie geht jeweils vom Christsein des Angesprochenen aus. Damit ist zugleich eine prinzipielle Differenz in den ethischen Voraussetzungen gegeben. Die christliche Paraklese ergeht als solche nur an Christen. Dass diese Differenz normalerweise übergangen wird, ist ein Grundschaden der meisten theologischen Ethiken.

Dazu, dass es sich hier um eine grundlegende Differenz handelt, passt auch, dass der Name „Christ" kein Allgemeinbegriff ist, der in irgendeinem Sinn auch auf andere anverwendbar wäre. Vielmehr grenzt der einmalige historische Bezug des Namens (Jesus) Christus die Träger des Namens „Christ" als eine einmalige, festumrissene Gruppe von anderen Menschen aus. Das Wort *christianoi* (Apg 11,26; 26,28; lPetr 4,16) wurde vermutlich zuerst von außen an die Jünger Jesu herangetragen, und zwar als Analogiebildung z. B. zu einem Namen wie Herodianer (= Anhänger des Herodes bzw. seines Hauses, Mt 22,16). „Christen" sind definiert als Anhänger des (Jesus) Christus, d.h. als Leute, die an ihn als den vom Tode auferstandenen Christus glauben und ihm als ihrem Herrn folgen.

Mit diesem historischen Bezug hängt es auch zusammen, dass niemand diese Beziehung schon von Hause aus mitbringt, also etwa „irgendwie" immer schon Christ ist, sondern dass man Christ immer erst *werden* muss, dann aber auch wirklich *ist. Fiunt, non nascuntur Christiani* („Als Christ wird man nicht schon geboren, man wird erst Christ", Tertullian, Apologie 18,4).

Das berühmte Wort Luthers „Das christliche Leben steht nicht im Sein, sondern im Werden" (WA 57,102,15) ist insofern natürlich richtig, als allerdings das Christsein ein lebendiger Prozess ist. Aber eben das Christ-*sein.* Das Christ *werden* ist je einmalig, in sich abgeschlossen und fertig: entweder ist man Christ oder man ist es nicht, d.h. entweder glaubt man an Christus oder nicht. Dazwischen gibt es nichts.

Die Synode der EKD Herbst 1988 in Bad Wildungen hatte sich, auf Anregung des damaligen Ratsvorsitzenden Bischof M. Kruse, eben dieser Frage nach dem Christwerden gestellt. Eine klare Stellungnahme der Synode wäre von weittragender Bedeutung für eine realistische Arbeit der Kirche gewesen. Leider wurde diese Chance vertan. Man blieb stecken bei einer Beschreibung des Christseins als einem „immer neu auf dem Weg zu Jesus" Unterwegssein (Glauben heute 8). Das Neue Testament weiß es offensichtlich anders. Es spricht ganz selbstverständlich vom Christsein als Gegebenheit im Unterschied zum Nichtchristsein (Burkhardt 16-32).

Die Frage, die sich nun stellt, ist: Wie kommt es eigentlich zu diesem Wechsel im Leben eines Menschen? Worin besteht die Änderung, die er mit sich bringt?

Literatur

H. Burkhardt, Christ werden, Gießen 1999.
Glauben heute: Christ werden – Christ bleiben, hg. vom Kirchenamt der EKD, Gütersloh ³1989.
H. W. Neudorfer, Art. Christ, in: ELThG I (1992), 365f.
Tertullian, Apologeticum (Verteidigung des Christentums), lat./dt. hg. von C. Becker, München ²1961.

3. Das Christwerden als individueller Beginn des Lebens unter der Herrschaft Gottes und die Schaffung des Subjekts spezifisch christlicher Ethik

3.1 Bekehrung

„Bekehrung" ist ein Bildwort und bezeichnet eine Wende um 180° (hebr. *schub* = gr. *epistreiphein* = an den Ausgangspunkt eines eingeschlagenen Weges zurückkehren).

Im Alten Testament wird mit diesem Wort Israel zur Rückkehr in den Bund Gottes und zum Gehorsam gegenüber der Bundesverpflichtung, der Torah, aufgefordert (1Sam 7,3; 2Kön 17,13). Es ist allerdings auffallend, dass sich dabei zunehmend die Erkenntnis durchsetzt, dass dem Menschen von sich aus eine wirkliche Umkehr zu Gott gar nicht möglich ist. Bei den Schriftpropheten wird entsprechend von Umkehr kaum mehr in der Form der Mahnrede und also imperativisch, sondern indikativisch-verneinend als Scheltrede in der Gerichtspredigt gesprochen („dennoch bekehrt ihr euch nicht zu mir" Am 4,6ff; vgl. Hos 5,4; 7,10; 11,5; Jer 5,3; 8,5; 13,23; vgl. Wolff 137-143).

Im Neuen Testament beginnt Jesu Wirksamkeit mit dem Ruf „Kehrt um, denn das Reich Gottes ist nahe!" (Mt 4,17/Mk 1,15). In diesem Wort Jesu ist seine ganze Botschaft programmatisch zusammengefasst.

Diese Botschaft wird dann auch nach Jesu Tod und Auferstehung von den Aposteln weitergetragen: so schon in der Pfingstpredigt des Petrus Apg 2,38 (vgl. 1Petr 2,25) und in der klassischen Kurzform der urchristlichen Missionspredigt bei Paulus in 1Thess 1,9f: als die Thessalonicher Christen wurden, haben sie sich „bekehrt zu Gott von den Götzen, zu dienen dem lebendigen und allein wahren Gott" (vgl. Apg 14,15; 17,30).

Im Zusammenhang mit der Sendung Jesu und dem mit ihr gegebenen Anbruch des Reiches Gottes bekommt das neutestamentliche Wort von der Bekehrung eine neue Bedeutung:

1. In der neutestamentlichen Bekehrung erfüllt sich die von der alttestamentlichen Prophetie (Jer 31,31ff) angekündigte innere Erneuerung der Menschen, die diesem Ruf folgen. Sie ist eine entschlossene *Abwendung* von allem, was von Gott trennt. Schon bei Johannes d. T. und dann auch von Anfang an in der Christenheit ist mit der Bekehrung die Taufe verbunden. Taufe aber bedeutet Sterben (Röm 6; vgl. Schniewind 8). Bei der Bekehrung stirbt in der Reue die positive Beziehung zur Sünde. Die hybride Selbstbezogenheit und Selbstgerechtigkeit des Menschen wird aufgebrochen zur Demut vor Gott. Zugleich ist Bekehrung eine entschlossene *Hinwendung* zu Gott, eine willentliche Unterstellung unter die Herrschaft Gottes. Bekehrung ist Herrschaftswechsel: von der Selbstherrschaft des Menschen zur Herrschaft Gottes. „Man kann nicht zwei Herren dienen, Gott und dem Mammon" (Mt 6,24). Bekehrung ist also eine den ganzen Menschen von innen her erfassende geistige Neuorientierung (gr. *metanoein* = umdenken, sich umbesinnen: der vor allem in den Evangelien gebrauchte Ausdruck für die Umkehr).
2. Jesu Umkehrruf ist wieder imperativisch: „Kehrt um!" (Mt 4, 17, vgl. Apg 2,38 u.ö.). Aus dieser imperativischen Form darf aber nicht auf eine im Menschen liegende Möglichkeit zur Umkehr rückgeschlossen werden. Jesus stellt ausdrücklich fest: „Beim Menschen ist es Unmöglich", dem Umkehrruf zu folgen (Mt 19,26). Die seit dem Sündenfall im Menschen wirksame Sünde hindert ihn an echter Umkehr (vgl. oben C II, 2.3 und 6.1). Vielmehr setzt der Umkehrruf eine veränderte heilsgeschichtliche Situation voraus: „… *denn* das Reich Gottes ist nahe herbeigekommen" (Mt 4,17/Mk 1,15 „Die Zeit ist erfüllt und das Reich Gottes herbeigekommen. Kehrt um und glaubt an das Evangelium!"). Nur das vollmächtige Wort Jesu und das mit ihm verbundene verborgene Wirken des Geistes Gottes ermöglichen das dem Menschen sonst unmögliche freie Ja zu Gott. Die imperativische Gestalt des Umkehrrufs ist also nur Ausdruck der personalen, den Menschen in seinem Denken, Wollen und Fühlen erfassenden Ganzheitlichkeit, in der sich die Umkehr vollzieht. Der Umkehrruf Jesu ist nicht Aufforderung zu sittlicher Höchstleistung, sondern mit dem Angebot der Vergebung verbundene Einladung zur Rückkehr ins Vaterhaus (Lk 15), mithin Evangelium.
3. Als den Menschen grundlegend verändernde Erfüllung eschatologischer Verheißung ist diese Bekehrung zugleich ein je einmaliges, im Blick auf das nahe Ende hin gültiges Ereignis. Sie ist der Anfang einer das ganze weitere Leben bestimmenden, neuen Existenzweise („Ihr *seid* nun bekehrt zu dem Hirten und Bischof eurer Seelen" 1Petr 2,25; vgl. Hebr 6,4).

Literatur

G. Bardy, Menschen werden Christen. Das Drama der Bekehrung in den ersten Jahrhunderten, Freiburg 1988.

K. Bockmühl, Konkrete Umkehr (1989), in: ders.: Grundlagen evangelischer Ethik, BWA II,2, Gießen 2015, 288-323.

H. Burkhardt, Christ werden, Gießen 1999, 34-139.

Ders., Spiritualität und Umkehr. Umkehr als Grunddatum und Wesensmerkmal christlicher Spiritualität, in: P. Zimmerling (Hg), Handbuch Evangelische Spiritualität, Bd.2: Theologie, Göttingen 2017, 401-420.

J. Schniewind, Das biblische Wort von der Bekehrung, Göttingen 1948.

H. W. Wolff, Das Thema „Umkehr“ in der alttestamentlichen Prophetie, in: ZThK 1951, 127-148.

3.2 Wiedergeburt

Auch das Zeugnis von der Wiedergeburt findet sich bei Jesus, aber nur im Johannesevangelium: „von oben“ (= aus dem Geist) oder „von neuem“ geboren werden (Joh 3,5, vgl. 1,13 „aus Gott“ geboren, vgl. 1Joh 2,29). Bei den Synoptikern kommt dem das Jesuswort Mt 18,3 nahe „Wenn ihr nicht werdet wie die Kinder, so werdet ihr das Reich Gottes nicht sehen“ (vgl. Joh 3,4).

Anders als „Bekehrung“ ist „Wiedergeburt“ kein gesamtbiblisches Wort. Es fehlt ganz im Alten Testament und wird bestenfalls in Worten wie Ps 51,12 und Hes 36,26f vorbereitet. Der Begriff findet sich zwar auch in der hellenistischen Umwelt des NT (vgl. F. Back), aber jeweils in ganz anderer Bedeutung (Wiederverkörperung, Wiederbelebung, Wiederherstellung; vgl. Burkhardt, Wiedergeburt 2165). Das neutestamentliche Wort knüpft sachlich eher an die genannten alttestamentlichen Worte an. Und doch bezeichnet es etwas schlechthin Neues, in dieser Weise im Alten Bund erst Verheißenes, noch nicht Gegebenes, das nun mit dem Christwerden in das Leben eines Menschen hineinkommt. Denn mit ihm fängt das Leben nicht nur gleichsam noch einmal von vorn an, sondern es beginnt ein ganz neues, von Gott und der Gemeinschaft mit ihm bestimmtes Leben. Als solches ist es schlechthin keine Möglichkeit des Menschen (der „Fleisch“ ist, d.h. immer schon von der Sünde bestimmt), sondern, das kommt in diesem Bildwort besonders deutlich zum Ausdruck, Wirken Gottes (man kann sich selber weder zeugen noch gebären). Wiedergeburt ist schlechthin ein Wunder. Dies ist aber nicht zu denken im Sinne einer magischen Verwandlung, einer chemischen Substanzveränderung vergleichbar. Sie ist vielmehr ein den Menschen innerlich, im Personleben verändernder Vorgang: Er vollzieht sich als ein Akt des Glaubens an Jesus (Joh 1,12;

3,16.36). Damit beginnt ein Leben in einer ganz neuen Beziehung zu Gott, dem Kindschaftsverhältnis (Joh 1,12; vgl. 1Joh 3,1). Es ist zu verstehen als im Glauben gewisse Geborgenheit in der Liebe Gottes, die uns in Jesus Christus erschienen ist, eine Gewissheit, die eine neue, vom Glauben bestimmte Existenzweise ermöglicht. Sie stiftet zugleich eine tiefe Verbundenheit mit anderen Glaubenden (1Joh 5,1). Darin zeigt sich die soziale Dimension der Wiedergeburt (Burkhardt, Christwerden 153).

Wie bei der Bekehrung ist mit der Wiedergeburt ein je einmaliges, das Leben bleibend bestimmendes Ereignis gemeint: Die Wiedergeburt wird im Leben des einzelnen zur Scheide zwischen einst und jetzt (Tit 3). Der Christ ist und bleibt wiedergeboren und Kind Gottes.

Auch dies Zeugnis Jesu wurde von den Aposteln aufgenommen, außer von Johannes auch von Paulus (Tit 3,5), Petrus (1Petr 1,3.23) und Jakobus (Jak 1,18). Dabei ist es z.T. auch mit wieder anderen, es erläuternden Motiven verbunden (z. B. Tit 3,7 mit dem der Rechtfertigung).

Literatur

F. Back, Wiedergeburt in der religiösen Welt der hellenistisch-römischen Zeit, in: R. Feldmeier (Hg.), Wiedergeburt, Göttingen 2005, 45-73.

H. Burkhardt, Christ werden, Gießen 1999, 140-161.

Ders., Art. Gotteskindschaft, in: ELThG II (1992), 808 f.

Ders., Art. Wiedergeburt, in: ELThG III (1993), 2164-2168.

3.3 Neue Schöpfung – Neuer Mensch

Eng mit dem Gedanken der Wiedergeburt verbunden sind andere neutestamentliche Begriffe:

1. Ein Christ ist „neue Schöpfung“

Der Gedanke der Wiedergeburt ist hier in einen weiteren Kontext gestellt: den der Wiedergeburt des Kosmos (Mt 19,28), die als individuelle Wiedergeburt jetzt schon beginnt. Im Gedanken der neuen im Unterschied zur alten Schöpfung werden Urzeit und Endzeit gegenübergestellt. Der Beginn der Heilszeit und der individuellen Teilhabe an ihr ist ein nur mit der urzeitlichen Schöpfung aus dem Nichts vergleichbarer Vorgang (vgl. die Vorankündigung in Jes 65,17 und ihre Aktualisierung in Offb 21,1.5; 2Petr 3,13, vgl. 1,4 „teilhaft der göttlichen Natur“). So ist der Christ, „geschaffen“ durch das Wort der Wahrheit, „Erstling seiner (Gottes) Kreaturen“ (Jak 1,18). Ist jemand „in Christus“, so ist er „eine neue Kreatur, das Alte ist vergangen, Neues ist geworden“ (2Kor 5,17, vgl. Gal 6,15).

2. Ein Christ ist „neuer Mensch"

Ganz nahe beim Gedanken der „neuen Schöpfung" liegt auch der des „neuen Menschen". Da Christus selbst der „neue Adam" ist (Röm 5,12-19; 1Kor 15,21f.45-49), bekommt auch der Christ Anteil am neuen Adam Christus und seinem Leben: Christus schafft aus Juden und Heiden eine „neue Menschheit" (Eph 2,15). Der einzelne Christ kann von daher aufgefordert werden, den „neuen Menschen" anzuziehen (Eph 4,20-24, vgl. Kol 3,9f), d. h. ihn in seinem Leben Gestalt werden zu lassen. Der Christ ist „Mensch Gottes" (1Tim 6,11, vgl. 2Tim 3,17). Die Erneuerung im Glauben an Christus macht den Christen zum „geistlichen Menschen" (1Kor 2,15; vgl. Röm 8,9a).

Ins Objektive gewendet heißt das: Der Christ ist jemand, der den Geist Gottes empfing (Röm 5,5) und nun „hat" (Röm 8,9b; Gal 3,2; Apg 8,15 u.ö; vgl. 1Kor 12,13 „durch einen Geist getauft ... mit einem Geist getränkt"), als Kraft zum Tun und Möglichkeit der Orientierung.

3. Ein Christ hat „neues (ewiges) Leben"

Die Anteilhabe an der neuen Schöpfung bedeutet neues, ewiges Leben jetzt schon (vgl. vor allem entsprechende Aussagen des Johannesevangeliums wie 5,24 u. ö.).

Paulus spricht vom Wandel in der „Neuheit des Lebens" (Röm 6,4; vgl. 7,6 „in der Neuheit des Geistes"). Nach Kol 2,12 sind wir mit Christus gestorben und auch geistlich auferstanden (3,3; Eph 2,6; vgl. Röm 6,11).

Ins Objektive gewendet heißt das: Christus ist mein Leben (Gal 2,20; Phil 1,21). Christen sind und leben „in Christus" (2Kor 5,17 u. ö., Goppelt 433f spricht von 164 Stellen bei Paulus), und umgekehrt lebt Christus in ihnen (Kol 1,27 u. ö.).

Literatur

K. Bockmühl, Die Produktion des neuen Menschen (1975), in: ders., Grundlagen evangelischer Ethik. Beiträge zur Fundamentalethik, BWA II/2, Gießen 2015, 257-271.

L. Goppelt, Theologie des Neuen Testaments, Göttingen 1976, 426-434.

F. Neugebauer, In Christus. Eine Untersuchung zum paulinischen Glaubensverständnis, Göttingen 1961.

3.4 Glaube

In allen verschiedenen Beschreibungen des Christwerdens bzw. der mit ihm eingetretenen Veränderung im Leben des Christen ist der Gedanke des Glaubens immer wieder der eigentliche Kern des Geschehens:

„Kehrt um und glaubt an das Evangelium“ (Mk 1,15).

„Welche ihn aber aufnahmen, denen gab er Macht, Gottes Kinder zu heißen, denen, die an seinen Namen *glauben.*“ (Joh 1,12; vgl. 3,16).

Der Begriff des Glaubens ist noch mehr als „Bekehrung“ ein gesamtbiblischer Begriff: Er steht schon am Anfang der Geschichte Gottes mit Israel (Gen 15,6). Und doch bekommt auch er im Neuen Testament eine neue Qualität durch den Bezug auf das eschatologische Ereignis des Kommens Jesu.

Schon im Alten Testament ist Glaube nicht im Sinne allgemeiner Religiosität bloßes Dafürhalten, dass es „so etwas“ wie Gott gibt. Er ist auch nicht nur allgemeines Gottvertrauen im Sinne des Vorsehungsglaubens. Vielmehr ist er Vertrauen auf Gott aufgrund einer Zusage Gottes (Wort-Glaube) und aufgrund der geschichtlichen Erfüllung dieser Zusagen (Tatsachen-Glaube); vgl. Ex 14,14.31; Ps 106,8-12 .

Im Neuen Testament ist Glaube speziell bezogen auf die eschatologische Verheißung und ihre endgültige Erfüllung in Christus: Glaubt an das Evangelium (Mk 1,15). „Glaube“ kann in diesem speziellen Sinn ohne nähere Erläuterung sozusagen als technischer Terminus gebraucht werden: Der christliche Glaube ist Glaube schlechthin. „Das Heil ist jetzt näher, als da wir *gläubig* wurden“ (Röm 13,11): religiös mochten sie vorher schon gewesen sein, aber erst als sie Christen wurden, wurden sie „gläubig“.

„Glaube“ in diesem absoluten, keiner Erläuterung (Glaube an wen, woran?) bedürftigen Sinn bezeichnet eine neue, erst jetzt mögliche Qualität der Gottesbeziehung. Das „Gläubigsein“ beginnt erst jetzt, in der Hinwendung zu Christus, und es ist etwas Bleibendes: der Christ ist jetzt „gläubig“ (Apg 2,44; 4,4.32; 11,21; 13,48 „die gesetzt waren zum ewigen Leben“; 14,1; 15,5; dabei steht das Verb in der Regel im Aorist, in 14,23; 15,5; 16,34; 18,27; 19,18; 21,20 auch im Perfekt). So kann „Gläubige“ auch zum Namen für die Christen werden (2Kor 6,15; 2Thess 1,10 u. ö.). Glaube ist Grundmerkmal christlichen Lebens. Glaube bleibt dabei aber, auch wo es nicht ausdrücklich ausgesprochen wird, ein Beziehungsbegriff: Glaube im christlichen Sinn ist immer Glaube an Christus bzw. den in Christus offenbaren Gott.

Literatur

K. Bockmühl, Was heißt Glaube? (1975), in: ders., Denken im Horizont der Wirklichkeit Gottes, BWA II 1, Gießen 1999, 50-74.
K. Haacker, Was meint die Bibel mit Glauben? (1970), in: ders., Biblische Theologie als engagierte Exegese, Wuppertal 1993, 122-138.
Ders., Art. Glaube II/1. biblisch, in: TRE 13/1984, 277-304.
A. Schlatter, Der Glaube im Neuen Testament, Calw [2]1896.

3.5 Versöhnung, Rechtfertigung und Heiligung

Während das Wort vom Glauben bzw. Gläubigwerden den Akzent auf den inneren Vorgang beim Christwerden setzt, rückt bei den Begriffen Versöhnung, Rechtfertigung und Heiligung die Neuordnung des Verhältnisses zu Gott in den Mittelpunkt.

Versöhnung

Das Wort „*Versöhnung*" hat seinen Hintergrund in dem Gedanken, dass der natürliche Mensch in einem Zustand der Feindschaft gegen Gott lebt (Röm 5,10), das Christwerden aber diesen Zustand beendet. Indem ein Mensch Christ wird, lässt er sich mit Gott versöhnen (nicht umgekehrt! vgl. 2Kor 5,19f), sodass er jetzt, als Christ, im Frieden mit Gott lebt (Röm 5,1; vgl. Kol 1,21f).

Rechtfertigung

Das Wort „*Rechtfertigung*" setzt den Gedanken voraus, dass der natürliche Mensch ungerecht (1Kor 6,1, vgl. Röm 3,10) und daher dem gerechten Gericht Gottes verfallen ist {Röm 1,18.32). Im Christwerden wird dieser Zustand beendet: der Christ ist gerechtfertigt (Röm 5,1) und steht nicht mehr unter der Verurteilung (Röm 8,1), denn Gott spricht ihn um Christi willen gerecht (Röm 3,23-26).

Der Akzent im Gedanken der Rechtfertigung liegt (darin behält Luther recht) auf dem forensischen Aspekt des Geschehens. Da aber Rechtfertigung nur ein Aspekt des Ereignisses des Christwerdens ist, ist durch diese Feststellung der Gedanke des effektiven Gerechtmachens, an dem J.T. Beck in seinem Verständnis der Rechtfertigung entscheidend lag, der Sache nach nicht ausgeschlossen (Beck 327-337). Aber dieser Gedanke ist mehr dem biblischen Kontext als dem Begriff selbst zu entnehmen.

Heiligung

Das Wort „*Heiligung*“ wird normalerweise mehr mit dem Fortgang der christlichen Existenz verbunden (vgl. unten C III, 4), weniger ihrem Anfang. Es ist aber festzuhalten, dass Heiligung sich grundlegend auch schon im Akt des Christwerdens vollzieht, nicht erst in seinen Folgen. Dem entspricht auch, dass der Name „Heilige“ im NT nicht einen besonderen fortgeschrittenen Stand im Christsein bezeichnet, sondern ein Name für jeden Christen sein kann (Apg 9,13; Röm 1,7; 1Kor 1,2; Phil 4,21f u. ö., vgl. 1Petr2,9).

Literatur

J. T. Beck, Erklärung des Briefes Paulis an die Römer, Gütersloh 1884.

H. Cremer, Die paulinische Rechtfertigungslehre, Gütersloh [2]1900.

K Haacker, Art. Rechtfertigung, biblisch, in: ELThG III (1994), 1660-1662.

M. Kähler, Die Lehre von der Versöhnung, Leipzig 1898.

H.-M. Rieger, Adolf Schlatters Rechtfertigungslehre und die Möglichkeit ökumenischer Verständigung, Stuttgart 2000, bes. S. 150-162.

A. Schlatter, Das Kreuz Jesu unsere Versöhnung mit Gott, in: Gesunde Lehre, Velbert 1929, 7-14.

3.6 Die Neuheit der christlichen Existenz (Zusammenfassung)

Das Christwerden wird im Neuen Testament mit einer Fülle von Begriffen formal und inhaltlich umschrieben. Sie dürfen alle nicht gegeneinander ausgespielt oder z. B. zeitlich voneinander abgesetzt werden. Stellt man etwa die Bekehrung zeitlich vor die Wiedergeburt, so wird die Bekehrung unweigerlich zur menschlichen Vorleistung. Umgekehrt wird aus dem Christwerden bei vorangestellter Wiedergeburt ein mystisch-magischer Akt. Ebenso entwertet die Nachordnung der Erfüllung mit dem Geist in einem „zweiten Erlebnis“ (einer sog. Geisttaufe, vgl. unten C III, 4.2.1.2) die geistliche Erfahrung der Bekehrung. Vielmehr bezeichnen die verschiedenen Begriffe jeweils verschiedene Aspekte des gleichen Ereignisses, des Anfangs christlicher Existenz, und interpretieren sich gegenseitig. Dabei zeigt allein schon die Fülle der Begriffe, welche grundlegende Bedeutung diesem Ereignis im NT beigemessen wird. Während bisher die unterschiedlichen Aspekte betont wurden, soll nun noch das allen Gemeinsame herausgestellt werden:

1. Das Christwerden ist als Bruch im Leben des Menschen verstanden, der es in ein Vorher (fleischlich) und Nachher (geistlich) teilt.

2. Dieser Bruch ist schlechthin als Wunder verstanden: als ein zwar in mancher Hinsicht menschlich vorbereitetes und vermitteltes und doch letztlich direktes, wirksam veränderndes Eingreifen des lebendigen Gottes selbst in das Leben des betreffenden Menschen. Es ist durch keinerlei menschliche Anstrengung herbeizuführen (weder von Seiten des Betroffenen noch von anderer Seite her).
3. Gottes Geist wirkt dies Wunder durch sein Wort, d.h. über das Hören des Menschen, sein das Gehörte im Denken, Wollen und Fühlen verarbeitendes Bewusstsein, dieses dadurch verändernd mit dem Ziel, dass das Gehörte im Glauben angenommen wird. Glaube als Funktion der menschlichen Person ist der Zentralbegriff in der Frage, wie die Erneuerung sich vollzieht: nämlich personal als Vertrauensakt (nicht magisch-substanzhaft). Alle in dem Zusammenhang gebrauchten Bilder etwa aus dem Naturleben sind als Bilder für ein personales Beziehungsgeschehen zwischen Mensch und Gott zu verstehen. Lebendiger Glaube bewährt seine Echtheit deshalb in Liebe (Joh 21,15-17; Gal 5,6) und Hoffnung (Eph 2,12; Kol 1,27).
4. Was im Christwerden geschieht, ist einerseits je einmalig-grundlegend für das weitere Leben des betreffenden Menschen. Es tritt mit ihm eine grundsätzlich bleibend wirksame Veränderung ein. Andererseits ist diese Veränderung doch auch nur eine anfangsweise. Der Bekehrte, der Wiedergeborene ist vollkommen Christ – aber nicht vollkommener Christ. Die Vollendung steht noch aus. Mit dem Christwerden ist der Mensch deshalb in die zu seinen Lebzeiten unauflösliche Spannung zwischen dem „schon" des gegenwärtigen Heils und der „noch nicht" gegebenen Vollendung hineingestellt (Röm 6,4; 8,24).
   So entspricht
   - der Bekehrung die erneute Buße (vgl. unten 4.2.3.4),
   - der Wiedergeburt die ständige Erneuerung,
   - dem Gläubigwerden der stets neue Glaubensakt,
   - der Rechtfertigung der stets neue Empfang der Vergebung,
   - dem Geistempfang das stets neue Erfülltwerden mit dem Geist,
   - dem In-Christus-Sein das In-Christus-Bleiben,
   - der Heiligung das Bleiben in der Heiligung (vgl. unten 4).

Damit werden wir von der Erörterung des Christwerdens mit innerer Notwendigkeit zur Erörterung des Christbleibens geführt.

4. Christbleiben als Fortführung des Lebens unter der Herrschaft Gottes: die Heiligung.

Die gedankliche Gliederung, nach der Christsein der Oberbegriff ist, der sich in den Begriffen Christwerden und Christbleiben entfaltet, ist logisch und als solche hilfreich.

Allerdings klingt das Wort „bleiben" leicht ein wenig defensiv, rückwärtsgewandt, heilsegoistisch-perspektivlos.

Dagegen ist festzuhalten: Der Gedanke des Christbleibens ergibt sich nicht nur aus systematisierender Logik, sondern hat auch seinen guten biblischen Grund. So steht z. B. bei Johannes neben dem In-Christus-sein (1Joh 2,5) das In-Christus-Bleiben (V. 6, vgl. Joh 15). Insbesondere durch die parakletische Verwendung des *menein* (= bleiben, Joh 15,4, vgl. 1Joh 2,28) bzw. parakletisch gemeinte Wendungen wie „wer in der Liebe Gottes bleibt" (1Joh 4,16; 3,6; vgl. Paulus in Kol 1,23; „wenn ihr nur bleibt im Glauben.") wird deutlich, dass das Christbleiben des Christen alles andere als selbstverständlich ist. Das Sein in Christus muss sich ständig im Bleiben bewähren. Dies Bleiben „in Christus" aber ist praktisch ein Bleiben am Wort Jesu (Joh 8,31). Und dies wiederum hat sich im Gehorsam als echt zu beweisen (1Joh 3,24: „Wer seine Gebote hält, der bleibt in ihm", vgl. Offb 1,9: das Wort vom „Bleiben bei Jesus" ist ein Schlüsselwort zum Verständnis der Offb Joh; vgl. Burkhardt, Ausharren, 246). Bei und „in" Jesus bleiben heißt in der praktischen Konsequenz also, im Glauben an ihn als Heiland *und* Herrn, unter seiner rettenden Herrschaft bleiben.

Traditionell wird dies „Bleiben" inhaltlich vor allem durch den Begriff der Heiligung beschrieben. „Heiligung" ist „eine Aussage, die das göttliche Geben nach seiner *Konstanz* beschreibt, die Schritt für Schritt unsere Geschichte begleitet und unser zeitliches Leben durchdringt" (Schlatter, Dogma 466).

4.1 Das Wesen der Heiligung

Anders als manche andere soteriologische Begriffe (z. B. Rechtfertigung, Umkehr, Buße) ist „heilig" bzw. „Heiligung" kein Wort unserer Alltagssprache. Ähnlich wie das Wort „Gott" ist es keine Metapher, sondern ein „Urwort" der religiösen Sprache (Quell 84,20). Das erschwert natürlich den Zugang zu seinem Verständnis.

Das hebr. *qadosch* enthält die Wurzel *qad* (= scheiden). Das gr. *hagios* kommt von *azo* (= sich scheuen). Das lat. *sanctus* ist von *sancire* (= umschließen, umgrenzen) abzuleiten. Das dt. *heilig* kommt von *heil* (= ganz,

ganz zu eigen). Mit dem „Heiligen“ aber ist immer ein für den Kult und damit die Gottheit abgegrenzter, ihr „geweihter“ Bereich gemeint. „Heilig“ wird also nie in einem allgemeinen, bloß formalen Sinn von „geschieden, abgesondert“ gebraucht, sondern meint immer: für Gott ausgesondert, Gott zu eigen (Num 3,13).

Diese Beobachtung führt uns auf eine erste Antwort auf die Frage, warum das Wort unserer Alltagssprache fremd ist:

1. Der Mensch als Geschöpf ist nicht heilig. Gott allein ist heilig (Schniewind 46). Seine Gottheit ist seine Heiligkeit: seine absolute Weltüberlegenheit als Schöpfer des Alls (1Sam 2,2; Jes 6,3; Offb 15,4).
2. Die Bibel bezeugt eine radikale Distanz zwischen Gott und Welt, wie sie sich so in keiner anderen Religion findet. Umso erstaunlicher ist, dass gerade für das biblische Reden von der Heiligkeit Gottes kennzeichnend ist, dass er, der in seiner Gottheit „ganz andere“, als Schöpfer vor allem Geschaffenen für sich Existierende, nicht in diesem „an sich“ – und „für sich“-Sein bleiben, nicht allein heilig sein will. Vielmehr will er den Menschen an seiner Heiligkeit teilhaben lassen. Gott will ihn in Gemeinschaft mit sich ziehen: „Ich bin heilig, und ihr sollt heilig sein“ (Lev 19,2; Num 15,40; Hebr 12,10; vgl. 2Petr 1,4; vgl. 1Thess 4,3 „das ist der Wille Gottes: eure Heiligung“ und V. 7 „Gott hat uns berufen ... zur Heiligung“; vgl. Stettler 229f.240). Dabei ist, anders als in anderen Religionen, Gottes Heiligkeit in der Bibel *nicht exklusiv, sondern inklusiv, nicht restriktiv, sondern extensiv* (oder *„offensiv“*; vgl. Stettler 163f).

Gottes Heiligkeit ist heiligend. Aber warum ist das so? Bereits im Alten Testament wird bezeugt, dass Gott sich dem zuwendet, der seiner an sich nicht würdig ist. Er sondert Israel, das „kleinste unter den Völkern“ aus und erwählt es, macht es zu seinem, zum „heiligen“ Volk. Warum? Antwort: „Weil ich euch geliebt habe“ (Dtn 7,8).

Eben dies Motiv wird dann in seiner ganzen Tiefe im Neuen Testament offenbar: Gottes Heiligkeit ist heiligend, weil Gott Liebe ist (1Joh 4,8). Die Heiligkeit ist „Gottes sich selbst erniedrigende Liebe“ (Collenbusch 250). So ist Gott!

Ganz anders der Mensch: Er möchte umgekehrt nach „oben“, er möchte aus sich heraus leben, ohne Gott, gegen Gott, letztlich an Stelle Gottes selbst „sein wie Gott“ (Gen 3,5). Hier liegt, neben dem Menschsein des Menschen im Unterschied zur Gottheit Gottes, der zweite und tiefste Grund dafür, dass uns der Gedanke der Heiligkeit bzw. Heiligung so fremd ist: im Sündersein des Menschen. Der Mensch als Sünder kann die Heiligkeit des lebendigen Gottes nicht ertragen, sie wirkt auf ihn wie ein verzehrendes Feuer (Jes 33,14; Hebr 12,29). Die Heiligkeit Gottes kann sich deshalb gegenüber dem sündigen Menschen eigentlich nur im Gericht betätigen (Hebr 10,26-31).

Tatsächlich aber erweist sich Gottes Heiligkeit gerade gegenüber dem sündigen Menschen vollends als Liebe: In Jesus Christus ruft er ihn in seine Gemeinschaft. Er tut dies aber nicht so, dass er den Gegensatz heiliger Gott – sündiger Mensch vertuscht, sondern so, dass er ihn überwindet: im Kreuz Jesu bietet Gott seine Gnade so an, dass er zugleich die Sünde richtet. Seine heilige Liebe betätigt sich am Kreuz Jesu *zugleich* in Gericht *und* Gnade. Im Kreuz Jesu vollzieht sich stellvertretend das Gericht über den Sünder und eben darin auch die den Sünder rettende Gnade (Cremer 43-45; vgl. Michel 329: „Gottes Heiligkeit, die sich gerade in seiner Gnade offenbart"; Burkhardt, Rechtfertigung und Heiligung 42).

Diese gnädige Zuwendung Gottes aber ist für den, der sie im Glauben annimmt, nicht nur negativ Abwendung des Gerichts, sondern zugleich positiv 1. Anteilgabe an Gottes Heiligkeit (vgl. 2.Petr 1,4) und eben deshalb zugleich 2. Indienststellung.

Zu 1: Heiligung ist Erwählung und deshalb Aussonderung. Der Geheiligte tritt grundsätzlich auf die Seite Gottes, in die Gemeinschaft mit ihm. Gottes Geist, der im Glaubenden Wohnung nimmt, prägt den menschlichen Geist in seinem Sinn. Er macht ihn „feurig im Geist" (Röm 12,11b; vgl. Apg 18,25), d. h. er verleiht ihm eine „verzehrende Entschiedenheit des Glaubens" (Michel 303), eine leidenschaftliche Ausrichtung auf die Ziele Gottes (Joh 2,17). In diesem Eifer für Gott (Röm 12,11a) spiegelt sich der heilige Eifer der Liebe Gottes.

Zu 2: Deshalb bringt die Heiligung zwar Unterscheidung von der Welt mit sich (Röm 12,2: „gleicht euch nicht dem Schema dieser Welt an"), aber keine Trennung (Joh 17,15, vgl. V. 17).

Im Sinne der Separation von der Welt wird „Heiligung" in anderen Religionen (sofern sie so etwas kennen) verstanden. Eine solche Separation würde aber nicht im Gegensatz zu unserem „alten Adam" stehen, sondern in voller Übereinstimmung mit ihm: Er lässt sich ja sehr gern so auszeichnen und als besonders „religiös" über andere erheben. Es gefiele ihm sehr gut, sich gleichsam als Wesen aus einer anderen Welt anstaunen zu lassen. Aber biblische Heiligung ist nicht Separation von der Welt, sondern Erwählung und Berufung zum Dienst. So wie im Alten Testament heilige Orte und Geräte zum Dienst am Heiligtum beschlagnahmt werden (vgl. 1Chr 26,20ff), so beschlagnahmt Gott auch Menschen zum Dienst und heiligt sie

(Jes 6,1-8). Aber zum Dienst nun nicht nur in einem kultischen Abseits, im frommen Ghetto, sondern zum Dienst für Gott in und an der Welt.

Heiligung heißt also nicht: der Welt schlechthin absterben, sich ganz von ihr zurückziehen („Entweltlichung", Eremitentum als Idealform christlicher Existenz). Heiligung heißt auch nicht, bloß *negativ* alles Mögliche und Unmögliche zu lassen, sich so von anderen abzuheben und zum „Heiligen" hochzustilisieren. Das Ideal des stoischen Weisen, die Apathie (= Unempfindlichkeit gegen Schmerz und Freude) ist genauso wenig christlich wie die gesetzlich-negative Behandlung des Problems der sog. Adiaphora („ein Christ darf nicht ...").

Heiligung ist vielmehr vor allem *positiv* Sendung, Indienststellung für Gottes Ziele mit der Welt, Brauchbarwerden für diesen Dienst (Joh 17,17f; „Holiness means to be at God's disposal" (Bockmühl 615). In der Heiligung leben bedeutet „etwas sein zum Lob seiner Herrlichkeit" (Eph 1,12; Stettler 574), zur Heiligung seines Namens in der Welt (Mt 6,9; vgl. Stettler 574. 150f.684f). Damit ist Heiligung Zielbegriff für das christliche Leben (1Thess 4,7; Röm 6,15-22; 12,1; vgl. Mt 5,14-16).

„Asketen, die sich im Interesse ihrer Sündlosigkeit von anderen absondern, verschmähen ihre Heiligung" (Schlatter, Dogma 474). Vielmehr ist „Dienst das Ziel der Gnade" (Schlatter, Dienst 4).

Diese Indienststellung des Menschen ist eine ihn ganz erfassende. Kein Bereich seines Lebens ist von der Heiligung ausgenommen: „Der Gott des Friedens heilige euch durch und durch, und euer Geist, samt Seele und Leib müsse bewahrt werden unsträflich" (1Thess 5,23; (vgl. Schniewind 44: „Unser Leben ... mit Leib, Seele und Geist ... soll Gott geweiht sein"). Der *Leib* wird geheiligt als äußeres Werkzeug des Dienstes (1Thess 4,3ff; vgl. 1Kor 6,19); die *Seele* als Ort der inneren Strebungen; der *Geist* und damit das Denken als Ort unserer verantwortlichen Selbststeuerung. Auch und gerade das Denken bedarf der Heiligung in der „Gefangennahme unter den Gehorsam Christi" (2Kor 10,5; Röm 12,2; vgl. Schlatter, Dienst 60-67: „Die Heiligung des Gedankenlaufs").

Literatur

K. Bockmühl, Art. Sanctification, in: New Dictionary of Theology, Leicester 1988, 613-616.

H. Burkhardt, Ausharren bei Jesus. Überlegungen zum theologischen Verständnis der Johannes-Offenbarung, in: ThBeitr 17.Jg/1986, 234-247.

Ders., Rechtfertigung und Heiligung – eine biblisch-dogmatische Verhältnisbestimmung, in: JETh, Jg.20/2006, 25-46.

S. Collenbusch, Aufsätze, Briefe und Tagebuchblätter, hg. von H. Cremer, Stuttgart 1902.
H. Cremer, Die christliche Lehre von den Eigenschaften Gottes (1897), ND Gießen 1983.
A. Köberle, Rechtfertigung und Heiligung, Leipzig [3]1930.
O. Michel, Der Brief an die Hebräer (1936), Göttingen [11]1950.
Ders., Der Brief an die Römer (1955), Göttingen [11]1963.
G. Quell, Art. *theos*, B. El und Elohim im AT, in: ThWNT III, 79-90.
A. Schlatter, Der Dienst des Christen (1897), ND Gießen 1991.
Ders., Das christliche Dogma (1911), Stuttgart [3]1977.
J. Schniewind, Heiligung, in: ders., Zur Erneuerung des Christenstandes, Göttingen 1966, 44-53.
H. Stettler, Heiligung bei Paulus, WUNT II/368, Tübingen 2014.

4.2 Die Möglichkeit der Verwirklichung der Heiligung

Die biblische Anthropologie macht deutlich, dass der Menschen Herz „böse ist von Jugend auf“ (Gen 6,5). Die biblische Soteriologie bezeugt die Möglichkeit einer Erneuerung des Menschen (vgl. 2.3.2.2). Aber die Frage stellt sich: wie weit reicht diese Erneuerung? Was bewirkt sie wirklich?

Bereits im Alten Testament sagt Gott: „Ich bin heilig und ihr sollt auch heilig sein“ (Lev 19,2). Und Jesus spricht davon, dass seine Jünger „vollkommen“ sein sollen „wie der Vater im Himmel“ (Mt 5,48). Wie und wie weit sind solche Aussagen in die Wirklichkeit umzusetzen? In der Beantwortung dieser Frage gibt es sehr unterschiedliche Positionen:

4.2.1 Das optimistische Heiligungsverständnis

4.2.1.1. Optimistisches Heiligungsverständnisses kann anthropologisch begründet sein

Die Sündhaftigkeit des Menschen wird sozusagen als eine Randerscheinung betrachtet, die den Menschen selbst eigentlich nicht betrifft: Auch nach dem Sündenfall blieb ein guter Kern im Menschen, der nur der Entwicklung bedarf.

So erwartete die *Aufklärung* von der Befreiung des Menschen von Unwissen und Vorurteilen eine Besserung des Menschen. Auch die Sündigkeit des Menschen ist hier letzten Endes nur ein solches Vorurteil (Schleiermacher: Sündenbewusstsein), das durch Aufklärung überwunden werden kann.

In *katholischer Volksfrömmigkeit* ist die Auffassung weitverbreitet: In der Taufwiedergeburt wurde die Sünde vergeben und so der gute Kern im Menschen wieder freigelegt. Aus ihm heraus ist nun die Heiligung zu schaffen. „Wer immer strebend sich bemüht, den können wir erlösen" (Goethe, Faust II, 11936f – eine aufklärerische Maxime, die aber von Goethe hier nicht ganz zu Unrecht in den Kontext katholischer Frömmigkeit gestellt ist). Bezeichnend sind manche Heiligen-Viten: bei Franz von Assisi z. B. wird oft versucht, die Ansätze zu seiner späteren Heiligkeit schon in seine Kindheit, also die Zeit vor seiner Bekehrung, zu legen (vgl. Bonaventura 7). Heiligkeit wird damit als natürliche Möglichkeit des Menschen (ggfs. als natürliche „Gabe") verstanden.

In *protestantischer* (gerade auch pietistischer) *Frömmigkeit* kann an die Stelle der Taufwiedergeburt die Bekehrung treten: Sie bringt mit der Rechtfertigung den Frieden mit Gott. Jetzt aber wird der Mensch aufgefordert, das Seine beizutragen und die Heiligung zu wirken. Die Rechtfertigung gilt als zurückliegende Tat Gottes, der nun die Tat des Menschen folgen muss und kann.

Wir haben es hier jeweils mit einem gesetzlichen Heiligungsverständnis zu tun.

4.2.1.2 Optimistisches Heiligungsverständnis kann aber auch soteriologisch begründet sein

Bereits in der methodistischen Erweckung im 18. Jh. hatte man gelehrt: die Bekehrung ist nur ein Anfangserlebnis, das aber zunächst im Leben nicht allzuviel ändert. Auch alle gesetzlichen Anstrengungen helfen nichts. Es kann aber zu einem zweiten Erlebnis kommen, der Hingabe an Jesus und damit verbunden der Erfüllung mit der Kraft des Heiligen Geistes. Damit erst beginnt eigentlich die Heiligung (vgl. die kritische Darstellung bei Packer 133ff).

Auf diese Gedanken griff Ende des 19. Jhs. die Heiligungsbewegung zurück. Sie drängte zwar einerseits auf wirkliche Heiligung des Lebens, wollte sie aber nicht auf dem gesetzlichen Wege erreichen, sondern auf einem bewusst evangelischen Wege. Man lehrte: Heiligung wird nicht erlangt durch menschliche Anstrengung, sondern, genauso wie die Rechtfertigung, durch Glauben allein *(sola fide)*. Dabei heißt glauben: dafürhalten, dass wir, durch das Blut Jesu, bereits heilig sind (Röm 6,7). Zu diesem Glauben kommen wir in einem zweiten Erlebnis nach der Bekehrung. Jonathan Paul (1853–1931) konnte 1904 auf einer Gnadauer Konferenz erklären: „Ich hatte in meiner Bibel gelesen: der alte Mensch wurde mitgekreuzigt. Danach aber machte ich die Erfahrung: Er regte sich immer wieder. Dann kam der Augenblick, wo der Geist Gottes mir zeigte: Ich sollte, indem ich Jesum anschaute, Ihm das Vertrauen schenken, dass ER so mein zweiter Adam sein werde, dass ich den alten nicht wieder zu sehen bekäme. Ich tat dies *im Glauben,* und das Ergebnis war: Ich habe ihn seitdem nicht wiedergesehen." „Es hat keine Befleckung weder durch Gedanken noch durch Hinreißung des Temperaments seitdem bei mir stattgefunden" (zit. nach Lange, 159f und 158; vgl. auch die differenzierte Darstellung von Pauls Lehren bei P. Fleisch 301-360; vgl. ders. auch 101-210 zu Th. Jellinghaus und seinem sog. „heilistischen" Heiligungsverständnis).

Heiligung ist für die Heiligungsbewegung etwas, das zwar an uns, im Grunde aber ohne uns geschieht. Wir müssen nur glauben, dass es real ist. Dieser Glaube aber markiert ein zweites, höheres Stadium christlichen Lebens.

Damit gerät man aber in Konflikt nicht nur mit grundlegenden Aussagen der Schrift über den Zustand des Christen (1Joh 1,8: „Wenn wir sagen, wir haben keine Sünde, so verführen wir uns selbst"), sondern auch mit der täglichen Erfahrung des Christen, die die Vater-unser-Bitte „Und vergib uns unsere Schuld" immer wieder nötig macht. Man verwechselt das Leben im Glauben mit dem Leben in einer Illusion. Aber gerade der Hochmut der Einbildung, schon ohne Sünde zu sein, ist Sünde. Auch die heute in diesem Zusammenhang wieder vertretene Lehre von der *Geisttaufe* als besonderem Zweiterlebnis (vgl. Lloyd-Jones) ist biblisch nicht haltbar: Außer in Apg 2 ist die biblische Aussage von der Taufe mit dem Heiligen Geist immer der Bekehrung bzw. der Taufe zugeordnet (Apg 8,16; 9,17; 11,16f; 19,6; 1Kor 12,13; vgl. die Rede vom Geistempfang beim Gläubigwerden Gal 3,2.14; vgl. Röm 8,9ff als Aussage über alle Christen). Apg 2 aber nimmt als erstmalige Ausgießung des Heiligen Geistes nach der Himmelfahrt Jesu eine heilsgeschichtliche Ausnahmestellung ein. Umgekehrt fordert Eph 5,18 im Rahmen der apostolischen Paraklese Christen auf, sich – ständig neu! – (vgl. auch Gal 5,16) vom Geist erfüllen zu lassen.

Literatur

Bonaventura, Franziskus von Assisi, dt. von G. Menge, Paderborn ²1921.

P. Fleisch, Die Heiligungsbewegung. Von den Segenstagen in Oxford 1874 bis zur Oxford-Gruppenbewegung (1961), hg. von J. Ohlemacher, Gießen 2003.

Th. Jellinghaus, Das völlige, gegenwärtige Heil durch Christum, Basel ⁴1898.

D. Lange, Eine Bewegung bricht sich Bahn, Gießen ²1990.

M. Lloyd-Jones, Und volle Freude bricht auf, dt. Kreuzlingen 1988.

J. Ohlemacher, Art. Heiligungsbewegung, in: ELThG II (1993), 879f.

J. I. Packer, Auf den Spuren des Heiligen Geistes, dt. Basel 1989.

4.2.2 Das pessimistische Heiligungsverständnis

Die Vertreter eines pessimistischen Heiligungsverständnisses möchten das reformatorische Verständnis der radikalen Sündigkeit des Menschen und ebenso auch des Christen ganz ernst nehmen. Deshalb wird jede effektive Veränderung abgelehnt und Heiligung – wie die Rechtfertigung – forensisch, d.h. als rein deklaratorischer Akt verstanden. Christus ist uns „gemacht … zur Heiligung“ (1Kor 1,30). Sie besteht also nicht in uns, sondern in ihm, für uns. Es ist also von einer stellvertretenden Heiligung zu sprechen: Er ist unsere Heiligung. Der Mensch selbst, in sich, bleibt, was er ist und wie er ist: Sünder. Eine wirkliche Veränderung findet nicht statt: „Ich bin fleischlich und unter die Sünde verkauft“ (Röm 7,14). Der rheinische Erweckungsprediger H. F. Kohlbrügge (1803-1875) konnte in Auslegung dieser Stelle geradezu sagen: „Ginge es nach meinem sündlichen(!) Sinn, so wäre ich nicht fleischlich, nicht unter die Sünde verkauft; ich wäre absolut heilig; und so würde ich das Unsichtbare sichtbar machen“ und damit die Gnade verleugnen (Kohlbrügge 66). Im gleichen Sinn sprach K. Barth von einer Bekehrung um 360 Grad, alles andere sei Verführung zu frommem Götzendienst (Barth 415; dazu Bockmühl 71; Burkhardt 35f).

Aber auch diese einseitige Zuspitzung biblischer Aussagen entspricht eher einem neuplatonisierenden Denken als dem auf Verwirklichung drängenden Zeugnis der Bibel.

Literatur

K. Barth, Der Römerbrief 1922, Zürich [13]1984.

K. Bockmühl, Das Problem der Ethik im Protestantismus (1982), in: ders., Grundlagen evangelischer Ethik. Beiträge zur Fundmanetalethik, BWA II/2, Gießen 2015, 43-59.

H. Burkhardt, Rechtfertigung und Heiligung – eine biblisch-dogmatische Verhältnisbestimmung, in: JETh Jg. 20/2006, 25-46.

H. F. Kohlbrügge, Das siebte Kapitel des Römerbriefes (1839), mit Einführung von A. de Quervain, Neukirchen 1960.

4.2.3 Das realistische Heiligungsverständnis: Leben im Geist

4.2.3.1 Heiligung als Gegenstand des Glaubens

Zunächst ist in einer Hinsicht der Heiligungsbewegung recht zu geben: Christwerden heißt geheiligt *werden*, Christsein heißt „Heiliger“ *sein*. Diese Aussage klingt zwar etwas befremdlich angesichts des weitverbreiteten katholischen Sprachgebrauchs, nach dem „Heilige“ nur besondere „Elite“-Christen sind.

Aber das Neue Testament nennt nun einmal *alle* Christen „Heilige“. Paulus hat „die Heiligen ... zu Jerusalem“ verfolgt (Apg 9,13). In seiner Abschiedsrede in Milet spricht er von den Christen als denen, „die geheiligt sind“ (vgl. oben unter 3.5; vgl. Stettler 196ff).

Dieser Sprachgebrauch ist im Alten Testament vorbereitet. Dort heißt ganz Israel, aufgrund seiner Erwählung, „heiliges Volk“ (Ex 19,6; vgl. Num 16,3-7). Im Sinn der Berufung zu einem bestimmten Dienst können auch Priester (Aaron in Ps 106,16;) und Propheten (Elisa in 2Kön 4,9) „heilig“ genannt werden. Jesaja spricht von einem „heiligen Rest“ Israels, der durch das Gericht hindurch bewahrt bleibt (Jes 4,3). Daneben kann „Heilige“ aber auch zum Synonym für Gläubige werden (Müller, 606), also für die Frommen innerhalb Israels, die sich zu Gott halten und nicht anderen Göttern nachlaufen (Ps 16,3; 34,10; Dan 7,21.25). Deshalb ist in der Lutherbibel das hebr. Wort *chasid* (= Frommer) auch häufig mit „Heiliger“ übersetzt (Ps 4,4; 12,2 u. ö., LÜ).

Das Neue Testament nimmt das Wort vom „heiligen Volk“ auf (1Petr 2,9), bezieht es jetzt aber auf die Gemeinde aus Juden und Heiden als dem durch die Hingabe Jesu am Kreuz eschatologisch erneuerten Gottesvolk des Neuen Bundes (Stettler 640ff).

Dabei bekommt die Bezeichnung auch der Glieder der Gemeinde des neuen Bundes als der „Heiligen“ eine neue, tiefere, von der radikalen Selbsterkenntnis als Sünder und dem Wissen um die Erlösung in Christus geprägte Bedeutung: Gottes Heiligkeit könnte sich, angesichts der Sünde des Menschen ihm gegenüber, eigentlich nur im Gericht betätigen. Aber das Evangelium bezeugt, dass Jesus für uns eingetreten ist, sich für uns geheiligt hat (Joh 17,19). Sein Blut reinigt uns von aller Sünde (1Kor 6,11; vgl. Hebr 9,11-14; 10,10-14; vgl. 10,18 den Hinweis auf die Vergebung, V. 22 auf den Glauben). Heiligung ist, wie gerade in 1Kor 6,11 deutlich wird, in diesem Zusammenhang tatsächlich Parallelbegriff zur Rechtfertigung (Rieger 150: analoge Begriffe). Christsein heißt: *gerechtfertigt sein* und deshalb Zuversicht zu Gott und Gewissheit des Heils haben im Blick auf das Jüngste Gericht (Röm 8,1.22). Ebenso heißt Christsein: *geheiligt sein* und deshalb in der glaubenden Abhängigkeit von Jesus frei sein zum Gehorsam gegen Gottes Willen. Auch die Heiligung ist, wie die Rechtfertigung, Gegenstand des Glaubens. Dabei besteht kein Nacheinander von Rechtfertigung und Heiligung (Stettler 638-640). Beide vollziehen sich grundlegend im Christwerden. Nur in der individuellen Erfahrung mögen beide gelegentlich scheinbar auseinanderfallen. So mag beim einen Christen zuerst mehr die Rechtfertigung, beim andern zuerst mehr die Heiligung ins Bewusstsein treten (Jesus als Heiland, Jesus als Herr).

Da beide mit dem Christsein gegeben sind, fallen sie auch mit Bekehrung und Wiedergeburt zusammen. Wer bekehrt bzw. wiedergeboren ist, ist grundsätzlich auch gerechtfertigt wie auch geheiligt. Aber während Wiedergeburt und Bekehrung ausschließlich den Anfang der christlichen Existenz bezeichnen, gehen Rechtfertigung und Heiligung darüber hinaus. Rechtfertigung bezieht sich zunächst zwar vor allem auf den Anfang (Röm 5,1), kann aber auch als noch ausstehend gedacht werden („so sind wir dadurch noch nicht gerechtfertigt" 1Kor 4,4f: das definitive Gericht steht noch aus), insbesondere sofern ja Vergebung der Sünde ständig neu zugesprochene bzw. in Anspruch genommene Rechtfertigung ist. Auch die Heiligung ist vom Christwerden her gegeben. Der Hauptakzent des neutestamentlichen Zeugnisses liegt aber darauf, dass sie im ganzen Leben des Christen sich fortsetzt und insofern auch als ausstehend gedacht ist.

Literatur

H. Cremer, Die christliche Lehre von den Eigenschaften Gottes, ND Gießen 1983.
H. P. Müller, Art. qadosch, in: THAT 2, 589-609, München/Zürich 1976.
H. M. Rieger, Adolf Schlatters Rechtfertigungslehre und die Möglichkeit ökumenischer Verständigung, Stuttgart 2000.
H. Stettler, Heiligung bei Paulus, WUNT II/368, Tübingen 2014.

4.2.3.2 Heiligung als Ziel des Glaubens

Die mit dem Christwerden gegebene Heiligung zielt grundsätzlich auf ihre Verwirklichung und konkrete Gestaltwerdung im Leben des Christen. So ist sie zugleich immer auch Aufgabe, die zu erfüllen, Ziel, auf das zuzugehen ist (Röm 6,19.22: „... so ergebt nun auch eure Glieder zum Dienst der Gerechtigkeit *zur* Heiligung ... habt ihr die Frucht *zur* Heiligung", vgl.1Thess 4,3 „Das ist der *Wille* Gottes, eure Heiligung"; 5,23: Paulus *betet,* dass Gott die Gemeinde „heilige"; Hebr 12,14: „*Jagt nach* der Heiligung, ohne die niemand den Herr sehen wird"; 1Joh 3,3: „Jeder, der diese Hoffnung hat, heiligt sich – wie ER heilig ist").

Aber die Frage ist nun, wie solche Verwirklichung der Heiligung möglich sein soll?

Im Mittelpunkt der Auseinandersetzung um diese Frage steht traditionell vor allem ein biblischer Text: Röm 7 (vgl. Packer 128-130).

In V. 14 heißt es: „... ich aber bin fleischlich, unter die Sünde verkauft".

Aus dieser Aussage folgern die einen: Wenn Paulus sagt „ich bin fleischlich“, so meint er offenbar: Er, der Christ und Apostel, ist fleischlich und Knecht der Sünde. Also gibt es gar keine Heiligung als konkrete Lebensveränderung, wenn sogar er so von sich sprechen muss. Dies ist eine vor allem seit der Reformation verbreitete Auslegung. Als Beweis für solche Auslegung führte Luther z. B. an, dass nur ein Christ sagen könne, er habe „Lust am Gesetz“ (V. 22) (Luther 255f.263f).

Andere, die mehr zur optimistischen Heiligungslehre neigen, sagen: Nein, so kann Paulus V. 14 gar nicht verstanden haben. Er geriete sonst in einen unverständlichen Selbstwiderspruch (vor allem mit 6,17: „Gott aber sei gedankt, dass ihr Knechte der Sünde gewesen seid.“). Deshalb beziehe sich Paulus in 7,14 auf die Zeit vor seiner Bekehrung (so oft im Pietismus, aber auch in der modernen kritischen Exegese; vgl. dazu Michel 182; Stettler 491-494).

Der Streit um die Frage, wer denn nun mit dem „ich“ gemeint sei, scheint unauflösbar zu sein. Der Grund dafür dürfte aber darin zu sehen sein, dass schon diese Frage falsch gestellt ist und an der Aussageabsicht des Textes vorbeiführt.

In der modernen Exegese meint man weithin, Röm 7 sei ein klassischer Text neutestamentlicher Anthropologie. Thema des Textes sei also der Mensch. Eine genauere Analyse von Röm 7 zeigt aber, dass nicht der Mensch, sondern das Gesetz sein eigentliches Thema ist. Die Frage ist nicht, was der *Mensch* (sei es Bekehrter oder Nichtbekehrter) vermag oder auch nicht vermag, sondern vielmehr was das *Gesetz* vermag.

Die Frage der Juden angesichts der Verkündigung der Gerechtigkeit ohne Werke des Gesetzes war (3,28): ist denn dann das Gesetz nichts wert? Paulus antwortet: Nein, keineswegs. Es ist geistlich, d.h. von Gottes Geist gegeben (Röm 7,12) und deckt die Sünde des Menschen auf (V. 13). Aber: es ist unfähig, das zu tun, was der Jude (wie auf andere Weise auch der Grieche) von ihm erwartet: die Sünde zu überwinden. Guten Willen mag der Mensch haben, als Christ auf jeden Fall, in gewisser Weise aber auch der Jude oder der Heide. Aber alle scheitern sie am Schritt vom Wollen zum Tun (7,15-23). Das vom Gesetz vermittelte Wissen um das Gute hilft hier nicht weiter.

„Der Glaube an die rettende Macht des Gesetzes (wird hier) widerlegt“ (Lütgert 296, vgl. ebd. 224). Die Erklärung dafür gibt Paulus thesenartig am Anfang des Abschnitts in V. 14, während er dann in V. 24 das Fazit zieht: „Wer wird mich erlösen vom Leibe dieses Todes?“ Die vorher gegebene negative Antwort ist: das Gesetz jedenfalls vermag es nicht!

V. 25 aber geht zur positiven Antwort über, die dann in 8,1ff entfaltet wird: Christus allein ist es, der uns aus diesem Dilemma erlöst! „Was dem Gesetz (!) unmöglich war, weil es (das Gesetz) durch die Sünde geschwächt war, das tat Gott", das ist das noch einmal ausdrücklich formulierte Fazit von 7,14-24. Gott sandte Jesus und vollzog in seinem Sterben am Kreuz das Gericht über die Sünde, mit dem Ziel (!), dass die vom Gesetz geforderte Gerechtigkeit in unserem Leben nun doch erfüllt werde, und zwar, indem wir „nicht mehr nach dem Fleisch, sondern nach dem Geist leben" (8,3f, vgl. V. 9a). Wir leben nach dem bzw. im Geist, sofern der Geist Christi in uns wohnt (V. 9b). Das bedeutet jetzt schon Leben aus dem Tod. Es ist andererseits aber auch nur anfangsweise Vorwegnahme dessen, was der Geist Gottes in der Auferstehung wirken wird (V. 11, vgl. 7,24f).

Aus dieser Feststellung wird nun die Folgerung abgeleitet: Wenn wir durch den Geist die Geschäfte des Leibes (des Todes, 7,24) töten, werden wir leben (8,13). Die Werke des Leibes töten heißt positiv: im Geist wandeln (V. 4), d.h. in Anspruch nehmen, was Jesus für uns getan hat, tut und ist. Es heißt also: aus der Gnade leben, als Kind Gottes, nicht als Knecht (V. 15). Das ist keine gleichsam naturhaft vorhandene Gegebenheit, sondern lebendige Wirklichkeit, personales Geschehen zwischen Gott und Mensch. Das „Töten" der Sünde ist so wenig ein naturhaft-organischer Vorgang wie das geistliche „Auferwecken": beide sind Bilder, für das Sterben wie für das zum Leben Erwecktwerden von personalen Beziehungen, in der Erfahrung und Bejahung von Gottes Nein zur Sünde und von Gottes Ja zum Sünder. Wenn Paulus in Gal 2,20 sagt: „Nun lebe nicht mehr ich, sondern Christus lebt in mir", dann meint er damit nicht, dass irgendwelche Bestandteile der menschlichen Psyche vernichtet und durch ein Implantat ersetzt werden. Das „Ich" im psychologischen Sinn lebt selbstverständlich weiter, wie gleich der nächste Teilsatz deutlich macht: „was ich (!) aber nun im Fleisch lebe, das lebe ich im Glauben an den Sohn Gottes, der mich geliebt und sich selbst für mich hingegeben hat". Dieser zweite Teilsatz interpretiert den ersten. Das „Christus lebt in mir" bedeutet konkret: durch den Geist im Glauben an Christus leben (vgl. Rieger 152).

Darin hatten also die Väter der Heiligungsbewegung recht: Heiligung vollzieht sich im Glauben, und nur im Glauben. Aber dies Glauben ist nicht ein einmaliger Glaubensakt, der meine Situation ein für alle Mal substanziell verändert und Sünde aus meinem Leben ausschließt. Glauben heißt nicht nur: für wahr halten, dass ich geheiligt bin. Sondern glauben heißt: ständig neu darauf vertrauen, dass der lebendige, im Geist gegenwärtige Christus uns jetzt heiligt („Der in uns angefangen hat das gute Werk, der wird es auch vollenden bis an den Tag Christi", Phil 1,6).

Die Anfechtung durch die Sünde wird immer wieder da sein. Wir werden sie nie los, solange wir „im Leibe dieses Todes" leben (Röm 7,24). Es wird auch immer wieder geschehen, dass wir ihr nachgeben. Aber es muss nicht geschehen. Denn mit Jesus ist in unserem Leben der Sieger über die Sünde auf dem Plan. Ihm sollen wir im Glauben Raum geben (Hebr 12,2 „aufsehen auf Jesus"). So wird er stets neu die Ichsucht unseres Herzens überwinden und uns bereit und fähig machen zum Dienst.

„Bei den Kindern dieser Welt ist die Sünde fahrplanmäßig, bei den Kindern Gottes ist es jedesmal ein Eisenbahnunglück" (Busch 103; vgl. schon S. Keller 358).

Literatur

J. Busch, Stille Gespräche, Wuppertal [12]1985.
S. Keller, Sieben Bitten an die Gemeinschaftsbewegung, in: Reich Christi 1901, 355-360.
W. Lütgert, Schöpfung und Offenbarung, Gütersloh 1934.
M. Luther, Vorlesung über den Römerbrief 1515/1516, übertr. von E. Ellwein, München 1927.
O. Michel, Der Brief an die Römer, Göttingen [12]1963.
J. I. Packer, Auf den Spuren des Heiligen Geistes, dt. Basel 1989.
H.-M. Rieger, Adolf Schlatters Rechtfertigungslehre und die Möglichkeit ökumenischer Verständigung, Stuttgart 2000.
H. Stettler, Heiligung bei Paulus, WUNT II/368, Tübingen 2014.

4.2.3.3 Wachstum in der Heiligung

Auf dem Hintergrund dieser realistischen Sicht der Heiligung ist nun auch von einem Wachsen in der Heiligung zu sprechen.

„Wir bitten und ermahnen euch in dem Herrn Jesus, liebe Brüder, … dass ihr darin (und gemeint ist, wie V. 3ff zeigt, die Heiligung) *immer völliger* werdet *(perisseuete)*" (1Thess 4,1). „So lasst uns von aller Befleckung des Fleisches und Geistes uns reinigen und die Heiligung *vollenden*" (2Kor 7,1). „Wir haben die Hoffnung, wenn nun euer Glaube *wächst*" (2Kor 10,15). „Auf dass ihr … wachset in der Erkenntnis Gottes" (Kol 1,11). „Lasst uns aber … wachsen in allen Stücken zu dem hin, der das Haupt ist, Jesus Christus" (Eph 4,15; vgl. auch H. Stettler 661-663).

Heiligung ist also ein fortschreitender Prozess. Darin besteht auch ein grundsätzlicher Unterschied zur Rechtfertigung, bei der es nur ein Entweder-Oder gibt (Schlatter, Dogma 467).

Bei dem Gedanken des Fortschritts droht natürlich sofort die ernste Gefahr des geistlichen Hochmuts, in dem ich meine, mir auf den Fortschritt in der Heiligung etwas einbilden und andere gering achten zu können. Deshalb sollte unser Fortschritt in der Heiligung uns weniger im Blick auf das interessieren, was wir schon sind, als vielmehr im Blick auf das, was wir noch nicht sind. „Je weiter ein frommer Christ kommet, je mehr wird er noch sehen, ihm zu mangeln (d. h.: was ihm noch fehlt)“ (Spener 96,32f). Spener meint: Er kommt tatsächlich weiter; und es heißt auch nicht: „desto mehr fehlt ihm“, sondern nur: desto mehr *sieht* er, was ihm fehlt – das hält ihn in der Demut. Es bleibt also dabei: Wir lassen die Rechtfertigung nie hinter uns, bleiben immer, auch in einem Leben der Heiligung, auf Vergebung angewiesen.

Literatur

H. Stettler, Heiligung bei Paulus, WUNT II/368, Tübingen 2014.
A. Schlatter, Das christliche Dogma, Stuttgart ^{3}1986.
Ph. J. Spener, Pia desideria, dt./lat. Studienausgabe, hg. von B. Köster, 2005 Gießen.

4.2.4 Christbleiben durch ständig neue Umkehr (Buße und Beichte)

Am Anfang des Christseins steht die je einmalige Bekehrung. Und doch bedürfen wir auch als Christen wegen der Unvollkommenheit unseres christlichen Lebens immer wieder des Rufs zur Umkehr.

Die Sendschreiben der Offenbarung des Johannes sind an christliche Gemeinden gerichtet. Trotzdem ruft der erhöhte Christus sie zur Umkehr: „Gedenke, wovon du gefallen bist, und kehre um“ (Offb 2,5; vgl. 2,16; 3,3.19). Ebenso zielt die Briefseelsorge des Paulus auf die Umkehr der Korinther (2Kor 7,9f; 12,21). Von Simon Magus wird gesagt, dass er gläubig wurde und sich taufen ließ (Apg 8,13), danach aber, als er den Wunsch äußert, für Geld die Vollmacht zur Geistverleihung zu erhalten, wird er zur Buße aufgefordert (V. 22). Jakobus spricht davon, dass Brüder von der Wahrheit abirren und zur Umkehr geführt werden sollen (Jak 5,19). Und schon Jesus schärft den Jüngern die Bereitschaft zu immer neuem Vergeben ein, wenn den Bruder das Vergehen reut (Lk 17,3f; vgl. Mt 18,15). Petrus wird von Jesus zugesagt, er wolle für ihn beten, dass sein Glaube nicht aufhöre (der Glaube und damit die Bekehrung sind also vorausgesetzt!), und damit beauftragt, er solle, wenn er dereinst *umkehre*, seine Brüder stärken (Lk 22,32). Letztlich ist jedes aufrichtige Sprechen des Vaterunsers in der Bitte um Vergebung erneute Umkehr (Mt 6,12).

Luther hat die Erkenntnis der Notwendigkeit der Umkehr des Christen klassisch formuliert in der berühmten ersten der 95 Thesen:

„Unser Herr und Meister Jesus Christus, wenn er sagt ‚Tut Buße‘, will, dass das ganze Leben der Gläubigen Buße sei“ (*Dominus et magister noster Jesus christus dicendo: Penitentiam agite etc. omnem vitam fidelium penitentiam esse voluit*; zit. nach Clemen 1, 3,18-20). Solche Buße bedeutet, sich täglich neu unter das Gericht Gottes zu stellen und um seine Vergebung zu bitten.

Das ist nicht nur ein Akt unseres Bewusstseins im Sinne einer Erinnerung daran, dass wir ja (in der Bekehrung) schon gerechtfertigt sind. Die Gnade Gottes wird nie zur Selbstverständlichkeit, zur Sache, über die der Mensch verfügt. Sie ist ein immer neues Geschehen zwischen Gott und dem Menschen: in Erkenntnis und Bekenntnis der Sünde, in Bitte um Vergebung und Annahme der Vergebung. Das kann – im Regelfall – allein zwischen Gott und dem einzelnen Menschen geschehen („Herzensbeichte“). Es gibt aber immer wieder auch Situationen im Leben des Christen, in denen es ratsam ist, diese Zweisamkeit mit Gott zum Bruder hin aufzusprengen, d.h. zu dem zu kommen, was herkömmlich Beichte heißt. Diese Form der Beichte kann 1. ein Schutz sein gegen das Selbstverständlichwerden der Gnade (*Pardonner c 'est son métier*, Voltaire), und sie kann 2. Hilfe sein zur konkreten Überwindung der Sünde. „Die Sünde will mit dem Menschen allein sein. Sie entzieht ihn der Gemeinschaft. Je einsamer der Mensch wird, desto zerstörender wird die Macht der Sünde über ihn, und je tiefer wieder die Verstrickung, desto heilloser die Einsamkeit. Sünde will unerkannt bleiben … Indem das Sündenbekenntnis im Angesicht des christlichen Bruders geschieht, wird die letzte Festung der Selbstrechtfertigung preisgegeben“ (Bonhoeffer 96f).

Das Alte Testament kennt ein Bekenntnis der Sünde vor dem Priester im Rahmen des Kultes (Lev 5,5; Num 5,7; vgl. Ps 32,3-5; 38,19; Spr 28,13). Im Neuen Testament richtet Jesus das sog. Amt der „Schlüssel“ ein: Mt 16,19; 18,18; Joh 20,21ff (vgl. Jak 5,16; 1Joh 1,5.10).

Literatur

O. Betz/V. Gäckle/H. Burkhardt, Art. Buße, in: ELThG 1, 334-338.

D. Bonhoeffer, Gemeinsames Leben, München [10]1961.

M. Herbst, beziehungsweise. Grundlagen und Praxisfelder evangelischer Seelsorge, Neukirchen [2]2013 (7. Schuld und Vergebung in der Seelsorge, 343-398).

M. Luther, Disputatio pro declaratione virtutis indulgentiarum, in: O. Clemen (Hg), Luthers Werke in Auswahl, Bd. 1, Bonn 1912, 1-9.

P. Zimmerling, Beichte. Gottes vergessenes Angebot, Leipzig [2]2014.

4.3 Die erkenntnismäßigen Voraussetzungen für ein Leben in der Heiligung: die Führung durch den Heiligen Geist

4.3.1 Führung durch Gott und Erkenntnis seines Willens

Die Heiligung ist Werk des Heiligen Geistes an uns und in uns. Aber nicht nur die Ermöglichung der Heiligung im Sinne der Vermittlung von Kraft zu einem heiligen, d.h. dem Willen Gottes verpflichteten Leben ist Werk des Geistes. Der Heilige Geist zeigt uns auch den Weg des heiliggemäßen Lebens, d.h. er führt auch zur *Erkenntnis* des Willens Gottes für unser Leben.

Führung durch den Heiligen Geist ist dabei nicht nur im engeren Sinn der unmittelbaren Führung zu verstehen (vgl. unten C III, 4.3.2), sondern auch in einem weiteren, das ganze Leben des Christen orientierenden und nach dem Willen Gottes ausrichtenden Sinn.

Wenn hier in der Ethik vom Willen Gottes gesprochen wird, dann im Sinne dessen, was Gott von *uns* getan haben will). Diese Deutung ist nicht die einzig mögliche, ja, wenn man von traditioneller christlicher Frömmigkeit ausgeht, nicht einmal die nächstliegende.

Wenn z. B. in älteren Gesangbuchliedern vom „Willen Gottes" die Rede ist, dann meist in anderem Sinne, nämlich im Sinne dessen, was Gott mit und an uns tun will: „Was Gott tut, das ist wohlgetan, es ist gerecht sein Wille" (EG 372,1). Die Antwort des Menschen auf diesen Willen Gottes ist denn auch nur ein passives Sichfügen: „Befiehl du deine Wege und was dein Herze kränkt, der allertreusten Pflege des, der den Himmel lenkt" (EG 361,1; vgl. Strophe 3 „und bringst zu Stand und Wesen, was deinem Rat gefällt"); „Wer nur den lieben Gott lässt walten" (EG 369,1); „Weiß ich den Weg auch nicht, du weißt ihn wohl" (EG 641,1). Vor allem K. Bockmühl hat immer wieder auf die im Protestantismus verbreitete Einseitigkeit solchen Redens vom Willen Gottes im Sinne der Providenzfrömmigkeit hingewiesen (Bockmühl 490-514 und 515-525).

Zwar ist auch diese Weise, vom Willen Gottes zu reden, biblisch durchaus berechtigt: „Aber der Ratschluss des Herrn bleibt ewig, seines Herzens Gedanken für und für" (Ps 33,11); „Du leitest mich nach deinem Rat" (Ps 73,24); und klassisch, wenn auch ohne den Begriff des Ratschlusses oder Willens: „Er führet mich auf rechter Straße" (Ps 23,3); vgl. im Neuen Testament: „Da schwiegen wir und sprachen: des Herrn Wille geschehe" (Apg 21,14); „... dass wir seine Kinder seien nach dem Wohlgefallen seines Willens" (Eph 1,5); „Gott hat uns wissen lassen das Geheimnis seines Willens nach seinem Ratschluss“ (Eph 1,9; vgl. 1Kor 4,19 „Wenn der Herr will“).

Im Anschluss an Eph 1,9 (lat: *secundum beneplacitum eius*) sprach die reformierte Orthodoxie hier von der *voluntas Dei beneplaciti*, d.h. Gottes wohlgefälligem Willen, wie er in seinem *eigenen* geschichtlichen Handeln zum Ausdruck kommt. Daneben aber spricht sie nun doch auch von der *voluntas signi*, d.h. dem Willen Gottes im Sinne des Hinweises auf das, was er von *uns* getan haben will (Heppe/Bizer 73-76). Während in traditioneller Frömmigkeit dies letztere Verständnis des Willens Gottes oft sehr zurücktritt, steht es in der Bibel eher im Vordergrund:

So heißt es im Alten Testament: „Deinen Willen *(razon = thelema)*, mein Gott, tue ich gern“ (Ps 40,9); „… die ihr seinen Willen tut“ (Ps 103,21); „Lehre mich tun nach deinem Willen“ (Ps 143,10); und klassisch, wenn auch ohne den Begriff des Willens: „Weise mir, Herr, deinen Weg, dass ich wandle in deiner Wahrheit (Ps 86,11). Und im Neuen Testament: „Meine Speise ist es, dass ich den Willen des Vaters tue“ (Joh 4,34); „Wer den Willen dessen tut, der mich gesandt hat …“(Joh 7,17); „Das ist der Wille Gottes: eure Heiligung“ (1Thess 4,3).

Dabei handelt es sich natürlich nicht um zwei verschiedene „Willen“ in Gott, sondern verschiedene Gestalten des Willens Gottes, verschiedene Weisen, wie Gott seinen Willen durchsetzt. Während die *voluntas Dei beneplaciti* sagt, was Gott *selbst* tun will und tut, sagt die *voluntas signi,* was er von uns getan haben will. Die *voluntas Dei beneplaciti* gehört also mehr in die Dogmatik, die *voluntas signi* in die Ethik.

Dabei hat allerdings auch die *voluntas Dei beneplaciti* einen wichtigen ethischen Aspekt: Denn das Sichfügen in den Willen Gottes kann, so passiv es aussieht, doch auch eine wichtige Aufgabe und Tat des Menschen sein. Sie gehört in gewisser Weise zum 1. Gebot: Wir ehren Gott als Herrn der Geschichte, indem wir ein von ihm uns bestimmtes Geschick annehmen. Dies Sichfügen ist Ausdruck der Demut des Geschöpfes gegenüber dem Schöpfer. Die Zeit des 17.Jhs, in dem viele jener Lieder des Vertrauens in Gottes Fügung entstanden, war ein Jahrhundert furchtbarer Katastrophen (Dreißigjähriger Krieg, Pest). In dieser Zeit waren solche Lieder ein kräftiges Glaubenszeugnis. So kann es auch gerade heute, in einer Zeit, die gekennzeichnet ist durch Unfähigkeit zum Leiden und die deshalb eine „Kultur der Analgetika“ entwickelt hat (L. Kolakowski 106), eine besondere Aufgabe des Glaubens sein, schweres Geschick ohne an Gott verzweifelnde Resignation und Revolte zu bewältigen.

Andererseits wäre es aber eine gefährliche Verengung des Glaubens, wenn der Gedanke des Willens Gottes auf den der *voluntas Dei beneplaciti* reduziert würde. Das Ergebnis wäre ein passiver Glaube, der letztlich mehr stoisch als christlich wäre (Bockmühl 515).

Deshalb muss mit mindestens dem gleichen Nachdruck auch der ethische Aspekt im Gedanken des Willens Gottes, die *voluntas signi,* betont werden. Der Wille Gottes in diesem Sinn ist Zentralbegriff einer theozentrischen und d.h. eben am Willen Gottes orientierten Ethik, einer Ethik also, die unser Wollen nach seinem Willen ausrichten und so heiligen soll.

Damit aber stellt sich die Frage: Wie erkennen wir diesen Willen Gottes?

Ein großer Strom kirchlicher Tradition verweist hier als Antwort nur auf die offenbarten Gebote Gottes, wie sie im Gesetz des Alten Bundes und den Weisungen Jesu und der Apostel des Neuen Bundes in der Hl. Schrift vorliegen. Das Wirken des Heiligen Geistes, das die sittliche Erkenntnis vermittelt, wird also beschränkt auf die Wirksamkeit des Wortes der Heiligen Schrift. Wir haben es hier, könnte man sagen, mit einem praktischen Deismus zu tun.

Eine andere Strömung, oft mehr am Rande der Kirche, betont in gleicher Einseitigkeit die unmittelbare Leitung durch den Heiligen Geist, die Vermittlung sittlicher Erkenntnis ohne das Wort, allein durch den Geist.

Dabei kann die erste Konzeption sich säkularisieren zu einer weltlichen Normenethik, etwa in einer säkularen Naturrechtsethik. Die zweite kann zu einer säkularen Situationsethik werden (vgl. oben B IV).

Nach biblischem Zeugnis haben beide Aspekte recht, aber nur zusammen. Keiner darf gegen den anderen ausgespielt werden.

So verbindet K. Heim beides, indem er in der Erkenntnis des Willens Gottes zwei Elemente unterscheidet,

1. ein konstantes Element (92), und
2. ein variables Element (104).

Das konstante Element bedeutet Weisung für jeden Christen, das variable Element spezielle Weisung Gottes für einzelne.

Dabei ist festzuhalten: Auch die objektiv gegebene allgemeine Weisung ist Gabe des Geistes und wird als solche jedem einzelnen zuteil. Umgekehrt ist die unmittelbare Weisung nicht schlechthin vom Wort lösbar: Sie hat ihm zu entsprechen und sich von ihm her prüfen zu lassen.

Eine Art Mittelstellung zwischen der Leitung durch das Wort und unmittelbarer Geistesleitung bildet die normalerweise in Ethiken nicht berücksichtigte ethische Orientierung am Vorbild als in menschlichem Leben anschaulich gewordener ethischer Unterweisung (ähnlich dem antiken Gedanken des *nomos empsychos*, d. h. dass die Seele eines Menschen so völlig vom Gesetz durchdrungen ist, dass es gleichsam in ihr Gestalt angenommen hat; vgl. Bengtson 433; Kleinknecht 1026,10ff.; vgl. auch Philo Abr 5; Mos I, 162; II, 4 u. ö., Burkhardt 174). Wir haben es hier also mit einer Art narrativer Ethik zu tun.

Literatur

H. Bengtson, Griechische Geschichte. Von den Anfängen bis in die römische Kaiserzeit, München [4]1969.

K. Bockmühl, Gesetz und Geist. Eine kritische Würdigung des Erbes protestantischer Ethik, BWA I/5, Gießen 2009.

H. Burkhardt, Die Inspiration heiliger Schriften bei Philo von Alexandrien, Gießen 1988.

K. Heim, Christliche Ethik, Tübingen 1955.

H. Heppe/E. Bizer, Die Dogmatik der evangelisch-reformierten Kirche, Neukirchen 1958.

H. Kleinknecht, Art. *nomos* A. Der *nomos* in Griechentum und Hellenismus, in: ThWNT IV, 1016-1029.

L. Kolakowski, Die Gegenwärtigkeit des Mythos, München 1972.

4.3.2 Das konstante Element in der Erkenntnis des Willens Gottes

4.3.2.1 Der in der Schrift ausgesprochene Wille Gottes (tertius usus legis)

Als Ausdruck der Schöpfungsordnung und deshalb allgemeingültige Norm ist der Dekalog selbstverständlich auch für jeden Christen verpflichtend und Grundlage aller christlichen Ethik. Der Glaube an Christus löst uns keineswegs von dieser Verpflichtung (Mt 5,17; vgl. die ausdrückliche Rezeption des Dekalogs in Mt 15,4; 19,18f; Röm 13,9; Eph 6,2f; vgl. Bockmühl 17-73).

Formal vertieft sich diese Verpflichtung für den Christen insofern, als der Gehorsam gegen die Gebote nicht mehr nur auf die natürlichen Kräfte des Menschen angewiesen ist, sondern aus der Dankbarkeit für die erfahrene Gnade heraus gelebt wird (Röm 8,4). Der Gehorsam gegen die Gebote ist jetzt „Frucht des Geistes“ (Gal 5,22f). Seit Melanchthon (Peters 74) und Calvin (Peters 89-94) spricht man hier vom sog. „dritten“ Gebrauch des Gesetzes (*tertius usus legis*) oder auch vom Gebrauch des Gesetzes im Leben des Wiedergeborenen (*usus legis in renatis;* vgl. auch oben C I, 3).

Inhaltlich kommt es zur Vertiefung des Gesetzes durch die Konzentration auf das Liebesgebot (Mt 22,34-40; Röm 13,9f; Gal 5,14) und seine radikale Auslegung vor allem in der Bergpredigt, bis hin zum Gebot der Feindesliebe (Mt 5,44; vgl. lKor 13). Die neue Schöpfung ermöglicht so eine neue Sittlichkeit, die mitten in der alten, von der Sünde gezeichneten Welt, schon auf die kommende hinweist bzw. sie zeichenhaft vorwegnimmt. Diese Weisungen der Bergpredigt sind nicht etwa, wie man zeitweise meinte, nur für einen Stand von Elitechristen wie etwa das Mönchtum (als „Stand der Vollkommenen") gedacht, sondern grundsätzlich, wie Luther mit Recht betont, „streng Gebot" für *alle* Christen (Luther 374). Aber eben nicht im Sinne eines von außen auferlegten „Gesetzes", sondern einer inneren, geistlichen Verpflichtung (Burkhardt 227).

Neben den Dekalog und als seine Interpretation treten in der apostolischen Paraklese des Neuen Testaments vor allem die sog. Haustafeln (Kol 3,18-4,1; Eph 6,1-9; vgl. Herr 34-72).

Literatur

K. Bockmühl, Gesetz und Geist, BWA I,5, Gießen 2009.
H. Burkhardt, Art. Bergpredigt b und c, in: ELThG 1, 226f.
Th. Herr, Naturrecht aus der kritischen Sicht des Neuen Testaments, Paderborn 1976.
M. Luther, Von weltlicher Obrigkeit, wie weit man ihr Gehorsam schuldig sei, in: O. Clemen (Hg), Luthers Werke in Auswahl, 2. Bd., Bonn 1912, 360-394.
A. Peters, Gesetz und Evangelium, Gütersloh 1981.

4.3.2.2 Der im Vorbild erkennbare Wille Gottes

a) Das Vorbild Jesu (Nachfolgeethik)

Auch wenn Jesus „in Vollmacht" lehrte und „nicht wie die Schriftgelehrten" (Mt 7,29), so ändert das doch nichts daran, dass er vornehmlich als Lehrer auftrat – wie die Schriftgelehrten. Wie sie (Mk 2,18) hatte er „Jünger", d.h. Schüler. Zwar wählten nicht sie ihn als Lehrer, sondern er berief sie in seine „*Nachfolge*" (Mt 8,22 u. ö). Aber eben dass sie ihm „nachfolgten", auch das hatten sie mit den Jüngern der Schriftgelehrten gemeinsam. Auch diese folgten ihren Meistern und teilten weithin das Leben mit ihnen. Denn sie sollten nicht nur hören, was der Meister sagte, sondern auch sehen, wie er lebte – und daraus ebenso lernen wie aus seinem Wort (Rengstorf 437; Gerhardsson 15f; Riesner, Jesus 430f; ders., Formen 11). Sicher war das Verhältnis der Jünger zu Jesus insofern wieder nicht vergleichbar, als er für sie eine einzigartige, das ganze Leben erfassende Autorität war, begründet letztlich im Glauben an die einzigartige Würde und Sendung Jesu von Gott her (Mt 16,16). Das hinderte aber nicht, dass

Jesus trotzdem – wie die Rabbinen – Vorbild seiner Jünger sein wollte. „Lernet von mir, denn ich bin sanftmütig und von Herzen demütig" (Mt 11,29). „Ein Beispiel (*hypodeigma*) habe ich euch gegeben, dass ihr tut, wie ich euch getan habe" (Joh 13,15).

Auch nach Ostern wurde der Begriff der Jüngerschaft nach dem Zeugnis der Apostelgeschichte des Lukas in der frühen Christenheit zunächst weiter gebraucht, und zwar als Bezeichnung für alle Christusgläubigen (Apg 6,1 u. ö.; vgl. Rengstorf 445.462). Mit der Zeit allerdings trat der Begriff verständlicherweise doch zurück. Denn im wörtlichen Sinn (= hinter jemandem hergehen) war Nachfolge ja nicht mehr möglich. In den Briefen des Neuen Testaments findet sich der Begriff deshalb nicht mehr. Doch der Vorbildgedanke blieb doch erhalten, und damit ein wesentliches Element des Gedankens der Nachfolge.

Bei Paulus findet sich dafür vor allem der Begriff der *Nachahmung (mimeisthai):* „Ihr seid ihre Nachahmer geworden und die des Herrn" (1Thess 1,6). „Werdet meine Nachahmer, wie auch ich Christi" (1Kor 11,1).

Besonders eindrücklich wird das Vorbild Jesu im sog. Christushymnus Phil 2,5-11 beschrieben, dem die Aufforderung vorausgeht: „Ein jeder sei gesinnt, wie Jesus Christus auch war."

Allerdings wird eben diese Deutung oft bestritten: Es sei eine Verkennung der Einzigartigkeit Jesu, ihn zum Vorbild machen zu wollen. Aus dem Erlöser werde im Sinne der Aufklärung der vorbildliche Mensch. Damit werde nicht nur das Evangelium zum Gesetz, sondern es werde ganz Unmögliches vom Menschen verlangt (Barth 53; Käsemann 90f; Rodenberg 14f; vgl. Stettler 523).

Tatsächlich ist die einleitende Formulierung in V. 5 merkwürdig. Wenn man *touto phroneite en hymin ho kai en Christoo Jäsou* übersetzt: „Seid gesinnt wie Christus Jesus auch war", dann lässt man das *en* vor *Christoo Jäsou* unübersetzt und ergänzt das im Text fehlende Hilfsverb „war". Bleibt man genauer beim vorgegebenen Text, legt sich die Deutung nahe „Ein jeder sei gesinnt, wie ‚in Christus Jesus' (es möglich ist gesinnt zu sein)" (Rodenberg 14), wobei „in Christus Jesus" verstanden ist als die bei Paulus häufige dogmatische Formel für die durch Jesu Tod und Auferstehung im Glauben gegebene neue Existenz des Christen.

Aber der Satz des Paulus bleibt auch so unvollständig und einer Ergänzung bedürftig. Ein Vergleich mit 2Kor 1,19 "... sondern Ja ist *in ihm* geworden" lässt eine Deutung auf den geschichtlichen Jesus möglich erscheinen. Aber vor allem der offensichtliche Zusammenhang des parakletischen Kontextes mit dem Inhalt des Christushymnus' spricht dafür, dass Jesus hier als Vorbild vor Augen gestellt ist: denn das unmittelbar vorher von den Christen geforderte Verhalten (V. 3 *tapeinophrosynä* = Demut; V. 4 „seht nicht auf das eigene") entspricht genau dem an Jesus beobachteten Verhalten (V. 7f *etapeinoosen heauton* = er erniedrigte sich selbst; V. 7a „er hielt es nicht für einen Raub … sondern entäußerte sich selbst"; vgl. auch Stettler 523f).

Für diese Deutung spricht weiter, dass der gleiche Grundgedanke bei Paulus noch an anderen, in ihrer Deutung unbestrittenen Stellen wiederkehrt:

Röm 15,3ff: „Es lebe ein jeglicher unter uns so, dass er seinen Nächsten gefalle. Denn auch Christus hat nicht sich zu Gefallen gelebt" (V. 2f) „… dass ihr einträchtig gesinnt seid untereinander gemäß (*kata*) Jesus Christus" (V. 5; vgl. Michel 357). „Darum nehmt einander an, wie uns Christus angenommen hat zu Gottes Lob" (V. 7).

2Kor 8,9: Die Aufforderung, aus dem eigenen Reichtum den Armen zu geben wird motiviert durch den Hinweis auf Christus, der „ob er wohl reich war, ward er arm um euretwillen".

Eph 5,25: „Liebt eure Frauen, wie auch Christus die Gemeinde geliebt hat."

Vielleicht können auch Eph 4,20 („ihr habt Christus … gelernt") und Röm 6,17 („gehorsam geworden ... dem Vorbild der Lehre") in diesem Zusammenhang verstanden werden.

Vergleichbar mit Phil 2 ist auch 1Petr 2,21ff, wo ebenfalls dogmatische Bekenntnisformeln in parakletischen Kontext eingefügt sind und so Christus zum Vorbild wird: „Denn dazu seid ihr berufen, da auch Christus gelitten hat für euch und euch ein Vorbild (*hypogrammon* = Schreibmuster) gelassen hat, dass ihr seinen Fußtapfen nachfolgen sollt." (V. 21). An dieser Stelle ist besonders auffällig, wie wenig offenbar die Bibel Anstoß nimmt an dem für manchen heute so ärgerlich Mechanischen des Bildes von der Zeichnung nach einer Schreibvorlage.

Ähnlich heißt es in 1Joh 2,6: „Wer sagt, dass er in ihm bleibt (vgl. das „in Christus" in Phil 2,5), der soll auch wandeln, wie er gewandelt ist" und in 3,16: „Daran haben wir erkannt die Liebe, dass er sein Leben für uns gelassen hat, und wir sollen auch das Leben für die Brüder lassen."

Das dogmatische Argument endlich, dass es Anmaßung bzw. gar nicht möglich sei, sich den Sohn Gottes zum Vorbild zu nehmen, ist offensichtlich unhaltbar angesichts dessen, dass Paulus sogar zur Nachahmung Gottes auffordern kann (Eph 5,1, vgl. schon Lev 19,2 und Mt 5,48).

Schließlich könnte noch ein anderer ntl. Vorstellungsbereich mit in die Betrachtung einbezogen werden, die Vorstellung von der *Gestaltung* des Christen *in das Bild Christi*. Es ist zwar ursprünglich eine soteriologische bzw. eschatologische Aussage, nämlich über das Anteilbekommen des Glaubenden an der Auferstehungsherrlichkeit Jesu (vgl. 1Kor 15,49; Röm 8,29; 2Kor 3,18; Gal 4,19; Phil 3,10.21; 1Joh 3,2). Aber die Wirklichkeit der noch ausstehenden vollendeten Gestaltung in das Bild Jesu reicht ja im Glauben schon in die Gegenwart: Paulus möchte jetzt schon Anteil bekommen an der Kraft der Auferstehung (Phil 3,10), und Johannes schließt an die Aussage, „dass wir ihm gleich sein werden", die Mahnung an, dass jeder, der diese Hoffuung hat „sich reinigt wie er rein ist" (vgl. Kol 1,28 „... auf dass wir einen jeglichen Menschen darstellen vollkommen in Christus"). In die Ethik führt vor allem auch das diesem verwandte Bild des *Christus-Anziehens* (Gal 3,27; Röm 13,14a; Eph 4,24; Kol 3,10.12).

Literatur

K. Barth, Erklärung des Philipperbriefes, München 1928.
B. Gerhardsson, Die Anfänge der Evangelientradition, Wuppertal 1977.
E. Käsemann, Kritische Analyse von Phil 2,5-11, in: EVuB 1, Göttingen, 1960, 51-95.
O. Michel, Der Brief an die Römer, Göttingen [3]1963.
K.H. Rengstorf, Art. mathätäs, in: ThWNT IV, 417-464.
R. Riesner, Jesus als Lehrer, Tübingen [3]1987.
Ders., Formen gemeinsamen Lebens im Neuen Testament und heute, Gießen [2]1984.
O. Rodenberg, Die Gemeinde Jesu Christi und die Bibel, Wuppertal 1966.
H. Stettler, Heiligung bei Paulus, WUNT II/368, Tübingen 2014.

b) Das Vorbild von Christen

Aber nicht nur Jesus selbst ist den Christen Vorbild, auch die Christen untereinander können sich Vorbild sein. Selbstverständlich darf dabei das Vorbild des Christen nicht in Konkurrenz treten zu dem des Christus. „Einer ist euer Meister, ihr aber seid alle Brüder." (Mt 23,10). Aber es braucht keineswegs zu dieser Konkurrenz zu kommen. Vielmehr sollte, ganz im Gegenteil, das Vorbild von Christen anderen helfen, dem Vorbild Jesu nachzueifern.

Dieser Gedanke findet sich besonders oft bei Paulus: „Seid meine Nachahmer!" (1Kor 4,16; vgl. 11,1; 1Thess 1,6; 2Thess 3,7.9; Phil 3,17; 2Tim 3,l0f; vgl. Tit 2,7). Vor allem der Apostel selbst, aber auch z. B. die Christen in Thessalonich sind dabei mit ihrem Leben ein Stück praktische ethische Unterweisung, eine wichtige Ergänzung zur paränetischen Wortüberlieferung (1Thess 1,7). Ebenso verweist der Hebräerbrief auf die

„Wolke der Zeugen“ (Hebr 12,1; vgl. 13,7). Was Christsein wirklich konkret bedeutet, lässt sich einfach nicht in unveränderliche Formen gießen. Das muss uns in seiner ganzen individuellen Vielfalt in gelebtem Leben anschaulich werden. Von hierher bekommt die Arbeit der Kirchengeschichte eine große praktische ethische Bedeutung. Insbesondere Lebensbeschreibungen können als Beispiele gelebten Glaubens hilfreich sein, wenn sie realistisch geschrieben sind und ihre Helden nicht in die unerreichbare Ferne eines Idealbildes entführen. In dem Zusammenhang hat auch die Heiligenverehrung der katholischen Kirche ihr berechtigtes Motiv. Kirchengeschichte wird hier ein Stück narrativer Ethik - im Guten wie im Bösen. Auch die sog. Koinonia-Ethik des amerikanischen Theologen P. Lehmann gehört in diesen Zusammenhang (Rommen 182).

c) Probleme der Vorbildethik

Die Vorbildethik hat sicher auch ihre Probleme:

1. Sie birgt sehr leicht in sich die Gefahr einer Reduktion von Dogmatik auf Ethik: Also eine Reduktion der Christologie auf die Vorbildhaftigkeit Jesu im Sinne der Aufklärung. Hier gerät nicht nur die Einzigartigkeit seiner Person aus dem Blick, sondern auch die soteriologische Bedeutung seines Werkes wird verwischt zur Musterhaftigkeit seines Verhaltens oder aber auch missbraucht zur mystischen Selbsterlösung in der Versenkung in das Geschick Jesu (letztlich im Sinne einer Identitätsmystik).

   Entsprechendes kann auch mit der Vorbildlichkeit von Mitchristen geschehen. Dann wird die ekklesiologische Realität des Leibes Christi reduziert auf ihren ethischen Aspekt. Die Kirche ist dann nur noch eine Ansammlung mehr oder weniger vorbildlicher religiös oder ethisch bemühter Menschen.
2. Die Vorbildethik ist vor Entartung zu fantasieloser Gesetzlichkeit in bloß äußerlicher Nachahmung nicht geschützt. Dies zeigte sich z. B. in der katholischen Imitatio-Frömmigkeit mit ihrer mystischen Identifizierung vor allem mit dem leidenden Christus (ggfs. bis hin zur Stigmatisierung).

   Nur dürfen solche Gefahren nicht dazu führen, das Kind mit dem Bade auszuschütten und den Gedanken der Vorbildethik (speziell den biblischen Gedanken der Nachahmung) leichtfertig zu diffamieren, wie es im Protestantismus weithin geschieht. Dagegen ist „Nachfolge Jesu“ mit Recht immer wieder ein klassisches Thema christlicher Ethik und geistlicher Literatur gewesen wie in der „Nachfolge Christi“ von Thomas von Kempen und der „Nachfolge“ von D. Bonhoeffer.

Literatur

D. Bonhoeffer, Nachfolge, München [7]1961.

E. Rommen, Das Problem des usus politicus angesichts des Phänomens der Säkularisierung, in: H. Burkhardt (Hg), Begründung ethischer Normen, Wuppertal 1988, 169-183.

Thomas von Kempen, Nachfolge Christi, dt. Kempen 1956.

4.3.3 Das variable Element in der Erkenntnis des Willens Gottes

Gott gibt durch das biblische Wort und das Beispiel von Christen grundsätzlich Maßstäbe für das christliche Leben. Und doch ist damit noch nicht geklärt, wer denn nun wann was wie tun soll. Der Christ ist zwar generell zum Zeugendienst für das Evangelium berufen. Aber was bedeutet das konkret für den einzelnen? Soll er sein Zeugesein neben und in seinem bürgerlichen Beruf ausüben? Oder soll er die Verkündigung des Evangeliums vielleicht zu seinem Beruf machen und Pfarrer oder Missionar werden? Soll er seinen Nachbarn heute auf Jesus ansprechen – oder besser morgen? Oder gar nicht, sondern warten, bis man selbst auf den Glauben angesprochen wird?

All diese Fragen können durch allgemeine Weisungen nicht geklärt werden. Wir kämen sonst in eine unerträgliche kasuistische Gesetzlichkeit hinein.

Wir könnten und sollten zur Klärung dieser Fragen natürlich auch unsere Vernunft in Anspruch nehmen. Aber wenn wir dabei stehen blieben, würden wir wohl versuchen, von Gott einst gegebene Richtlinien mit zu bedenken. Praktisch aber würden wir ohne Gott unser Leben selbst bestimmen. Eben dies aber soll und muss nicht sein. Die Bibel spricht deshalb von der individuellen Führung durch Gott bzw. der Leitung durch den Geist Gottes.

4.3.3.1 Individuelle Führung durch Gott im Alten Testament

Von Anfang an bezeugt die Bibel, dass Gott zu bestimmten Menschen spricht: Adam und Eva, Kain, Noah, dann aber vor allem im Rahmen der Erwählungsgeschichte Gottes mit Israel von Abraham an (Gen 12,1) über Mose bis hin zu den Propheten. Daneben gibt es auch einige andere Möglichkeiten, Gottes speziellen Willen zu erkunden: Die Bitte um ein Zeichen (Gen 24,12ff; Ri 6,17ff; 1Sam 14,10), das priesterliche Losorakel (Ex 28,30; 1Sam 14,41; 28,6; vgl. auch das sog. Ephod 1Sam 30,7f; dabei ist in 1Sam 28 auffallend, dass das Los keineswegs automatisch funktioniert zu haben scheint).

Die Botschaft der Propheten ist meist an das Volk (oder den König als seinen Repräsentanten) gerichtet (Jes 1,10 unter dem Begriff *torah).* Vor allem in den Psalmen aber ist auffallend, dass hier immer wieder von persönlicher Führung einzelner die Rede ist, und zwar nicht nur im Sinne der *voluntas Dei beneplaciti* (wie z. B. Ps 23,3), sondern auch im Sinne der *voluntas signi:*
„Darum weist er dem Sünder den Weg" (Ps 25,8);
„Verbirg deine Gebote nicht vor mir" (Ps 119,19; vgl. V. 18:
„Öffne mir die Augen, dass ich sehe die Wunder in deinem Gesetz");
„Führe mich auf dem Steig deiner Gebote" (Ps 119,35);
„Tue mir kund den Weg, den ich gehen soll ... Dein guter Geist führe mich" (Ps 143,8.10).

Obgleich die Beter die Gebote haben, bitten sie doch noch um Führung, und zwar mit dem Ziel, dass ihnen der Sinn für die Bedeutung der Gebote in ihrem eigenen Leben geöffnet und geschärft wird (vgl. Bockmühl 86-106).

4.3.3.2 Geistesleitung im Neuen Testament

1. *Jesus* wird in den Evangelien als in einzigartiger Weise von Gott geleitet geschildert. Gleich nach der Taufe heißt es, dass Jesus vom Geist in die Wüste geführt wurde (Mt 4,1). Vor allem das Joh-Ev. zeigt uns Jesus in ständiger unmittelbarer Abhängigkeit vom Willen des Vaters: „Der Sohn kann nichts von sich selber tun, sondern nur, was er den Vater tun sieht; und was dieser tut, das tut ebenso auch der Sohn. Denn der Vater hat den Sohn lieb und zeigt ihm alles, was er tut." (5,19f; vgl. 8,26.28.38; 10,32; 14,31). Er weiß, ob die Zeit da ist, etwas Bestimmtes zu tun oder auch nicht (2,4; 7,6.8; 11,6; vgl. Bockmühl 107-115).
2. Aber auch die junge Christenheit bekommt seit Pfingsten an dieser Unmittelbarkeit Anteil. Die Zuwahl des neuen zwölften Apostels geschieht noch durch das Los (Apg 1,23-26). Nach Pfingsten aber „besteht die Gemeinde Jesu aus denen, die der Geist bewegt ... Durch den Geist besitzen die an Jesus Glaubenden das Leben und ihre Lebensführung hat im Geist ihren Grund und ihre Regel ... An die von außen her ihnen gegebene Offenbarung und Leitung, die ihnen durch die Geschichte Jesu gewährt war, schloss sich die ihnen von innen gegebene Weisung an ... diese begleitete ihr Handeln, machte ihnen ihre Aufgabe sichtbar, weckte ihre Tatkraft und gab ihr zur Ausführung ihres Dienstes die Kraft" (Schlatter 25f; vgl. Bockmühl 117-133). Im Einzelnen ist dabei zu unterscheiden zwischen

a. außerordentlicher Geistesleitung durch Weissagung bzw. Prophetie (Apg 2,17; vgl. 11,27f; 13,2; 20,23; 21,4.11; über den Inhalt des prophetischen Redens in 1Kor 14 ist dort leider nichts gesagt); Gesichte und Träume (Apg 2,17; vgl. 9,10; 10,3; 10,11ff); durch einen Geistspruch (Apg 8,29) bzw. Offenbarung (Gal 2,2) und
b. innerer Geistleitung als ganz persönlicher Gewissheit (Apg 20,22 „im Geist gebunden") bzw. Reden des Geistes im Zusammenhang mit dem Hören auf das Wort (Apg 15,28: „beschlossen haben der Heilige Geist und wir", vgl. V. 16). Dabei hat auch das von geistlichen Maßstäben bestimmte Nachdenken (2Kor 1,15-17.23) und Prüfen des Menschen seinen Platz (Röm 12,2; vgl. 1Thess 5,21; Phil 1,10; Eph 5,10.17; vgl. Hebr. 5,14; vgl. Apg 16,11).

Literatur

D. E. Aune, Prophecy in Early Christianity and the Ancient Mediterranean World, Grand Rapids 1983.

K. Bockmühl, Hören auf den Gott, der redet (1989), in: Leben mit dem Gott, der redet, BWA I,6 Gießen 1998,77-180.

A. Schlatter, Die Theologie der Apostel, Stuttgart [2]1922.

4.3.3.3 Einwände gegen die Lehre von der Geistesleitung

Seit der montanistischen Krise in der Alten Kirche (Mitte 2. Jh. n.Chr.) und den sog. Schwärmern der Reformationszeit wird der Gedanke einer unmittelbaren Leitung durch Gottes Geist weithin übergangen oder abgelehnt. Man befürchtet unkontrollierbare, religiöse Machtansprüche und eine schwärmerische Frömmigkeit am Wort der Schrift vorbei oder über es hinaus (vgl. z. B. Calvins Polemik in Inst. III 3, 19). Gott habe sich an sein Wort gebunden, sei nur dort zu finden und nur durch dieses wirke er. Tatsächlich lässt man sich dabei aber aus Überreaktion gegen wirkliche Fehlentwicklungen zu einer biblisch nicht haltbaren Reduktion auf das verborgene Wirken Gottes in Schöpfung und Geschichte einerseits, auf das durch das Wort (und die es aufnehmende menschliche Vernunft) vermittelte Wirken andererseits verleiten. Die Bestreitung eines unmittelbaren, gegenwärtigen Wirkens des Heiligen Geistes ist eine Art ethischer Deismus: Gott hat einst geredet. Heute haben wir nur das Wort von damals und müssen selbst mit ihm und unserer konkreten Situation zurechtkommen. Der Buchtitel von K. Bockmühl „Gott im Exil?" trifft nicht nur die in diesem Buch vornehmlich behandelte Situationsethik, sondern auch eine orthodoxe Reduktion der ethischen Weisung Gottes auf das Gesetz. Sie ist, bei allem aufrichtigen Ernstnehmen des gegebenen Gebotes Gottes, eine Art praktischer Atheismus: Gott ist in die Vergangenheit verbannt, mit seinem gegenwärtigen, lebendigen Eingreifen rechnen wir nicht.

4.3.3.4 Zur praktischen Erfahrung der Geistesleitung

a) Ungesuchte Geistesleitung

Hier ist vor allem an die Prophetie zu denken. Herkömmlich neigte man in Theologie und Kirche zu der Annahme, dass die Gabe der Prophetie durch das Gegebensein des biblischen Wortes und das Amt der Wortverkündigung heilsgeschichtlich überholt sei. Wobei man z.T. das Predigtamt als prophetisches verstand (Bullinger: *praedicatio verbi divini est verbum divinum,* also: die Verkündigung des Wortes Gottes ist selbst Wort Gottes, Trillhaas 20; vgl. Barths Lehre von der dreifachen Gestalt des Wortes Gottes, wobei die erste die Predigt ist, Barth 89-101; vgl. auch Kraus 30f; Bohren). Gelegentlich sah man auch in herausragenden Gestalten der Kirchengeschichte ein Wiederaufleben der Gabe der Prophetie (Luther in seinem Auftrag, die Kirche zum Evangelium zurückzuführen, A. Stöcker (1835–1909) als Mahner zur sozialpolitischen Verantwortung der Kirche, vgl. Cremer 26ff). Heute wird in der charismatischen Bewegung versucht, die urchristliche Prophetie zu erneuern (Grudem). Angesichts der Gefahr, dass mit prophetischem Anspruch auftretende Weisung in der Gemeinde autoritär missbraucht wird, ist es wichtig, dass solche Worte sich der Prüfung durch die Gemeinde anhand der Maßstäbe des Wortes Gottes unterziehen (1Kor 14,29).

Schließlich kann auch ein ungesuchtes inneres Gedrängtwerden zu einem bestimmten Tun als Beispiel ungesuchter Geistesleitung gelten (Apg 20,22).

b) Ständig gesuchte Geistesleitung

Es gehört zu den Grundvoraussetzungen geistlichen Lebens, dass der Christ bemüht ist, regelmäßig auf Gott zu hören. Dazu gehört zunächst das regelmäßige *persönliche Lesen der Hl. Schrift* (Dtn 4,9; 6,6-9; 17,18; Jos 1,8; Ps 1,2; 119,147f; Apg 2,42; 17,11; vgl. Kol 3,16). Dies Lesen geschieht unter der Frage, was Gott mir durch dieses Wort heute zu sagen hat. Das bedeutet aber keineswegs, dass Bibellese nur da fruchtbar ist, wo ich zu einer direkt dem Text entnommenen ethischen Erkenntnis komme (im Sinne einer Aktualisierung des konstanten Elements). Vielmehr gibt die geistliche Schriftlesung dem Leben auch unabhängig von besonderen Einzelerkenntnissen seine geistliche Prägung und Ausrichtung (vgl. Busch 10-15; Bonhoeffer 40ff; Ruhbach 72f).

Die Oxforder Gruppenbewegung (später „Moralische Aufrüstung“) hat vor allem die Praxis der *Stillen Zeit* entwickelt, die zwar auch bibelbezogen sein kann, aber auch unabhängig von direkter Bibellektüre dem unmittelbaren Fragen nach dem Willen Gottes jetzt für mich, meine Freunde, ggfs. für meine Feinde, was ich zur Versöhnung mit ihnen tun könnte usw., gewidmet ist. Dies geschieht in betendem Nachdenken. Einfälle, die einem dabei kommen, werden notiert und praktisch umgesetzt. Auch solche „Einfälle“ bedürfen natürlich, wie Prophetien (und vielleicht sind sie eine moderne Form der Prophetie?) der Prüfung anhand der biblischen Wahrheit. Aber sie sind selbst doch nicht einfach aus der Bibellektüre abgeleitet, sondern, wenn sie denn von Gott sind, in der gegenwärtigen Situation von Gott unmittelbar gegeben (Bockmühl, Hören 81-85.167-180).

c) In besonderen Situationen gesuchte Geistesleitung

Bei Entscheidungen, die für das Leben eines Christen von weittragender Bedeutung sind, ist es angebracht, dass der Christ in besonderer Weise nach dem speziellen Willen Gottes für sein Leben fragt. Es kann dabei hilfreich sein, wenn er im Rahmen der ständigen Gebetsfrage: Herr, was soll ich tun? bestimmte Gesichtspunkte bedenkt:

1. Wie ist der eine oder andere Weg von dem her zu beurteilen, was *Gottes* grundsätzlicher Wille für das Leben eines Christen ist?
2. Gibt es in *meinem* bisherigen Leben bestimmte Gegebenheiten oder Erfahrungen, die in die eine oder andere Richtung weisen?
3. Was sagen *Mitchristen* meines besonderen Vertrauens zu der vorliegenden Frage?

Dabei kann es hilfreich sein, die Antworten auf diese Frage nach Pro und Contra gegenüberzustellen und abzuwägen. Ein solches Vorgehen bietet natürlich keine Garantie für eine richtige, wirklich dem Willen Gottes entsprechende Entscheidung. Aber es kann doch helfen, unsere Gedanken zu ordnen und uns vor eigenwilligen Wegen zu bewahren, vor allem davor, das Letztziel unseres Lebens, das Reich Gottes, aus den Augen zu verlieren (Mt 6,33).

Literatur

K. Barth, Die Lehre vom Wort Gottes. Prolegomena zur kirchlichen Dogmatik, KD I/1, Zürich [8]1964.

K. Bockmühl, Frank Buchmans Botschaft und ihre Bedeutung für die protestantischen

Kirchen (1963), in: ders., Denken im Horizont der Wirklichkeit Gottes, BWA II 1, Gießen 1999, 193-226.
Ders., Gott im Exil, Wuppertal 1975.
Ders., Hören auf den Gott, der redet, in: BWA I,6, Gießen 1998, 77-180.
R. Bohren, Prophetie und Seelsorge, Neukirchen 1982.
D. Bonhoeffer, Gemeinsames Leben, München [10]1961.
E. Brunner, Die Kirchen, die Gruppenbewegung und die Kirche Jesu Christi, Berlin, 1936, 39ff.
J. Busch, Stille Gespräche, Wuppertal 1957.
H. Cremer, Die Fortdauer der Geistesgaben in der Kirche, Gütersloh 1890.
W. Grudem, Die Gabe der Prophetie, Nürnberg 1994.
K. Heim, Die christliche Ethik, Tübingen 1955.
H. J. Kraus, Predigt aus Vollmacht, Neukirchen 1966.
S. Liebschner, Die Erfahrung der Führung durch den Heiligen Geist (1987), in: ders., Dem neuen Menschen eine Chance geben, Kassel 2006, 190-201.
G. Ruhbach, Meditation der Heiligen Schrift, in: ThBeitr 10/1979, 72-83.
E. Schick, Geistesleitung, Gießen [5]1981.
Th. Spörri, Gefährdung und Zukunft der europäischen Intelligenz, in: Universitas 9/1954, 817-823.
A.D. Thomas, Quellen göttlicher Kraft. Die Spiritualität Klaus Bockmühls in Lehre und Leben, Basel 1995.
W. Trillhaas, Evangelische Predigtlehre (1935), München [5]1964.

4.4 Das Ziel der Heiligung: Die drei Dimensionen der Heiligung

4.4.1 Das individuelle Ziel der Heiligung: die Liebe

Wenn Heiligung wesentlich Überwindung der der Herrschaft Gottes widerstrebenden Selbstherrschaft des Menschen ist, und die heiligende Herrschaft Gottes wesentlich Liebe ist, dann ist der primäre Ausdruck des in der Heiligung vollzogenen Herrschaftswechsels die Liebe, und zwar zunächst als Liebe zu Gott. „Du sollst Gott lieben von ganzem Herzen, von ganzer Seele und aller deiner Kraft“ (Dtn 6,5). Das ist das höchste aller Gebote (Mt 22,38). Schon das erste, für alle anderen grundlegende Gebot des Dekalogs zielt positiv auf die Liebe zu Gott. Dabei besteht keine wirkliche Spannung zwischen der Liebe zu Gott und der Ehrung Gottes. Gerade indem wir Gott lieben, ehren wir ihn.

Normalerweise wird das Thema der Liebe zu Gott, spätestens seit I. Kant, der sie im Blick auf die von ihm behauptete Unerkennbarkeit Gottes für unmöglich erklärte, vor allem in protestantischer Ethik sträflich vernachlässigt (vgl. als rühmliche Ausnahmen vor allem Lütgert 41-71 und Bockmühl 44-57). Gott als Schöpfer und Erlöser des Menschen soll vor allem und über allem Gegenstand seiner vorbehaltlosen Liebe sein. Sie wird konkret vor allem im Gebet. Im Gebet findet die Liebe zu Gott ihre unmittelbarste Gestalt (vgl. Burkhardt, Ethik II/1,35-41;III, 189-225). So steht das Ziel der Heiligung in unversöhnlichem Gegensatz zum den modernen Menschen immer mehr bestimmenden Säkularismus. Unsere Heiligung ist zugleich Heiligung des Namens Gottes (Mt 6,9).

Weil Gottes Liebe den Menschen gilt (Joh 3,16), schließt aber recht verstandene Liebe zu Gott die Liebe zum Mitmenschen ein. Neben dem „größten Gebot" der Liebe zu Gott steht nach Jesu Wort gleichrangig, weil innerlich unlöslich mit ihm verbunden (1Joh 4,20), das Gebot der Nächstenliebe (Mt 22,39). Entsprechend der Liebe Gottes auch zum Gottlosen (Röm 5,5f.10) spitzt Jesus das Gebot der Nächstenliebe bis zum Gebot der Feindesliebe (Mt 5,44).

So sehr allerdings die helfende Zuwendung zum Mitmenschen Ausdruck wirklich ihm geltender, ihn nicht instrumentalisierender Liebe sein soll, so bleibt doch seine Gewinnung für das Reich Gottes letztes Ziel auch der Liebe zum Menschen. Die Priorität der Mission ist Ausdruck zugleich der Liebe zum Nächsten wie zu Gott („die Liebe Christi drängt uns also" 2Kor 5,14f): Gott ist konkurrenzlos wichtig für jeden Menschen. Auch der andere kann Erfüllung seines Lebens letzlich nur darin finden, dass er Gott findet. Dem dient unsere Heiligung. „Heilige sind Menschen, durch die es anderen leichter wird, an Gott zu glauben" (N. Söderblom, zit. nach Burkhardt u. a., Handbuch 368).

Als Ziel der Heiligung ist die Liebe die Frucht des Geistes schlechthin (Gal 5,22; 1Kor 13). Mit Recht konzentriert deshalb eine noch heute gesungene mittelalterliche Antiphon das Wirken des Geistes in uns auf die Liebe: „Komm, Heiliger Geist, erfüll die Herzen deiner Gläubigen, und entzünd in ihnen das Feuer deiner göttlichen Liebe" (EG 156).

Literatur

K. Bockmühl, Christliche Lebensführung, BWA III/2, Gießen 1999.

H. Burkhardt/P. Helbich/H. H. Ulrich (Hg), Handbuch christlicher Glaube, Wuppertal 1985.

H. Burkhardt, Das gute Handeln. Ethik II/1, Gießen 2003.

Ders., Die bessere Gerechtigkeit. Ethik III, Gießen 2013.

W. Lütgert, Ethik der Liebe, Gütersloh 1938.

4.4.2 Das soziale Ziel der Heiligung: Die christliche Kirche als Gestaltwerdung der Liebe Gottes unter den Menschen

Die Erlösung des Menschen hat, dem Wesen des Menschen entsprechend (vgl. oben C II 2.1), immer zugleich auch eine soziale Dimension. So findet die Erlösung ihren elementaren Ausdruck in der Liebe zum Bruder und zur Schwester: „Wer da glaubt, dass Jesus sei der Christus, der ist von Gott geboren; und wer da liebt den, der ihn geboren hat, der liebt auch den, der von ihm geboren ist." (1Joh 5,1).

Die primäre soziale Gestalt dieser Liebe ist die Kirche. Sie ist geschichtliche Stiftung Jesu (Mt 16,18; 1Petr 2,9). Und doch ist sie, als seine Stiftung, zugleich auch Persongemeinschaft (vgl. Burkhardt Ethik III, 149-189). Diese Liebe („Seht, wie lieb sie sich untereinander haben", Tertullian, Apol 39,7) soll auch nach außen ausstrahlen (Joh 13,35). So wird der Christ auch bereit zur Diakonie, zum selbstlosen Dienst an der Welt und ihren individuellen und strukturellen Nöten und trägt bei zur Versöhnung, wo Unfrieden, zur Gerechtigkeit, wo Übervorteilung herrscht (vgl. Burkhardt Ethik III, 284-300). Ebenso motiviert die Liebe Gottes ihn zum Bezeugen des Evangeliums gegenüber jedermann (vgl. Burkhardt Ethik III, 225-283). Und doch bleibt die Gemeinde dabei grundsätzlich von der Welt unterschieden. Die Gemeinde ist als neue Menschheit Anfang der neuen Schöpfung Gottes und lebt nach ihrem eigenen Gesetz, dem Gesetz Christi (Gal 6,2), der Liebe. Die Welt, die sich dem Evangelium verweigert, hat keinen Anteil an der neuen Welt Gottes und lebt nach dem Gesetz der Selbsterhaltung, das selbstlose Liebe ausschließt (Burkhardt, Ethik III, 122-141). Der Gedanke der Gottesherrschaft hat immer wieder dazu verleitet, die Herrschaft Gottes in der Gemeinde schon jetzt auch auf die noch unter den Gesetzen der alten Schöpfung stehende Welt zu übertragen (Gedanke der Theokratie, im Mittelalter Zielvorstellung des die Herrschaft über die weltliche Macht beanspruchenden Papsttums, heute wirksam z. B. in der Theologie der Befreiung). Aber die Herrschaft Gottes kann grundsätzlich nicht mit den Mitteln der Gewalt (wie sie die weltliche Regierungsmacht notgedrungen gebrauchen muss, Röm 13), sondern nur durch Wort und Geist und in der Liebe verbreitet werden (Röm 12).

Im Zusammenhang mit der Erwartung des sog. Tausendjährigen Reiches hat sich in der Geschichte der Kirche immer wieder die Hoffnung auf eine schrittweise, kontinuierlich sich durchsetzende Herrschaft Gottes verbunden, die schließlich in das Tausendjährige Reich einmündet. Die Wiederkunft Jesu wird hier erst am Ende des Tausendjährigen Reiches erwartet (sog. Postmillenniarismus, im Unterschied zum sog. Praemillenniarismus, der mit dem Kommen Christi am Anfang des Tausendjährigen Reiches rechnet). Aber der Fortschrittsoptimismus des Postmillenniarismus steht im Widerspruch zur realistischen biblischen Enderwartung, in der gerade der Höhepunkt einer antichristlichen Entwicklung der Geschichte dem Kommen Christi vorausgeht (Mk 13/Mt 24; 2Thess 2; Offb 13-19). Der Einsatz für die Verwirklichung der Herrschaft Gottes jetzt schon darf nicht von einer solchen problematischen Hoffnung abhängig gemacht werden, sondern ist aus der Erkenntnis des in Christus offenbaren Willens Gottes abzuleiten. Die Erwartung des Tausendjährigen Reiches vermag allerdings die Bereitschaft zum Einsatz für das Reich Gottes jetzt schon zu festigen.

Literatur

K. Bockmühl (Hg), Verkündigung und soziale Verantwortung. Eine evangelische Verpflichtung (Grand Rapids 1982), TuD 33, Gießen 1983.

H. Burkhardt, Die bessere Gerechtigkeit. Ethik III, Gießen 2013.

Ders., Art. Tausendjähriges Reich, in: ELThG III, 1970f.

K. Runia/J. Stott (Hg), Das Himmelreich hat schon begonnen. Reich Gottes in unserer Zeit, Wuppertal 1977.

Exkurs: Die Zwei-Reiche-Lehre

a. Die Lehre von den zwei Reichen bzw. Regimenten geht auf M. Luther zurück. Er knüpfte an die Unterscheidung Augustins zwischen den zwei „Staaten" oder Bürgerschaften an, der Gottes und der des Bösen (Augustin, CD I, Vorwort), prägte aber den augustinischen Dualismus entscheidend um. Luther entwickelte seine Lehre erstmals in seiner Obrigkeitsschrift von 1523. Dabei hatte er eine doppelte Gesprächsfront vor Augen: einerseits die christliche Gemeinde, die vom Evangelium her alle weltliche Ordnung für überflüssig hielt, andererseits die staatliche Gewalt, die in innergemeindliche, geistliche Fragen meinte eingreifen zu dürfen. Zwischen beiden steht der christliche Fürst, Glied der Gemeinde und zugleich Vertreter der Staatsgewalt. Die Frage entsteht: Wie kann ein Fürst, der doch als Christ sich an die Weisungen der Bergpredigt mit ihrer Aufforderung zur Gewaltlosigkeit gebunden weiß (Mt 5,39: „Widersteht nicht dem Bösen", vgl. Röm 12,21), seine obrigkeitlichen Aufgaben wahrnehmen, die doch nur mit weltlicher Gewalt durchzuführen sind (Mt 22,28, vgl. Röm 13,3f)? Luther unterscheidet zunächst (ähnlich wie Augustin) nach Persongruppen zwischen denen, die als Christusgläubige zum Reich Gottes gehören, und allen anderen Menschen, die zum Reich der Welt gehören. Die Christen, vom in ihnen wohnenden Heiligen Geist zum Tun des Guten geführt, brauchten eigentlich gar keine weltliche Ordnung. Für die anderen aber ist sie nötig, um die in ihnen wirkende Bosheit einzudämmen. Ursache für die

Notwendigkeit einer Unterscheidung der beiden „Reiche“ ist also die Sünde. Die Institutionen der Herrschaft in diesem „Reich zur Linken“, insbesondere der Staat, werden aber von ihrem Ziel her, anders als bei Augustin, von Luther grundsätzlich positiv gesehen. Ihre Aufgabe ist der Schutz menschlichen Lebens. Deshalb können und sollen auch Christen als Bürger und ggfs. auch in obrigkeitlicher Funktion soziale Verantwortung übernehmen, und zwar so, dass sie nicht nur, wie im „Reich zur Rechten“ mit dem Wort des Evangeliums, sondern notfalls unter Anwendung von Gewalt das Böse in seine Schranken zu weisen versuchen. Das tun sie aber nicht um ihrer selbst willen. Für sich selbst sind sie bereit, Unrecht zu leiden. Wohl aber tun sie es für andere, die ihrer Hilfe im Sinne der Nächstenliebe bedürfen. Maßstab des Handelns im „Reich zur Linken“ ist dabei das Gesetz im *usus politicus* bzw. die dem Naturrecht folgende Vernunft (Clemen 2,365.393). Die Grundgedanken der Zwei-Reiche-Lehre wurden in der Reformation weithin übernommen. Auch Calvin unterschied zwischen einem geistlichen Regiment, in dem nur durch das Wort, und einem bürgerlichen, in dem, um der Menschlichkeit willen, mit Gesetzesgewalt regiert wird, und zwar nach dem Naturrecht (Inst III 19,15; IV 20). Nur im sog. linken Flügel der Reformation folgte man Luther nicht, sei es dass man, wie bei den Mennoniten, für die Christen konsequent die Anwendung von Gewalt ablehnte, sei es dass man, wie bei Thomas Münzer und den Täufern von Münster, ein theokratisches Modell mit Gewalt durchzusetzen versuchte.

b. Erst nach dem Zweiten Weltkrieg rückte die Zwei-Reiche-Lehre in den Mittelpunkt der sozialethischen Diskussion. Vor allem von Seiten der Dialektischen Theologie wurde kritisiert, die Zwei-Reiche-Lehre habe den universalen Herrschaftsanspruch Christi auf die Innerlichkeit des Christen beschränkt, den weltlich-politischen Bereich aber einer säkularen Eigengesetzlichkeit überlassen. Diese Trennung aber trage die Schuld an dem Versagen insbesondere der lutherischen Kirchen in der Zeit des Dritten Reiches. Deshalb stellte man der Zwei-Reiche-Lehre die Konzeption von der einen Königsherrschafl Christi entgegen, die alle Bereiche des Lebens durchdringen müsse. So hatte K. Barth, der ursprüngliche Wortführer dieser Kritik, in seinem „Brief nach Frankreich“ von 1938 gemeint, von Hitler führe über Bismarck und Friedrich d. Gr. eine gerade Linie zurück bis zu Luther (Barth, Stimme 113f). Später aber sprach er vorsichtiger nur von einer Analogie zwischen „Christengemeinde und Bürgergemeinde“ (24). Zwar hatte es in den dreißiger Jahren im deutschen Protestantismus tatsächlich wirksame Vertreter jener allerdings fragwürdigen Trennung der beiden „Reiche" gegeben (z. B. F. Gogarten und W. Stapel). Ihre Berufung auf Luther war aber höchst problematisch. Mit Recht haben deshalb Lutheraner wie W. Elert, P. Althaus und W. Künneth, vor allem aber skandinavische lutherische Theologen wie A. Nygren, G. Wingren und Törnvall, der dialektischen Kritik widersprochen und an der Wahrheit der Zwei-Reiche-Lehre festgehalten. Sie verwiesen dabei darauf, dass von einer Eigengesetzlichkeit des „Reiches zur Linken" gerade keine Rede sein könne. Gott herrsche, auf unterschiedliche Weise, in beiden Reichen.

c. Die Zwei-Reiche-Lehre trug in ihrem ursprünglichen Entwurf bei Luther (z.B. mit einem gewissen zeitlos-statischen Dualismus von Leib und Seele) und erst recht in späteren, neulutherischen Modifikationen (z. B. in der Anpassung an die Verbindung von Thron und Altar) sicher auch Züge ihrer jeweiligen Zeit. Die Grunderkenntnis der Zwei-Reiche-Lehre mit ihrem doppelten Ansatz beim verborgenen Welthandeln Gottes des Schöpfers (*regnum potentiae* = Reich der Macht) einerseits und der offenbaren Herrschaft Gottes in Christus (*regnum gratiae* = Reich der Gnade) andererseits ist aber biblisch begründet und unverzichtbare Grundlage christlicher Ethik, will sie sich nicht in Weltlosigkeit zurückziehen oder in politische Schwärmerei verlieren. Die heilsgeschichtliche Spannung, die Paulus klassisch im unmittelbaren Nebeneinander von Röm 12 und 13 anzeigt, ist in einer von der Sünde gezeichneten Welt unauflösbar. Die von Vertretern des theokratischen Ansatzes immer wieder mit großer Leidenschaft und mit sachlichem Recht eingeforderten Anliegen der sozialen Gerechtigkeit, der Bewahrung der Schöpfung und des Friedens in der Welt (vgl. im amerikanischen Protestantismus J. Wallis und R. Sider) können, was in der Regel nicht gesehen wird, durchaus auch im Rahmen des „Reiches zur Linken" angestrebt und bis zu einem gewissen Grade auch realisiert werden (vgl. oben C II 6.1). Dies ist aber nur soweit möglich und verantwortbar, als es unter den Voraussetzungen des natürlichen Menschen und im Rahmen der ihm zugänglichen Normen der allgemeinen Ethik geschieht. Was über sie hinausgeht, überfordert den natürlichen Menschen und führt entweder ins Chaos oder in ideologisch oder religiös begründete Diktatur. Die spezifischen Maßstäbe der Ethik des Reiches Gottes wie insbesondere der Bergpredigt können über die Christenheit hinaus nur im Sinne des *usus elenchticus* angewandt werden, bzw. können eine Verheißung der Möglichkeiten Gottes unter der Voraussetzung der persönlichen Erneuerung sein.

Literatur:

A. Augustin, Vom Gottesstaat (CD), hg. von C. Andresen, München 1977/1978.
K. Barth, Rechtfertigung und Recht. Christengemeinde und Bürgergemeinde, ND Zürich 1970.
Ders., Eine Schweizer Stimme 1938-1945, Zürich 1945, 108-117.
O. Betz/H. Burkhardt, Art. Bergpredigt, in: ELThG I, 225-227.
K. Bockmühl, Kirche und soziale Verantwortung, in: ders., Theologie und Lebensführung, Gießen 1982, 130-145 (bes. 135-137).
W. Künneth, Politik zwischen Dämon und Gott, Hamburg 1954, 72-97.
M. Luther, Von weltlicher Obrigkeit, wie weit man ihr Gehorsam schuldig sei, in: O. Clemen (Hg), Luthers Werke in Auswahl, Bd. 2, Bonn 1912, 360-394.
H. H. Schrey (Hg), Reich Gottes und Welt. Die Lehre Luthers von den zwei Reichen, Darmstadt 1969.
G. Wolf (Hg), Luther und die Obrigkeit, Darmstadt 1972.
R. Sider, ... denn sie tun nicht, was sie wissen. Die schwierige Kunst, kein halber Christ zu sein, Moers 1995.
J. Wallis, Die Seele der Politik, München 1995.

4.4.3 Das kosmische Ziel der Heiligung: die neue Welt Gottes

Die Ausdehnung der guten Herrschaft Gottes auf den Kosmos (*regnum gloriae* = Reich der Herrlichkeit), die neue Welt Gottes, ist einerseits ganz Gegenstand unserer Hoffnung, nicht direktes Ziel unseres Handelns (2Petr 3,13; Offb 21-22). Selbst das heilende Handeln Jesu war nicht gleichsam flächendeckend (Lk 4,25-29) – auch starben die Geheilten dann eines Tages doch. Andererseits kann die heilende Tat der Liebe in der Diakonie und die Tat des Glaubens in der wunderbaren Heilung heute schon reales Anzeichen der kommenden kosmischen Erlösung sein.

Literatur:

W. Bittner, Heilung – Zeichen der Herrschaft Gottes, Neukirchen 1984.
E. Buess, Die Zeit ist nahe. Christliche Hoffnung am Endes des 20. Jahrhunderts, Neukirchen 1996.

Abkürzungen

BWA	Bockmühl-Werk-Ausgabe
CA	Confessio Augustana (Augsburgisches Bekenntnis)
EG	Evangelisches Gesangbuch, Karlsruhe 1995
ELThG	Evangelisches Lexikon für Theologie und Gemeinde, hg. von Burkhardt und U. Swarat, Wuppertal 1992–1994
EuroJTh	European Journal of Theology, Paternoster Periodicals, Carlisle (UK), 1992 ff
FC SD	Formula Concordiae, Solida Declaratio (Bekenntnisschriften der Evangelisch-lutherischen Kirche, Göttingen, [5]1963)
GBL	Grosses Bibellexikon, hg. von H. Burkhardt, F. Grünzweig, F. Laubach und G. Maier, Wuppertal, 1987–1989
HWP	Historisches Wörterbuch der Philosophie, hg. von J. Ritter und K. Gründer, Basel 1971–2007
JETh	Jahrbuch für Evangelikale Theologie, Wuppertal 1987ff
KD	Kirchliche Dogmatik, von K. Barth, Zürich 1932–1967
KpV	Kritik der praktischen Vernunft, von I. Kant, Riga 1788
LXX	Septuaginta (griechische Übersetzung des AT)
MA	Münchner Ausgabe: Martin Luther, Ausgewählte Werke
ND	Nachdruck
NTD	Das Neue Testament Deutsch. Neues Göttinger Bibelwerk, hg. von P. Althaus und G. Friedrich
RE	Realenzyklopädie für protestantische Theologie und Kirche, hg. von Hauck-Herzog, [3]1896–1913
THAT	Theologisches Handwörterbuch zum Alten Testament, hg. von E. Jenni und C. Westermann, München 1971–1976
ThBeitr	Theologische Beiträge, Wuppertal 1970ff
ThE	Theologische Ethik, von H. Thielicke, Tübingen 1958–1964
ThWNT	Theologisches Wörterbuch zum Neuen Testament, hg. Von G. Kittel und G. Friedrich, Stuttgart 1933–1979

Stichwortregister

Namenregister

Bibelstellenregister

Helmut Burkhardt: Ethik

Ethisches Handeln ist gefragt. Eine Ethik, die gesellschaftlich relevant sein will, muss jedoch nach Werten fragen, die Christen und Nichtchristen miteinander verbinden und so für jedermann überzeugend sind. Während der vorliegende Band 1 die Grundfragen der Ethik behandelt und nach Grund und Norm sittlichen Handelns fragt, beschäftigen sich die weiteren Bände mit der Materialethik:

Band 2 (in 2 Teilbänden): Ausgehend von den Quellen christlicher Erkenntnis und mit Blick auf die Ergebnisse der empirischen Wissenschaften wird nach dem „Guten Handeln“ gefragt, wie es grundsätzlich von jedem Menschen erwartet werden kann – und zwar in allen Bereichen des menschlichen Lebens. In Band II/1 wird die Religionsethik und die Humanethik behandelt, in Band II/2 die Sexualethik, Wirtschaftsethik, Umweltethik und die Kulturethik.

Ethik, Band II/1
Das gute Handeln
240 Seiten, ISBN 978·3-7655-9477-9

Ethik, Band II/2
Das gute Handeln
Sexualethik. Wirtschaftsethik.
Umweltethik und Kulturethik
288 Seiten, ISBN 978-3-7655-9478-6,
2. Auflage

Band 3 behandelt, ausgehend von den Normen spezifisch christlicher Ethik – vor allem der Liebe als „Grundnorm“ – die spezifisch christlichen Themenfelder: Die christliche Gemeinschaft, das christliche Gebet, die christliche Lehre und den christlichen Dienst (Diakonie und Mission).

Ethik Band III
Die bessere Gerechtigkeit
spezifisch christliche Materialethik
320 Seiten, ISBN 978-3-7655-9500-4